suhrkamp taschenbuch
wissenschaft 1516

Atopia bezeichnet die Form einer Gesellschaft, die ihre territorialen Begrenzungen radikal auflöst. Die Logik entgrenzter Märkte und digitalisierter Transaktionen entfesselt Flutwellen, denen der Nationalstaat nicht standhält. Die Atopie als das generalisierte«Irgendwo« ersetzt die großen Utopien des »Nirgendwo«. Globale Infrastrukturen (»Die Maschinen der Engel«) und die Bildung lateraler Weltsysteme erzwingen transnationale Steuerungsregimes, die der Text am Fall des Weltfinanzsystems beleuchtet. Das Buch zeigt ein zentrales Risiko dieser neuen Entfremdung auf: die zyklopischen Visionen der sich gegenwärtig globalisierenden Funktionssysteme, die nicht mehr sehen, dass sie mit der Unterdrückung ihrer Reflexionsfähigkeit den Zusammenhang des Ganzen aufs Spiel setzen.

Helmut Willke ist Professor für Soziologie an der Universität Bielefeld. Er hat zuletzt im Suhrkamp Verlag veröffentlicht: Ironie des Staates (1992, stw 1221) und Supervision des Staates (1997).

Helmut Willke
Atopia

Studien zur atopischen Gesellschaft

Suhrkamp

Die Deutsche Bibliothek – CIP-Einheitsaufnahme
Ein Titeldatensatz für diese Publikation
ist bei Der Deutschen Bibliothek erhältlich.

suhrkamp taschenbuch wissenschaft 1516
Erste Auflage 2001

Druck: Nomos Verlagsgesellschaft, Baden-Baden
Printed in Germany
Umschlag nach Entwürfen von
Willy Fleckhaus und Rolf Staudt

1 2 3 4 5 6 - 06 05 04 03 02 01

Inhalt

Den Engeln in meinem Leben

1 Dekonstruktion der Utopie

1.1 Die Utopie des reinen Marktes

Wie kein anderes hat dieses zu Ende gegangene Jahrhundert Utopien geboren und sie zerstört, als ihre Lasten untragbar wurden. Die faschistische Utopie fand ihr Ende auf den Schlachtfeldern eines Krieges, der als Bestandteil ihrer Verblendung zugleich ihre rassistische Arroganz ad absurdum führte. Die sozialistische Utopie des neuen Menschen und der neuen Gesellschaft zerbarst an Anachronismen der Gängelung und des Einheitszwanges, welche den Sirenengesängen sozialistischer Ideale Hohn sprachen. All dies ist bekannt und mit der Implosion des Staatssozialismus Bestandteil des Siegesmythos einer kapitalistischen Weltordnung geworden.

Eine dritte Utopie hält noch an. Sie ist hintergründiger und moderner, amoralischer und grenzenloser als jede bisherige Utopie. Getragen ist sie nicht von revolutionären Phantasten, sondern von etablierten Institutionen. Es ist die Utopie von Weltbank und Internationalem Währungsfond, von GATT und WTO, von The Wall Street Journal und Heritage Foundation, von transnationalen Konzernen und global agierenden Investitionsfonds. Es ist die Utopie des reinen Marktes. Adam Smiths unsichtbare Hand erstarkt zum Hebelarm einer globalen Transformation, die den Wohlstand der Nationen und die Wohlfahrt der *shareholder* zur globalen Glückseligkeit (»pursuit of happiness«) steigert, in welcher die Grenzen zwischen Ländern und Regionen bedeutungslos werden und die Grenzen zwischen Arm und Reich nur noch davon abhängen, wie bedingungslos sich Firmen und Standorte auf die Regeln des reinen Marktes einlassen.

Die überragende Stärke der Utopie des reinen Marktes erschließt sich erst, wenn man sie nicht nur als Modell, sondern tatsächlich als Utopie begreift und wenn man sieht, dass sie im Unterschied zu allen anderen Utopien auf eine Beeinflussung des Menschen verzichten kann. An dem eigensinnigen Widerstand der Menschen gegen eine Veränderung ihrer Natur zum Guten und Grandiosen scheiterten alle Utopien bislang. Die

Marktutopie dagegen braucht sich um den Menschen nicht zu kümmern. Ihr ausschließliches Interesse gilt der Institution und ihren Regeln. Sind diese in Operation, dann folgt der Mensch. Keine Mobilisierung, keine Erziehungsprogramme, keine Aufmärsche, kein Agitprop. So wie seit Jahrhunderten Menschen in Schulen und Universitäten, Krankenhäuser und Kirchen, Gerichtsorganisationen und Anwaltskanzleien eintreten und sich entgegen ihren Vorstellungen und Träumen nach deren Regeln richten und ihren naturwüchsigen Widerstand in einem geduldigen Lernprozess zur Anpassung kurieren, so gibt der reine Markt die Regeln und Restriktionen vor, denen sich die Menschen nur anvertrauen müssen, um in gleicher Weise mitspielen zu können wie alle anderen auch.

Sieht man von der faschistischen Perversion ab, so zielt ein Grundzug allen utopischen Denkens, von Morus über Bacon, Campanella oder Marx bis zu Bloch oder McLuhan darauf, eine Gleichheit der Menschen zu verheißen, manchmal Gleichheit und Freiheit und als Apotheose Gleichheit, Freiheit und Brüderlichkeit – jedenfalls immer Gleichheit. Noch jede Utopie ist an dieser irrealen Fixierung auf Gleichheit gescheitert. Überlässt man Menschen sich selbst, so scheinen sie nahezu alles daran zu setzen, sich abzusetzen, Unterschiede zu markieren, also Ungleichheiten zu wollen, auch wenn viele Folgen der Ungleichheit dann schmerzlich sind. Alle Erziehungsideen, von Rousseau bis zu Mao, scheitern an der inneren Hydra des Menschen, die umso mehr Motive für Ungleichheit gebiert, je brutaler ihr solche Motive amputiert werden.

Die Marktutopie entwindet sich diesem Dilemma und gewinnt daraus eine verblüffende Stärke. Sie interessiert sich nicht für Gleichheit oder Ungleichheit der Menschen. Sie postuliert eine viel radikalere Gleichheit, allerdings nicht der Menschen, sondern eine Gleichheit der Handlungsparameter auf dem Markt. In den beiden exklusiv relevanten Rollen auf den Gütermärkten, als Anbieter und Nachfrager, gelten Menschen in einer überwältigenden Humanität als gleich – unabhängig also von Religion oder Hautfarbe, Geschlecht oder Herkunft, Stärke oder Schönheit. Ein wenig getrübt wird diese Idylle dadurch, dass Menschen auch mit ihrer Arbeitskraft auf einem Markt auftreten müssen und auf diesem Arbeitsmarkt die

Gleichheit bestimmten Qualifikationen unterliegt. Aber dies läßt sich als Besonderheit eines Spezialmarktes definieren und im großen Bild prinzipieller Gleichheit der Marktbedingungen an den Rand rücken, zumal jeder die Freiheit hat, statt als Arbeitnehmer als Unternehmer aufzutreten.

Statt auf Gleichheit der Menschen setzt die Marktutopie auf die Gleichheit gegenüber den Regeln des Marktes. Tatsächlich kennen diese Regeln keine Privilegien. Bill Gates unterliegt diesen Regeln in gleicher Weise wie Tante Emma, General Motors ebenso wie die Garage an der Ecke. Damit nicht genug. Wenn und weil diese majestätische Gleichheit gilt, ohne Ansehen der Person, erzeugt sie ohne weiteres Zutun der Akteure eine derivative Gleichheit der Entwicklungs- und Innovationsmöglichkeiten. Vergangene Verdienste und Leistungen zählen wenig, wenn überlegene Produkte oder Leistungen angeboten werden. Radikaler als jede Revolution sorgen die Regeln des Marktes dafür, dass etablierte Vorteile, Privilegien, Rangunterschiede oder althergebrachte Vorrechte hinweggefegt werden, sobald ein attraktiveres Produkt, ein besserer Preis, eine überlegene Leistung den Markt erreichen. Bis in die siebziger Jahre hatte IBM auf dem Markt für Computer und Software eine singuläre, als unschlagbar geltende Position. Die Firma wurde zum leuchtenden Lehrfall für Business Schools und zum Vorbild für nationale Entwicklungs- und Förderungsstrategien. Entsprechendes gilt für andere Marktführer wie Kodak, Daimler-Benz, Philips und viele andere. Sie alle wurden gnadenlos von ihrem Sockel gestoßen, weil neue Produkte und bessere Angebote auf dem Markt erschienen. Josef Schumpeters »produktive Zerstörung« erreichte sie alle, und nur weil sie sich selbst diesen Regeln des Marktes unterwarfen, konnten sie sich ihrerseits mit innovativeren Produkten und preiswerteren Angeboten wieder hocharbeiten.

Die Utopie des reinen Marktes ist deshalb eine genuin moderne Utopie. Sie setzt nicht wie die alten Utopien, und noch der Marxismus, auf konkrete Inhalte utopischer Glückseligkeit, auf bestimmte Endzustände der Geschichte als utopische Vollendung eines Menschheitstraumes. Vielmehr begnügt sich die Marktutopie damit, Verfahren und Randbedingungen zu postulieren, die dann wie ein *deus ex machina* einen in seiner Komplexität beliebig steigerbaren Prozess produzieren, eine utopische Kontinuität der Veränderung, die selbstreferentiell und selbstkorrigierend die Menschen in den Bann eines Ordnungsmodells schlägt, das nicht von edlen Motiven abhängt, sondern von elementaren Egoismen.

»Die Marktwirtschaft«, so definiert Karl Polanyi die Utopie des reinen Marktes,[1] »ist ein ökonomisches System, das ausschließlich von Märkten kontrolliert, geregelt und gesteuert wird; die Ordnung der Warenproduktion und -distribution wird diesem selbstregulierenden Mechanismus überlassen. … Weiter darf es kein Eingreifen in die Anpassung der Preise an geänderte Marktbedingungen geben, ganz gleich, ob es sich um den Preis von Waren, Arbeitskraft, Boden oder Geld handelt. Es muss daher nicht nur Märkte für alle Elemente der Wirtschaft geben, sondern es darf auch keine Maßnahme oder Politik zugelassen werden, die das Geschehen auf diesen Märkten beeinflussen würde. Es dürfen daher weder der Preis noch Angebot oder Nachfrage festgesetzt oder geregelt werden; zulässig sind nur solche Richtlinien und Maßnahmen, die die Selbstregulierung des Marktes sichern, indem Verhältnisse geschaffen werden, die den Markt zur einzigen wirksamen Kraft im wirtschaftlichen Bereich machen.«

So braucht die Marktutopie keine Revolution zu postulieren und in die Köpfe der Menschen einzuhämmern. Sie ersetzt die eine große Revolution durch Myriaden kleiner lokaler Anpassungen. Auch diese können sich zu Umwälzungen kumulieren, aber dazu bedarf es keiner revolutionären Garden, sondern nur eigennütziger Käufer. Was für eine Erleichterung für Revolutionen. Die Legitimität der laufenden Umwälzungen steht außer Frage. Erfolg bedeutet Legitimität. So wie Wahlerfolg politische Legitimität erzeugt, so erübrigt Erfolg auf dem Markt alle weiteren Fragen, zumal beide Seiten der Markttransaktion ihre Beziehung freiwillig eingehen, also kein Käufer zu einem bestimmten Kauf, kein Verkäufer zum Verkauf gezwungen wird. Solange der Markt Wahl*möglichkeiten* bietet, erzeugt er in frappierender Automatik Legitimität und Effizienz.

An dieser eingebauten Automatik erweist sich die paradox inhumane Modernität der Marktutopie. Sie setzt alles auf die Karte des rationalen Akteurs, auf die Karte der interessegelei-

1 Polanyi 1944, S. 102 f.

teten Entscheidung einzelner Menschen und scheint so nichts wichtiger zu nehmen als diesen einzelnen Menschen. Aber zugleich stellt sich heraus, dass es auf die Einzelentscheidungen nur marginal ankommt. Tatsächlich kommt es auf abstrakte Aggregate von Entscheidungen an, die sich gegen andere Aggregate durchsetzen: z. B. Harrison Whites »tangible cliques of producers watching each other«.[2] Relevante Marktdaten ergeben sich für Akteure als Marktbeobachter immer erst aus der Aggregation vieler Transaktionen, die sich zu einem Trend oder Muster fügen.[3] Dabei verschwindet der zuvor so prominent positionierte Mensch hinter einem Schleier der Irrelevanz. Die einzelne Wahlhandlung an sich ist ebenso unbedeutend wie die einzelne Wahlentscheidung in der Massendemokratie. Der Einzelne kann seine Bedeutung nicht an sich reklamieren, sondern nur als Element unterschiedlicher Aggregate, Gruppe, Kollektive etc. von Wählern oder Käufern, die Mehrheiten oder Marktanteile definieren.[4]

Innerhalb des Rahmens überschaubarer Städte und Regionen mag dieser in die Marktutopie eingebaute Widerspruch von Modernität und Individualität erträglich sein, weil sich jeder Einzelne in den Aggregaten noch wieder erkennen kann. Der Markt reagiert noch auf lokale Besonderheiten und suggeriert eine Bedeutung des Individuellen. Jedenfalls sind die Chancen, erfolgreich der Illusion individueller Relevanz zu erliegen, umso größer, je begrenzter der territoriale und soziale Raum ist, der die Reichweite eines Marktes absteckt. Weiten sich diese Grenzen aus, dann wird immer weniger plausibel, dass der einzelne Mensch eine Rolle spielt und einen Unterschied ausmacht. Dann kristallisiert sich nach und nach heraus, dass die Marktutopie ihre Leistungsfähigkeit nicht auf Handelnde aufbaut, sondern auf die unsichtbare Hand, auf generalisierte Regeln, welche eine institutionelle Vernunft produzieren, die genau deshalb gesellschaftsprägende Bedeutung erlangt, weil sie sich von der Vernunft der Menschen unabhängig machen kann.

Es ist aufschlussreich, das gebrochene Verhältnis zwischen Marktutopie und Individualität näher zu betrachten. Der

2 White 1981, S. 543.
3 Hayek 1972, S. 16 ff.
4 Saul 1997, S. 148.

Markt braucht keine Individuen, sondern nur Akteure, die beobachten und entscheiden können. Die Reinheit des Marktes und damit die Leuchtkraft der Marktutopie wachsen mit den Zahlen. Die Massenmärkte des Industriezeitalters waren schon ziemlich fortgeschrittene Manifestationen einer Marktlogik anonymisierter Tauschbeziehungen. Sie konnten sich jede Bezugnahme auf Individualität erübrigen, weil erst große Zahlen von Transaktionen »ohne Ansehen der Person« diese Logik der Umsetzung von generalisierter Beobachtung in individuelles Entscheiden zum Tragen bringen. Heute, in einer neuerlichen, radikaleren Phase der Globalisierung, etablieren sich Weltmärkte, Märkte ohne Grenzen und Abschottung, die sich der Utopie des reinen Marktes asymptotisch annähern. Es wäre bloße Romantik, Individuen auf diesen Märkten eine gesteigerte Bedeutung beizumessen. Es gibt so viele Individuen, dass es auf sie nicht mehr ankommt. Nur als Masse und Marktanteile sind sie unter Marktgesichtspunkten beobachtbar und damit real. Auf einem mittelalterlichen Stadtmarkt, einem orientalischen Basar, einem indischen Dorfmarkt haben Personen einen entscheidende Bedeutung für gelingende Markttransaktionen. Das verliert sich im Zuge der Modernisierung. Auf etablierten Weltmärkten ist es eine blasse Erinnerung an vergangene Idyllen. Dass die Moderne den Individualismus fördere oder gar hervorbringe, ist deshalb eher ein Wunschdenken von Apologeten der Postmoderne, wie etwa die Scheinindividualisierung durch »individualisierte Massenproduktion« zeigt. Vor allem, und dort wo es zählt, meint Modernisierung in Wirtschaft und Erziehung, Politik und Gesundheitssystem ein Zurückstutzen individueller Besonderheiten auf Quoten, Durchschnittswerte, statistisch relevante Muster und globale Trends.

Wie viele anderen Utopien hängt auch die Marktutopie das Individuum, auch noch als rationales und eigennütziges, so hoch, weil es als Gallionsfigur sichtbar sein soll. Die Marktutopie kann sich diese romantische Schwäche leisten, eben weil es auf Individuen nur vordergründig ankommt, indem diese schließlich entscheiden, zu kaufen oder nicht zu kaufen. Aber hintergründig wirken die Marktlogik und ihre Gesetze als Architektur einer Institution des Marktes und eines Systems der Markttransaktionen, welche Individuen zwar noch braucht wie das Haus die Backsteine, sie aber in eine Form einschließt, der sie ebenso wenig entrinnen können wie der Backstein der Mauer. Die Person ist »just another brick in the wall«. Der Einzelne darf sich rational und eigennützig verhalten, aber indem er dies tut, vollzieht er eine Systemlogik, die nicht die seine ist und die keine Rücksicht auf kollaterale Schäden nehmen kann.

All dies steigert sich mit gelingender Globalisierung ins Grenzenlose. Ort, Raum und Entfernung werden zunehmend zu vernachlässigbaren Größen für wirtschaftliche Transaktionen. Der Begriff der Ortlosigkeit, *Atopie*, bezeichnet diesen Moment der Marktutopie, der in der Idee des Utopischen das *Nirgendwo* zum *Irgendwo* steigert. Utopie bezeichnet einen Ort, den es nicht gibt. Atopie bezeichnet die Irrelevanz des Ortes, die globale Ortlosigkeit. Globale Infrastruktursysteme der Telekommunikation und der Verkehrstelematik, global präsente Massenmedien und Transaktionsnetze bagatellisieren den Platz, von dem aus man kommuniziert, bagatellisieren also Örtlichkeit.[5] In einer atopischen Gesellschaft mit globalem Radius findet die Marktutopie die Bedingungen ihrer Selbstverwirklichung. Auch wenn Marktökonomen dies habituell ausblenden, so leiden ihre idealisierten Märke bislang doch an der territorialen, ortsgebundenen und örtlich bindenden Vormundschaft des Staates.

Die Selbstbeschreibung der Politik in der Moderne setzt zwar in humaner Absicht auf die Zivilisierung der Gewalt, und als historische Zäsur zweifellos zu Recht. Aber die praktische Arbeit der Zivilisierung vollbrachte die Politik vor allem in der Zähmung der Anarchie der Märkte. Diese bedrohten Leib und Leben der Bürger der sich entfaltenden Moderne zumindest ebenso massiv und direkt wie innerer und äußerer Unfriede. Verelendung und Proletarisierung der ländlichen Massen war das Werk der ungehemmten Marktlogik. Erst als die Folgen dieser Barbarisierung die politischen Systeme selbst mit der Möglichkeit von Revolutionen konfrontierte, zumal unter dem Einfluss der konkurrierenden Utopie des Kommunismus, sah sich die Politik – besonders deutlich unter Bismarck in Deutschland und in England unter dem Einfluß von

5 Luhmann 1997, S. 152.

Reformern wie Robert Owen und William Beveridge – gezwungen, dem verheerenden Wirken freier Märke Einhalt zu gebieten. Seitdem fällt auf die Marktutopie der Verdacht, eine zutiefst inhumane Ordnung zu postulieren, die zwar die Produktion und Verteilung von Gütern unter Kostengesichtspunkten optimiert, die humanen Kosten dieses Regimes aber ignoriert.

Je erfolgreicher einzelne Gesellschaften darin waren, in Formen des Wohlfahrtsstaates die politische Bändigung des freien Marktes mit einem dennoch funktionierenden Industriekapitalismus zu verbinden, und je bedrohlicher die real existierenden Umsetzungen der sozialistischen Utopie sich darstellten, desto stärker verhinderte dieser Verdacht die Entfaltung der Utopie des reinen Marktes.

1.2 Das Ende der Utopie des Wohlfahrtsstaates

Inzwischen sind diese Hemmnisse weitgehend aus dem Weg geräumt. Die sozialistische Utopie ist an ihrer Praxis gescheitert. Der Wohlfahrtsstaat ebenfalls. Während das Ende des Sozialismus trotz China und Kuba leicht zu beobachten ist, entzieht sich der Konkurs des Wohlfahrtstaats dem oberflächlichen Blick. Der Wohlfahrtsstaat missverstand die Geschichte der Industriellen Revolution, weil er darauf beharrte, wirtschaftliche Erscheinungen vom sozialen Standpunkt aus zu beurteilen. Zwar haben Großbritannien unter Margaret Thatcher und danach etwa Schweden und Holland ihre Versionen des Wohlfahrtsstaats nachhaltig korrigiert, aber viele anderen EU-Staaten, vor allem Frankreich, Italien und Deutschland, verstehen sich weitgehend immer noch als Wohlfahrtsstaaten. Nichtsdestotrotz ist das Modell gescheitert, der Rest sind Rückzugsgefechte. Dies läßt sich so apodiktisch behaupten, weil man heute wissen kann, dass es ein Problem gibt, das der Wohlfahrtsstaat nicht lösen kann und das er nach seiner eigenen Logik verschärft – das Problem der Massenarbeitslosigkeit als Folge der Transformation zu einer sich globalisierenden Wissensgesellschaft.

Nach den Regeln der Demokratie ist der Staat nicht in der Lage, seine Bürger zur Arbeit, die überreichlich vorhanden ist, unter Bedingungen zu verpflichten, die diesen Bürgern nicht zusagen. Nur der anonyme Markt kann diese schmutzige Aufgabe leisten. Daraus ergibt sich die paradoxe Situation, dass die Politik der Wohlfahrtsstaaten ihr seit Jahren gravierendstes Problem, die Massenarbeitslosigkeit, nur lösen kann, wenn sie sich selbst zugunsten des Marktes entmachtet. Genau dies tun die politischen Systeme der OECD-Gesellschaften mit wachsender Radikalität. Angeführt von den USA verpflichten sie sich der Idee des »free trade«, flankiert von Deregulierung, Entstaatlichung und Privatisierung.[6] Im Detail geht diese Entmachtung erheblich weiter und erfasst auch die parastaatlichen Verbändesysteme und ihre Regelwerke. Die Gewerkschaften müssen dem ebenso Tribut zollen wie die Arbeitgeberverbände, die großen Wohlfahrtsverbände ebenso wie die kommunale Selbstverwaltung, die staatlichen Monopole ebenso wie die staatliche Arbeitsverwaltung. Industriegewerkschaften und Flächentarifvertrag stehen auf dem Prüfstand und befinden sich in der Defensive. Die staatlichen Monopole von Post, Telefon, Radio, Fernsehen, Bahn, Energie oder Arbeitsvermittlung sind abgeschafft oder in Auflösung begriffen. Kleine und mittlere Unternehmen entwinden sich dem Tarifzwang durch Austritt aus den Arbeitgeberverbänden. Kleinere Gewerkschaften geben ihre Autonomie auf und flüchten unter das Dach der großen. Die Wohlfahrtsverbände entdecken mit dem Sparzwang die Tugenden des Marktes und rekonfigurieren sich als private Gesellschaften mit beschränkter Haftung, begrenzter Leistung und begrenzter Solidarität. Die Kommunen privatisieren Teile ihrer Aufgabenbereiche und nutzen Outsourcing als Strategie der Effizienzsteigerung. Das Gesundheitssystem überlebt die Serie von Reformoperationen nur dadurch, dass es sich langsam, aber nachdrücklich in Richtung einer marktförmigen Selbststeuerung bewegt.

In einer perversen Logik verschärft allerdings all dies das Problem der Arbeitslosigkeit, weil der Rückzug des Wohlfahrtsstaates zunächst mit Privatisierung, Restrukturierung, Geschäftsprozessoptimierung und Outsourcing redundante oder weniger produktive Arbeitsplätze vernichtet, die betroffenen Personen aber nicht um jeden Preis in neue Arbeitsverhältnisse eintreten, weil sie Ansprüche auf Sozialleistungen

6 Greider 1997.

und auf das Niveau der zumutbaren Arbeit haben, die in Hunderttausenden oder gar Millionen von Fällen neue Arbeit verlässlich verhindern. So ergänzen sich ein Wohlfahrtsstaat auf dem Rückzug und ein reiner Markt auf dem Vormarsch zu einer Negativspirale, in der in den »alten« Wohlfahrtsgesellschaften Chancen auf neue Arbeit zerrieben werden. Zudem muss man wohl annehmen, dass die Mobilisierung und Abwanderung von Arbeit in global konkurrierende Standorte, einschließlich Indien mit knapp einer Milliarde und China mit über einer Milliarde Menschen, erst begonnen hat. Die Folgen dieser Dynamik für die Wohlfahrtsgesellschaften sind schwer abzuschätzen. Schließt man einen kruden Isolationismus aus, dann ist nur sicher, dass es bitter werden könnte.

In dieser Situation gewinnt die Utopie des reinen Marktes an neuem Glanz. Nur der Markt ist in der Lage, Arbeitsangebot und Arbeitsnachfrage optimal aufeinander abzustimmen. Alle anderen Formen der Steuerung laufen darauf hinaus, künstliche Knappheiten entweder des Angebots oder der Nachfrage oder gar beider zu erzeugen. Die traditionellen Ängste vor einer marktförmigen Steuerung der Verteilung der Arbeit müssen ernst genommen werden, aber sie sind inzwischen nur noch die Schatten einer vormodernen Tradition.

Der erste Anlauf zur Realisierung der Marktutopie während des 19. Jahrhunderts, den Karl Polanyi als die »Große Transformation« dokumentiert hat, musste scheitern, nicht weil der Arbeitsmarkt Entwurzelung und Verelendung über die Menschen brachte, sondern weil sich ein Arbeitsmarkt im Sinne eines tatsächlichen Marktes und einer marktförmigen Steuerung der Verteilung von Arbeit gar nicht etablieren konnte. Der Aufbau eines Marktes »ohne Ansehen der Person« scheiterte, weil auch die Obrigkeitsstaaten des 19. Jahrhunderts – und nicht nur die Privilegiensysteme des Feudalismus und Merkantilismus, auf die Polanyi abhebt – durch Privilegierung von Klassen, Gruppen und Kreisen in so krasser Weise die Marktregeln außer Kraft setzten, dass die Gleichheit der Marktregeln sich der sozialen Ungleichheit der Bürger beugen mußte. Nur die Vereinigten Staaten hatten aufgrund ihrer privilegierten Geschichte – sieht man von der Urbevölkerung ab – die Gleichheit der Bürger so weit getrieben, dass der Markt einen kongenialeren sozialen Kontext vorfand. Bis heute sind deshalb die Amerikaner die feurigsten Verfechter des reinen Marktes. Europa dagegen benötigte hundert Jahre Sozialstaat, vordergründig um die Mängel des Marktes zu korrigieren, hintergründig aber dazu, die staatliche forcierte Ungleichheit der Bürger, das Erbe des Stände- und Obrigkeitsstaates, die Arroganz staatlich abgestützter Privilegien so weit abzubauen, dass von Demokratie und substantieller bürgerlicher Gleichheit überhaupt die Rede sein konnte. Die Lehre aus dieser Erfahrung ist, dass die Marktutopie auf reale Demokratie angewiesen ist. Sie hat keine Chance, ihre Regeln und mithin ihre marktförmig optimierte Verteilungsgerechtigkeit zu entfalten, solange strukturell verankerte soziale Ungleichheiten, vor allem eine Privilegienordnung der politischen Herrschaft, ihren Maximen von Gleichheit und Freiheit widersprechen.

Auch heute, zu Beginn des neuen Jahrhunderts, gibt es nirgendwo eine von Privilegien unverzerrte Demokratie. Aber die meisten OECD-Länder können doch so weit gefestigte demokratische Grundregeln reklamieren, dass die Marktutopie eine ganz neue Chance hat. Die politischen Demokratien lassen sich nicht ganz freiwillig auf dieses Abenteuer ein. Nicht von innen heraus, sondern von externen Restriktionen gedrängt, sehen sie sich genötigt, ihre als Wohlfahrtsstaat verpackte paternalistische Selbstüberschätzung und »overextension« zu korrigieren. Die weitreichendsten neuen Restriktionen politischer Steuerung sind die beiden Komplexe von Umwälzungen, die sich gegenwärtig als die Dynamiken der Wissensgesellschaft und der Weltgesellschaft bündeln. Die treibende Kraft der Wissensgesellschaft ist *organisierte Komplexität*, die auf spezialisiertem Wissen beruht und zugleich von der ubiquitär werdenden Wissensbasierung aller sozialen Prozesse rekursiv verstärkt wird. Das treibende Moment der Weltgesellschaft ist *Globalisierung*, verstanden als ein Prozess, der auf der Basis neuer globaler Infrastrukturen für Kommunikationen und Transaktionen nationale Grenzen unterspült und brüchig macht[7] und zugleich mit jedem gelingenden globalen Teilmarkt eine rekursive Selbstverstärkung füttert.

In dem Maße wie organisierte Komplexität und Globalisierung eine nationalstaatlich strukturierte politische Steuerung der Gesellschaft, vor allem aber der Bereiche Wirtschaft und

7 Held 1997, S. 3.

Finanzmärkte, in die Defensive drängen, profiliert sich der Markt als einziges alternatives Modell der Steuerung komplexer Systeme von Austauschbeziehungen. Das haben die entwickelteren sozialistischen Gesellschaften anders gesehen und sie sind an dieser Fehleinschätzung gescheitert. Heute bietet vor allem China Anschauungsunterricht dafür, dass selbst ein Entwicklungsland mit überwiegend agrarisch lebender Bevölkerung und einer Wirtschaftsleistung, die nicht einmal 15% derjenigen von Japan erreicht, sich trotz und neben einer sozialistischen Politikutopie in seinen wirtschaftlichen Transaktionen der Marktidee verschreibt, um eine auf Wissensbasierung und Globalisierung gründende Zukunft nicht ganz zu verpassen.

Eindrucksvoller noch als solche Großbeispiele, die in ihrer Komplexität jeder summarischen Beschreibung spotten, sind Detailveränderungen in versteckten Enklaven obrigkeitsstaatlicher Regulierungen im Kontext scheinbar offener Marktwirtschaften. So ist etwa das deutsche Börsenrecht weitgehend öffentliches Recht. Die Einrichtung einer Börse bedarf der staatlichen Genehmigung und die für den Betrieb der Börse wesentlichen Entscheidungen sind Verwaltungsakte. Das ist im Zeitalter elektronischer globaler Handelssysteme ein unhaltbarer Zustand und entsprechend deutlich ist der Veränderungsdruck in Richtung auf Selbststeuerung, privatrechtliche Strukturierung und Marktöffnung. Sowohl das (deutsche) Zweite Finanzmarktförderungsgesetz vom Juli 1994 wie auch die europäische Richtlinie zu Wertpapierdienstleistungen reagieren auf die neue Situation und öffnen Freiräume für neue Handelssysteme einschließlich privater proprietärer Systeme (»proprietary trading systems«).[8] So führte die Deutsche Börse AG Ende November 1997 ein neues System des elektronischen Handels (Xetra: Exchange electronic trading) ein, auf welchem seit 1999 alle an der Frankfurter Wertpapierbörse notierten Wertpapiere vollelektronisch handelbar sein sollen. Damit wird ein Gutteil der bisherigen nationalstaatlich-hoheitlichen Kontrollen hinfällig und eine Antwort auf die Frage unabdingbar, welche Formen der Selbststeuerung und Selbstkontrolle anstelle des herkömmlichen Regulierungsregimes treten sollen.[9]

8 Schwark 1997.
9 Toulmin 1997, S. 17 ff.

Analoge Entwicklungen gelten für eine Fülle von Bereichen quer durch alle Funktionssysteme der Gesellschaft, von der Privilegierung der Kirchen im Schulunterricht und Steuerrecht über das staatliche Quasi-Monopol für Schulen, Berufsausbildung und Universitäten bis zur staatlich regulierten Energieversorgung. In unzählige Bereiche der Gesellschaft hat sich die Politik als selbsternannte Retterin eingenistet und sie erliegt ihrem Helfersyndrom umso mehr, je weniger die mit jeder Hilfe einhergehende Kontrolle durchführbar ist und Sinn macht. Vergleicht man die Regulierungsregimes der Nationalstaaten nach ihrem Grad der Liberalität, gemessen in Kriterien der Regulierungsdichte in Bereichen wie Handelspolitik, Geldpolitik, Wirtschaftspolitik, Bankenregulierung, Lohn- und Preispolitik, Sicherheit von Eigentumsrechten etc., dann fallen z. B. mit Luxemburg und Großbritannien nur zwei EU-Staaten in die Kategorie der »freien« Staaten. Deutschland findet sich auf einer Weltliste zusammen mit Island und Südkorea auf einem 24. Platz in der Gruppe der »vorwiegend freien« Staaten.[10] So problematisch solche Indexe und Vergleiche sein können, so sind sie doch besser als bloße Vermutungen. Sie zeigen zumindest, dass die Dichte der staatlichen Regulierungen systematisch variiert und qualitativ unterschiedliche Regulierungsregimes formt, die heute in ihrer Unterschiedlichkeit beobachtet werden und als Regimes in Konkurrenz zueinander geraten.[11] So verwickeln sich die politischen Systeme der Nationalstaaten gegenwärtig in selbstverstärkende Widersprüche, die eine grundlegende Revision und Neubestimmung der Staatsaufgaben unumgänglich machen. Beispielsweise betreibt jede nationale, regionale und kommunale Politik, die sich auf der Höhe der Zeit glaubt, eine mehr oder weniger ausgeprägte »Standortpolitik«. Bis heute weiß allerdings niemand, ob Standortpolitik als externe Beeinflussungen des Marktgeschehens nützlich, irrelevant oder schädlich im Sinne der anvisierten Ziele ist. Niemand verrechnet die Kosten der Standortpolitik mit ihren Nutzen, nicht zuletzt, weil weder Kosten noch Nutzen mit brauchbarer Klarheit messbar sind.

Inzwischen kommt es zu zyklischen Wellen von Initiativen, Strategien oder Politiken der Verbesserung von Wettbewerbs-

10 The Wall Street Journal Europe v. 1.12. 1997, S. 10.
11 Genschel und Plümper 1997.

fähigkeit oder Standortqualität zwischen (nationalen, regionalen oder kommunalen) Konkurrenten und das Spiel droht selbsttragend zu werden. So wie die USA und Japan inzwischen in der vierten oder fünften Welle »strategischer Initiativen« um die Weltherrschaft im Halbleiterbereich konkurrieren, so konkurrieren New York, London, Frankfurt und andere Orte um die globale Vorherrschaft als Finanzplatz, jeweils unterstützt von gelegentlich seltsam anmutenden »Strategien« der Kommunen. Die Finanz- und Beratungsfirma Merrill Lynch ist eine der größten Arbeitgeberinnen der Stadt New York mit über 9.000 Mitarbeitern. Um den Hauptfirmensitz für die nächsten 15 Jahre in New York zu halten, beschloss die Stadt, der Firma einen Steuernachlass von 28 Millionen Dollar zu gewähren – einer Firma, die jährlich Hunderte von Millionen Gewinn macht. »New York has suffered severe job losses in the banking sector, partly because of a wave of mergers and partly because advances in technology have made it easier for companies to move away from Wall Street.«[12] In diesem Zitat sind die beiden Hauptfaktoren für die Vernichtung von Arbeitsplätzen präzise genannt: Produktivitätssteigerungen durch neue Technologien und eine Neuorganisation der Arbeit (wie z. B. via Fusionen). Es ist schwer zu sehen, wie Subventionen die Wirksamkeit dieser Faktoren mildern könnten.

Aber das Beispiel zeigt, wie Myriaden anderer, deutlich das Dilemma der politischen Akteure. Da sie weder in den Marktmechanismus selbst eingreifen noch die Schaffung neuer Arbeitsplätze befehlen noch die Verbreitung und Nutzung neuer Technologien verhindern können, bleibt ihnen nur die symbolische Politik irgendwie wirtschaftlich relevant erscheinender Anreize – ohne gesichertes Wissen darüber, wie solche Anreize im Kontext organisierter Komplexität und globaler Austauschbeziehungen wirken.

12 Tomkins 1997, S. 1.

1.3 Kontextbedingungen der Marktutopie

Wie jede Utopie ist auch die Marktutopie auf Kontextbedingungen hin angelegt, die zur Zeit oder am Ort der Formulierung der Utopie noch nicht gegeben waren, aber eine Trajektorie bezeichnen, entlang der sich die Realisierung der Utopie erwarten läßt. Der Marktutopie stehen bislang, wie erwähnt, im Bereich der Politik die Traditionen des Obrigkeitsstaates und eines regulierungsbesessenen Wohlfahrtstaates entgegen. Vielleicht noch einschneidender stehen ihr im Bereich der Ökonomie selbst Hindernisse entgegen, die Karl Polanyi präzise bezeichnet hat. Eine Marktwirtschaft muß alle Produktivkräfte umfassen, oder wie Polanyi sagt, »alle Elemente wirtschaftlicher Tätigkeit, einschließlich Arbeit, Boden und Geld«.[13] Das Problem ist nun nach Polanyi, dass Arbeit, Boden und Geld keine wirklichen, sondern nur *fiktive Waren* sind. Eine Marktökonomie müsste sie wie wirkliche Waren behandeln, also bedingungslos dem Preismechanismus unterwerfen. Dem stehe aber entgegen, dass diese fiktiven Waren nicht zum Zwecke des Verkaufs produziert werden, sondern ganz anderen Gesetzen gehorchten. Arbeit sei ein Teil des menschlichen Lebens, Boden nur eine andere Bezeichnung für Natur und Geld schließlich nur ein Symbol für Kaufkraft. Gäbe man die Warenfiktion auf, dann würde der Mensch auf die Arbeitskraft reduziert, er verlöre den Schutz kulturspezifischer Institutionen und »würde als Opfer akuter gesellschaftlicher Zersetzung durch Laster, Perversion, Verbrechen und Hunger sterben. Die Natur würde auf ihre Elemente reduziert werden, die Nachbarschaften und Landschaften verschmutzt, die Flüsse vergiftet, die militärische Sicherheit gefährdet und die Fähigkeit zur Produktion von Nahrungsmitteln und Rohstoffen zerstört werden. Schließlich würde die Marktverwaltung der Kaufkraft zu periodischen Liquidierungen von Wirtschaftsunternehmen führen, da sich Geldmangel und Geldüberfluss für die Wirtschaft als ebenso verhängnisvoll auswirken würden, wie Überschwemmungen und Dürreperioden für primitive Gesellschaften.«[14] Keine Gesellschaft,

13 Polanyi 1944, S. 106.
14 Polanyi 1944, S. 108 f.

die bei Sinnen ist, wird sich auf diese Schrecknisse einlassen, sondern die fiktiven Waren dem Marktmodell entziehen und sie durchdringender politischer Regulierung unterwerfen. So fasst Polanyi die Geschichte des 19. Jahrhunderts als Ergebnis einer Doppelbewegung zusammen: »Während sich die Marktorganisation in Bezug auf echte Waren ausweitete, wurde sie in Bezug auf die fiktiven Waren eingeschränkt.«[15] Dies ist der Triumph des Sozialstaates über die Marktutopie.

Tatsächlich gilt Polanyis Einschätzung in verstärkter Weise auch für das 20. Jahrhundert (gemeint sind die entwickelten westlichen Demokratien). Bis heute sind Arbeit, Boden und Geld hochgradig reguliert und staatlicher Kontrolle unterworfen. Einzig beim Geld sind mit dem Ende der Bretton-Woods-Ära und der sukzessiven Freigabe der Finanztransaktionen bis hin zur Liberalisierung des Börsenrechts die ersten größeren Breschen der Deregulierung geschlagen. Dennoch hat sich zum Ende dieses Jahrhunderts die Machtverteilung zwischen Marktwirtschaft und Wohlfahrtsstaat grundlegend geändert. Die Ursache ist bislang nicht die Stärke des Marktmodells, sondern die Schwäche des Wohlfahrtsstaates. Sollte sich im Kontext der Restriktionen von organisierter Komplexität und Globalisierung das Marktmodell auch hinsichtlich der fiktiven Waren als überlegen erweisen, dann wird der Umbruch zur Realisierung der Marktutopie noch radikaler verlaufen, als jetzt schon erwartbar ist.

Jedenfalls aus heutiger Sicht hat sich Polanyi wohl am klarsten über den Charakter der Ware Geld getäuscht. Geldmangel und Geldüberfluss sind zwar nach wie vor reale Möglichkeiten und mithin reale Gefahren der Entwicklung der Geldmärkte, aber darin unterscheiden sich die Geldmärkte in nichts von anderen Märkten, die einer Über- oder Unterversorgung ausgesetzt sind. Indem Geld Zahlungsfähigkeit symbolisiert, konstituiert es gegenüber den Märkten für reale Waren tatsächlich einen Metamarkt, der von Einschätzungen und Erwartungen über Entwicklungen auf den Primärmärkten getragen ist. Die Preise für Geld, die sich aus diesen Einschätzungen bilden, sind Zinsen und Wechselkurse. Das Sonderproblem des Geldmarktes ist, dass Geld als nationalstaatlich proprietäres System

15 Polanyi 1944, S. 112.

verstanden wird, das über eine mehr oder weniger von der Politik abhängige Finanz- und Geldpolitik mitgesteuert wird. Dadurch diffundieren politische Absichten in den Geldmarkt und färben das Marktgeschehen nach politischer Opportunität. Dies kann im Interesse übergeordneter Kollektivgüter durchaus sinnvoll und legitim sein; es öffnet allerdings in gleicher Weise Raum für Protektionismus und nationale Sonderinteressen.

Wenngleich sich Polanyi wohl bezüglich des fiktiven Charakters der Ware Geld getäuscht hat, so wäre es doch absurd zu leugnen, dass die Geschichte des Wohlfahrtsstaates eine beispiellose Erfolgsgeschichte des Schutzes der Güter Mensch und Natur vor der zerstörerischen Dynamik des Marktes ist. Was die Natur betrifft, so ergibt sich allerdings bei genauerem Hinsehen ein Bild, wonach ihr Schutz genau dadurch erreicht worden ist, dass sie im Rahmen einer Marktwirtschaft zu einer realen Ware gemacht worden ist. Gegenüber der systematischen Naturzerstörung im Sozialismus konnten sich in den entwickelten kapitalistischen Ländern Umweltschutzbewegungen etablieren, die inzwischen zu einem eher frappierend wirksamen Umweltbewusstsein bei Konsumenten und bei Produzenten beigetragen haben. Schutz, Rückführung und Regenerierung knapper Umweltressourcen sind ihrerseits zu erheblichen Wirtschaftszweigen in der Marktwirtschaft geworden. Gegenüber Polanyis »Boden« sind Wasser, Luft, endliche Ressourcen wie Erdöl und andere Bodenschätze kritischere Güter der Natur geworden, die allerdings genau dadurch Bedeutung und Schutz erlangen, dass sie mit Marktpreisen versehen und somit zu knappen und kostspieligen Gütern avancieren. Erst wenn der »Boden« und mit ihm der Rest der Natur von einer fiktiven zu einer realen Ware wird, so scheint die Geschichte des Umweltschutzes im Kapitalismus zu lehren, ist seine Kostbarkeit und mithin sein Schutz garantiert. Anstatt die Natur dem Markt zu entziehen, käme es im Gegenteil gerade darauf an, ihre Nutzung tatsächlich Marktregeln zu unterwerfen, also über Preise Knappheitsbedingungen zu schaffen, die der Verschwendung ein Ende bereiten.

So bleibt von Polanyis drei Einschränkungen der Marktutopie nur die Sonderrolle der Arbeit übrig. Um mit Blick auf diesen schwierigen Faktor nicht gleich von vornherein den Wald vor lauter Bäumen aus dem Auge zu verlieren, sollten einige Grundlinien festgehalten werden: (1) Wird der Mensch auf Arbeitskraft reduziert, so verliert er seine Würde und wird zum Sklaven. Ist Arbeit nur eine Rolle des Menschen unter vielen, so lässt sich diese Rolle, wie jede andere auch, einer eigenen Logik unterwerfen, solange Vorkehrungen wirksam sind, dass diese funktionsspezifischen Logiken nicht zu einer schizophrenen Abspaltung von Teilpersönlichkeiten führen.

(2) Proletarisierung und Verelendung im Frühkapitalismus sind Folgen eines unregulierten Arbeitsmarktes, auf dem der Arbeiter infolge eines unsymmetrischen Machtverhältnisses zwischen Arbeitgebern und Arbeitnehmern zur vereinzelten und schutzlosen Arbeitskraft reduziert wurde. Die Sozial- und Wohlfahrtsstaaten der entwickelten Demokratien haben im Verein mit der Gewerkschaftsbewegung einen frappierend erfolgreichen Schutz der Arbeitnehmer gegen eine Ausbeutung als bloße Arbeitskraft und gegen die Risiken des Arbeitslebens (wie Krankheit, Invalidität oder Arbeitslosigkeit) erreicht.

(3) Dieser hochrangige und kostspielige Schutz der Arbeitnehmer in entwickelten Wohlfahrtsgesellschaften verkehrt sich gegenwärtig gegenüber Billig-Lohn- und Billig-Schutz-Ländern in Standort- und Wettbewerbsnachteile, weil die Wohlfahrtsgesellschaften in der Falle einer *halbierten Globalisierung* stecken: Sie sind nach wie vor nationalstaatlich organisierte, territorial delimitierte Gesellschaften, die sich bezüglich ihrer zentralen sozialen Sicherungs- und Versicherungssysteme als kollektiv abgegrenzte Solidargemeinschaften definieren. Gleichzeitig unterliegen sie den massierten und sich verdichtenden Zwängen der globalen Märkte, an deren Entstehung sie sich durch Liberalisierung der Waren-, Geld- und Finanzmärkte aktiv beteiligt haben.[16] Dieses Dilemma läßt sich nicht aussitzen, weil die Wohlfahrtsgesellschaften weder die brachiale Dynamik der Globalisierung zurückdrehen noch sich ihrer Verantwortung als historisch gewachsene Solidargemeinschaften kurzerhand entziehen können.

(4) Unter dem Druck von Wissensbasierung und Globalisierung spaltet sich der Arbeitsmarkt in drei Hauptsegmente der Qualifikation auf, die sehr unterschiedlichen Regeln unterliegen. Das unterste Segment der rund 20% nicht oder gering

16 Greider 1997, S. 250 ff.

qualifizierter und qualifizierbarer Arbeitnehmer ist hoffnungslos. Es wird mit deutlicherer Ausbildung der Wissensgesellschaft immer weniger in der Lage sein, sich durch Arbeit selbst zu erhalten und mithin die Armutsgrenze unterschreiten und/oder dauerhaft auf zusätzliche Transfereinkommen angewiesen sein. Die für dieses Segment zur Verfügung stehende Arbeit wird dauerhaft von Auslagerung und Automatisierung bedroht sein und damit nur unzureichende Preise für Arbeit erzielen können.[17] Ein großes mittleres Segment von rund der Hälfte aller Arbeitnehmer mit Qualifikationen in der Spannbreite von Facharbeitern bis zu »durchschnittlichen« Fachhochschulabgängern, vom mittleren Management bis zu »durchschnittlichen« Hochschulabsolventen bildet auch weiterhin den Kern des herkömmlichen Arbeitsmarktes. Heute ist abzusehen, dass dieses Segment des Arbeitsmarktes zwei strategischen politischen Optionen ausgesetzt ist. Entweder wird er weiterhin in der Logik des Wohlfahrtstaatsmodells stark reguliert und mit kollektiven Sicherungssystemen flankiert, oder er wird, ähnlich wie die Geld- und Finanzmärkte, nach dem Modell der Marktwirtschaft liberalisiert und der Globalisierungsdynamik ausgesetzt. Über das Schicksal beider Optionen entscheiden vielschichtige Abwägungskalküle zwischen sozialer Sicherheit, Lohnniveau, internationaler Wettbewerbsfähigkeit, Innovationsfähigkeit, Bereitschaft zur Weiterqualifikation, Regulierungsregimes, Management- und Organisationskompetenzen etc. Auf diesem Feld, so ist anzunehmen, entscheidet sich aufgrund der Masse der involvierten Wähler das *politische* Schicksal der Wohlfahrtsgesellschaften.

Einer ganz anderen Logik gehorcht das obere Segment der Wissensarbeit. Es umfaßt gegenwärtig in den entwickelten Gesellschaften vielleicht 20% des Arbeitsmarktes und wächst langsam (Peter Drucker schätzt dieses Segment bereits heute auch etwa 40% ein, aber das erscheint überzogen). In der Diktion von Robert Reich umfaßt es die Kategorien der Problemlöser, der Problemidentifizierer und die strategischen Vermittler: »Included in this category are the problem-solving, -identifying, and brokering of many people who call themselves research scientists, design engineers, software engineers, civil engineers, biotechnology engineers, sound engineers, public

17 Lichtblau 1997.

relations executives, investment bankers, lawyers, real estate developers, and even a few creative accountants. Also included is much of the work done by management consultants, financial consultants, tax consultants, energy consultants, agricultural consultants, management information specialists, organization development specialists, strategic planners, corporate headhunters, and systems analysts. Also: advertising executives and marketing strategists, art directors, architects, cinematographers, film editors, production designers, publishers, writers and editors, journalists, musicians, television and film producers, and even university professors.«[18] In diesem Segment ist eine überraschende Umkehrung des Verhältnisses von Kapital und Arbeit zu beobachten. Während auf allen herkömmlichen Arbeitsmärkten sich das Kapital zu seinen Bedingungen Arbeit sucht, suchen im Bereich von Wissensarbeit hochqualifizierte Wissensarbeiter Kapital zur Realisierung ihrer Ideen und Projekte. Die Wissensarbeiter verfügen exklusiv über die »Produktionsmittel«, genauer: sie verfügen über den entscheidenden Produktionsfaktor, nämlich hochprofessionalisierte Expertise als intellektuelles Kapital.[19] Wissensarbeit braucht nicht nur keine politische Regulierung als Schutz gegen Ausbeutung, sie ist schlechterdings nicht sinnvoll regulierbar, weil sie sich leicht und nachhaltig jeder Regulierung entziehen kann. Auf dem Feld der Wissensarbeit entscheidet sich, so ist anzunehmen, aufgrund der involvierten Innovationsfähigkeit das *wirtschaftliche* Schicksal der Wohlstandsgesellschaften. Nur wenn sie auf diesem Feld mitspielen und mithalten können, verfügen sie über das Innovationspotential, welches den Übergang zur Wissensgesellschaft ebnet. Und nur wenn sie den Übergang zur Wissensgesellschaft rechtzeitig schaffen, haben sie eine Chance, in der ersten Liga – für die sie sich prädestiniert halten – weiterhin mitzuspielen.

Von einer Wissensgesellschaft oder einer wissensbasierten Gesellschaft lässt sich sprechen, wenn die Strukturen und Prozesse der materiellen und symbolischen Reproduktion einer Gesellschaft so von wissensabhängigen Operationen durchdrungen sind, dass Informationsverarbeitung, symbolische Analyse und Expertensysteme gegenüber anderen Faktoren

18 Reich 1991, S. 177 f.

19 Edvinsson und Malone 1997; Steward 1997.

der Reproduktion vorrangig werden. Während sich noch für den späten Husserl die Wissenschaft von der Lebenswelt als etwas Künstliches absondert, durchdringen in der Wissensgesellschaft die Regelsysteme der Expertise und Wissensbasierung jeden Winkel der Lebenswelt in genau derselben Weise, wie heute bereits die normativen Regeln der Rechtssysteme dies tun. Die Idee der Wissensgesellschaft als mögliche Form nachindustrieller und nachkapitalistischer Gesellschaft hat nichts zu tun mit dem abwegigen Modell einer Wissen*schafts*gesellschaft. Jedenfalls für den Fall moderner Gesellschaften kann nicht ein Funktionssystem, sei es Politik, Ökonomie oder Wissenschaft, für das Ganze stehen, ohne die Gesellschaft insgesamt zu deformieren. Zugleich sollte klar sein, dass auch in einer Wissensgesellschaft nicht *alle* Kommunikationen von Kriterien des Wissens geprägt sind.[20] Damit ist gesagt, dass von einer Wissensgesellschaft nur gesprochen werden sollte, wenn eine qualitativ neu Form der Wissensbasierung und Symbolisierung alle wesentlichen Bereiche einer Gesellschaft durchdringt, also weniger Arbeit und Rohstoffe den Wert von Produkten bestimmen als Software und eingebaute Expertise und weniger Routinearbeit den Wert von Dienstleistungen definieren als differenzierte, spezialisierte und wissensbasierte singuläre Lösungen.[21] Eine Wissensgesellschaft wird sich erst etablieren, wenn eine kritische Masse an Wissensbasierung in die »normalen« Operationsformen aller Funktionssysteme eingelassen ist, wenn also die Politik wie das Gesundheitssystem, das Rechts- wie das Erziehungssystem, die Religion wie der Sport, die Kunst wie die Ökonomie nicht nur gelegentlich und in Sonderfällen auf spezialisiertes Wissen zurückgreifen müssen, um sich zu reproduzieren, sondern wenn dies die Regel wird. Inwieweit dies in den höchstentwickelten Gesellschaften bereits definitiv der Fall ist oder nur partiell, kann hier offen bleiben. Wenn die laufende Transformation moderner Demokratien auch nur annähernd das Tempo hält mit den sich überstürzenden Veränderungen ihrer Organisationen zu »intelligenten«, wissensbasierten Systemen und mit dem in einem globalen Konkurrenzfieber sich vollziehenden Umbau ihrer Kommunikations-Infrastruktur zu In-

20 Luhmann 1990, S. 160.
21 Davis und Botkin 1995; Romer 1993.

frastrukturen der 2. Generation, dann wird sich die Wissensgesellschaft jedenfalls schneller etablieren, als das Wissenschaftssystem sie zu denken vermag.

Die Frage ist, ob die sich abzeichnende Wissensgesellschaft im Verbund mit der sich gegenwärtig vollziehenden (partiellen) Globalisierung die Bedingungen der Möglichkeit der Marktutopie so deutlich verändert, dass die üblichen Einwände gegen die letzte verbliebene Utopie nicht mehr greifen. Der harte Prüfstein dafür ist die Frage, ob es einen Arbeitsmarkt im Sinne eines reinen Marktes geben kann oder ob eine staatliche Regulierung des Arbeitsmarktes unabdingbar ist, um eine optimale Abstimmung von Arbeitsangebot und -nachfrage zu gewährleisten. Es wird auf diese Frage keine einheitliche Antwort geben können. Klar ist, dass Wissensarbeit staatliche Regulierung weder benötigt noch verträgt. Für Wissensarbeit ist ein reiner Markt die optimale Form der Allokation von Expertise und Talent. Ebenso klar scheint aber auch zu sein, dass das unterste Segment des Arbeitsmarktes für unqualifizierte Arbeit dann kein reiner Markt sein kann, wenn gewisse Mindeststandards sozialer Sicherheit, menschlicher Würde und der Kontrolle negativer Externalitäten Grundlage des Wertekanons einer Gesellschaft bilden. Wenn 1994 die Lohnkosten pro Stunde für einfache Produktionsarbeit im Westen Deutschlands 24,90 Dollar betrugen, in den USA 16,40, in Großbritannien 12,40, in Singapur noch 5,10, in Tschechien 1,10 und in China 0,50 Dollar,[22] dann liegt auf der Hand, dass jedenfalls für den Fall einfacher Produktionsarbeit selbst bei hohen Unterschieden der Produktivität deutsche oder amerikanische Arbeitnehmer nicht mit solchen aus Tschechien oder gar aus China konkurrieren können. Solange krasse Unterschiede der Lebensstandards, der sozialen Sicherungssysteme, der politischen Regimes, der Rücksichtnahme auf Umwelt und der Einbeziehung externalisierter Kosten der Produktion bestehen, solange wird eine unregulierte Konkurrenz auf dem Arbeitsmarkt nur die berüchtigte Spirale nach unten weitertreiben, den selbstschädigenden Wettbewerb der regionalen und nationalen »Standorte« im Kontext eines globalen »race for the bottom« von sozialen, humanen und naturalen Schutzrechten,

22 Financial Times vom 7.3. 1994.

einer »competition of laxity«,[23] welches inzwischen auch die Steuersysteme und das korporative Steueraufkommen einschließt.[24] Dies bedeutet, dass das unterste Segment des Arbeitsmarktes, und wohl auch noch Teile des mittleren Segmentes, keinerlei Chance haben, über Löhne und Lohnkosten zu konkurrieren, sollen sie vor dem Lebensniveau philippinischer Tagelöhner oder ungelernter chinesischer Arbeiter bewahrt werden. Damit wird dieses Segment des Arbeitsmarktes der OECD-Länder solange auf Transfereinkommen angewiesen sein, bis sich in global konkurrierenden Wirtschaftssektoren die Lohnkosten global weitgehend angeglichen haben werden. Kurzfristig ist damit nicht zu rechen.

Welchen Regeln soll und kann nun das mittlere Hauptsegment des Arbeitsmarktes, immerhin noch der »Normalfall« qualifizierter Arbeit in Produktion und Dienstleistung, folgen? Sollte die Logik der Wissensarbeit Vorbild und Maßstab auch für diesen Bereich sein, zumal unbestritten ist, dass es sich kontinuierlich in Richtung höherer Qualifikationen und Wissensbasierung entwickelt? Oder sollten auch für diesen Bereich, wie bislang, ein Regime dichter staatlicher Regulierung und Marktsteuerung eingreifen, um die unabdingbaren Schutzrechte zu gewährleisten? Die Antwort auf diese Frage möchte ich gerne den gegenwärtigen und künftigen Nobelpreisträgern der Ökonomik überlassen und mich auf einige Bemerkungen zur Logik der Regulierungsregimes beschränken.

(1) Zu beobachten ist bereits heute, dass in diesem Hauptsegment des Arbeitsmarktes eine neue Differenz wirksam wird, die Differenz zwischen personen- und ortsgebundenen Gütern einerseits und digitalisierbaren Gütern andererseits. Der personen- und ortsgebundene Bereich schrumpft, der digitalisierbare Bereich wächst langsam, aber unaufhaltsam, abhängig von neuen Technologien, Netzkapazitäten, Transferkosten und Management- und Organisationsinnovationen. Digitalisierbar – und damit global dislozierbar – sind viele und tendenziell alle Routinetätigkeiten der Verwaltung, Abrechnung, Buchhaltung und Dokumentation von Organisationen, die von Ein-Personen-Firmen über Arztpraxen und Anwalts-

23 Cerny 1994, S. 328.
24 Hanke 1997.

kanzleien bis zu transnationalen Konzernen reichen. Versicherungen, Fluggesellschaften, Banken, Telefongesellschaften, Handelsunternehmen, Sportartikelhersteller, Franchisingunternehmen, Stadtverwaltungen und Myriaden anderer Organisationen können diese Tätigkeiten an Orte und Subunternehmen auslagern, die optimale Kosten-Nutzen-Relationen versprechen, und sie tun es scharenweise. Ohne dies hier im Einzelnen ausschmücken zu müssen, ist damit unabweisbar, dass ein beträchtlicher und wachsender Anteil von Arbeit in Produktion und Dienstleistungen digital disponibel und transportabel geworden ist *und sich damit nationaler Regulierung effektiv entziehen kann.*

(2) Weiterhin ist bereits heute zu sehen, dass auch im klassischen Segment des Arbeitsmarktes die klassische Form der Beschäftigung in kontinuierlichen Vollzeit-Arbeitsverträgen zu wanken beginnt.[25] Alternativen dazu sind diskontinuierliche Anstellungen für bestimmte Projekte, unterschiedliche Formen von Teilzeitarbeit, die Umstellung von Leistungsverträgen auf Werkverträge (also Bezahlung nicht nach bloßer Zeit der Tätigkeit sondern nach dem Resultat der Tätigkeit), die fallweise Anstellung von »Selbständigen« anstelle der Einstellung von Mitarbeitern und die Entlassung von Mitarbeitern in unterschiedliche Formen der Selbständigkeit (von Telearbeit über elektronische Heimarbeit und Teilzeit-Selbständigkeit bis zur vollen Selbständigkeit), um sie dann im Prinzip dieselbe Tätigkeit als Selbständige ausüben zu lassen. Diese Alternativen sind nicht mehr bloße Fiktion und Utopie, sondern in den USA und zum Teil in Holland bereits ernst zu nehmende Realität. Der Rest der Welt wird folgen. Die herkömmlichen staatlichen Regulierungsregimes für den Arbeitsmarkt geraten damit in ein schwieriges Dilemma. Mit jeder Regulierung, welche die komparativen Kosten der Arbeit erhöht (und über diese Trivialform der Regulierung kommt praktisch keine der heutigen Formen hinaus), verstärkt die Politik die Anreize für eine Flucht aus diesem Regulierungsregime *und macht alternative Formen von Arbeitsverträgen attraktiver für Arbeitgeber.*

(3) Verbunden mit dieser Entwicklung ist eine bereits heute spürbare Schwächung der klassischen Zwangssolidarge-

25 Kearney-Report 1997.

meinschaften. Mit jedem in die Selbständigkeit »outgesourcten« Mitarbeiter entledigt sich eine Firma auch substantieller Beiträge zu allen Arten von sozialen Versicherungs- und Sicherungssystemen. Der oder die Selbständige hat nun selbst für Krankenversicherung, Arbeitslosenversicherung, Pflegeversicherung und die Absicherung einer Rente zu sorgen. Dies erschüttert die Grundlagen des Zwangsversicherungsmodells und spielt einer Privatisierung der Sicherungssysteme, mithin einem Umbau von der sozialen Sicherung zur individuellen Absicherung in die Hände. Auch hier kommt ein Teufelskreis in Gang. Je stärker gerade Besserverdienende in private Formen der Absicherung flüchten und je mehr der neuen Selbständigen dorthin gedrängt werden, desto prekärer wird die Lage der »sozialen« Sicherungssysteme, denen für die größten Bedarfe die geringsten Beiträge bleiben. Dies könnte dazu führen, dass relativ schnell gar keine Alternative bleibt, als den Hauptteil der überkommenen sozialen Sicherungssysteme, vor allem derjenigen für Krankheit, Arbeitslosigkeit, Pflege und Alter, in Systeme der privaten Vorsorge zu überführen und den Bereich sozialer Absicherung auf ein bestimmtes Niveau der Grundsicherung zu beschränken. Dies klingt nach hundert Jahren Sozialstaat für heute kontinentaleuropäische Ohren inakzeptabel. Aber den Rest der Welt wird solche Nostalgie vermutlich wenig beeindrucken, und er wird seine komparativen Vorteile im globalen Wettbewerb der Ökonomien und der Regulierungsregimes nutzen.

1.4 Entgrenzungen der Marktutopie

In dieser ersten Stufe der Dekonstruktion der Utopie des reinen Marktes sind drei Einschränkungen mitgeführt, die der Marktutopie fremd sind, den realen Märkten aber anhaften als Menetekel ihrer Abstammung aus der kleinbürgerlichen Enge des Nationalstaates. *Ökonomisch* gilt die Einschränkung substantieller Transaktions- und Transportkosten, welche die Reichweite möglicher Märkte ökonomisch begrenzen. *Politisch* ist die Marktutopie eingeschränkt von einem klaren Primat nationalstaatlich organisierter und orientierter Politik vor der Ökonomie. Und *kulturell* ist die Marktutopie verschleiert durch den Mythos einer Volksgemeinschaft, die weder fähig noch willens ist, ihre wie immer sublimierte Blut-und-Boden-Romantik der rigorosen Aufgeklärtheit der Marktutopie auszusetzen. Zwar gewinnt schon bei Adam Smith die Marktutopie ihren humanen Glanz ganz wesentlich aus den Argumenten gegen einen bornierten Merkantilismus, für welchen der Markt nur Instrument im Kampf um nationale Vorherrschaft war und der die Interessen der Manufakturbesitzer schützte, diejenigen der Konsumenten jedoch »völlig vernachlässigt« hatte.[26] Doch bleiben bis heute die weltbürgerlichen und weltgesellschaftlichen Versprechungen der Marktutopie korrumpiert von der rücksichtslosen Vormacht des Kleinmuts einer nationalstaatlichen Binnenmoral, die dem Bedürfnis nach »heilloser Geborgenheit«[27] entgegenkommt. Ihr gelten die Marktregeln im Innern zwar als Leitlinien freien Zugangs und gleicher Teilhabe, aber es gilt als legitim, wenn nicht gar als abgebrüht geschäftstüchtig, diese Regeln außerhalb des Territoriums nach reinen Machtgesichtspunkten zu biegen und zu brechen, soweit es dem Fremden nur aufgezwungen werden kann. Der Kolonialismus war nur die offenkundigste Form dieser Differenz von Binnenmoral und Außenmoral. Noch in den gegenwärtigen »Handelskriegen« zwischen den USA und Japan und, abgemildert, zwischen diesen und der EU scheint dieselbe Logik auf.

Seltsamerweise haben die Propheten der Marktutopie nur ganz verstohlen die zivilisatorisch-weltbürgerliche Explosivkraft ihrer Utopie herausgestellt. Für Smith wie für Ricardo, für Marshall wie für Samuelson war es wohl zu phantastisch und schlechthin undenkbar, die staatliche Eingrenzung von Menschen und Märkten in Frage zu stellen und der Hobbesschen Urangst vor drohender Anarchie zu widerstehen. Noch erstaunlicher ist, dass es der gewöhnlich als Apologet des autoritären Staates abgestempelte Hegel war, der seine Geschichtsphilosophie auf der *zu erwartenden* Koinzidenz von Rationalität, Freiheit und liberalem Staat aufbaute und der konsequenterweise die Weltgeschichte als Entwicklungsprozess mit der Schlacht von Jena 1806 enden ließ, weil hier die weltbürgerlichen Ideale der Französischen Revolution aus ihrer natio-

26 Smith 1990, S. 559.
27 Bloch 1997, S. 51.

nalen Vereinnahmung durch den Bonapartismus befreit wurden. Zumindest darauf hat Francis Fukuyama zu Recht insistiert[28] und diesen Hegelschen Grundgedanken weitergeführt in das Lob einer auf liberale Wirtschaftsprinzipien gegründeten *universalen* Konsumkultur: »The enormously productive and dynamic economic world created by advancing technology and the rational organization of labor has a tremendous homogenizing power. It is capable of linking different societies around the world to one another physically through the creation of global markets, and of creating parallel economic aspirations and practices in a host of diverse societies. The attractive power of this world creates a very strong *predisposition* for all human societies to participate in it, while success in this participation requires the adoption of the principles of economic liberalism. This is the ultimate victory of the VCR.«[29]

Für Fukuyama sind die drei oben genannten Einschränkungen der Marktutopie im Prinzip überwunden: Moderne Technologie habe durch die Verknüpfung von Gesellschaften tatsächlich globale Märkte geschaffen; diese Gesellschaften seien zur Einhaltung liberaler ökonomischer Prinzipien gezwungen, wenn sie an diesen Märkten partizipieren wollten; und schließlich sei die Anziehungskraft dieser Märkte so groß, dass der national verblendete Kleinbürger sich zum universalen Konsumbürger entfalte. Vielleicht bedarf es tatsächlich der Phantasie eines Romanautors, der Fukuyama auch ist, um zu sehen, dass sich die Welt mit Beginn der 90er Jahre genau in diese Richtung bewegt, also nicht eine gewonnene Schlacht (1806), sondern eine verlorene Utopie (1989) den Anfang des Endes einer in konkurrierende Nationalstaaten aufgeteilten Welt markiert. Sehen wir uns deshalb die genannten Einschränkungen der Marktutopie genauer an. Leitlinie und kritischer Hintergrund dieser Prüfoperation wird sein, dass ein enger Zusammenhang zwischen Marktutopie und liberaler Demokratie als Staatsform besteht, wie Hegel gesehen und alle Geschichtsphilosophie nach ihm unterstellt hat. Mit Fukuyama erscheint auch plausibel, dass ökonomische Entwicklung politische Demokratie hervortreibt – auch wenn der Fall China dem noch entgegenzustehen scheint; dass aber entgegen

28 Fukuyama 1992, S. 60 ff.
29 Fukuyama 1992, S. 108, Hervorhebung im Original.

Fukuyama nicht die Umkehrung gilt, wonach eine entwickelte Demokratie auch ökonomische Prosperität befördere.

(1) *Transaktionskosten (einschließlich Transportkosten)* sind auf den ersten Blick für das Ideengebäude der Marktutopie nicht besonders aufregend, weil sie als Kostenfaktoren unter vielen anderen in die Bildung des Marktpreises eingehen und so auch noch die optimale Allokation dieser Faktoren fördern. Transaktionskosten im allgemeinen sind definiert als die Kosten für die Verhandlung, Prüfung und Durchsetzung von Vereinbarungen über Transaktionen, wobei diese Transaktionen Waren und Dienstleistungen umfassen können. In einer knapperen Formulierung sind Transaktionskosten »the costs of measuring and enforcing agreements«.[30]

Tatsächlich aber beginnt hier, bei den Transaktionskosten, der gravierendste Kniefall der reinen Utopie vor der faktischen Borniertheit rein individuell rationaler Kalküle. In seinen historisch gewachsenen und realisierten Formen war der Markt nicht fähig, in seiner eigenen Logik Regelsysteme hervorzubringen, welche es erlaubt hätten, die Kosten für das Zustandekommen und die Absicherung von Verträgen (Transaktionskosten) und die Kosten für die Bewegung von Menschen und Gütern (Transportkosten) in individualisierter Weise auf die einzelnen Verträge zuzurechnen und sie damit in eine marktförmige Preisbildung einzubeziehen. Vielmehr drängten sich genau an diesen beiden Punkten Idee und Praxis der Bereitstellung von Kollektivgütern als explizite Alternative zur Marktidee auf. Verkehrswege wurden als öffentliches Straßensystem zum Grundfall eines als öffentliches Monopol organisierten Kollektivgutes der *Infrastruktur*; und Eigentumsrechte, Vertragsfreiheit und Rechtsschutz wurden die Eckpfeiler einer umfassenden rechtlichen Absicherung der »nichtvertraglichen Elemente des Vertrages« (Durkheim), der politischen Rahmenbedingungen der Ermöglichung von Märkten als Grundfall eines als öffentliches Monopol organisierten Kollektivgutes der *Suprastruktur*. Transportkosten stehen hier stellvertretend für die Leistung und Bedeutung von (öffentlichen) Infrastrukturen; Transaktionskosten stellvertretend für die Leistung und Bedeutung (öffentlicher) Suprastrukturen.

30 North 1990, S. 362.

Bis heute bleiben weit ausdifferenzierte Formen von Infrastrukturen und Suprastrukturen die beiden Scharniere, in welche der reale Markt selbst in fortgeschrittenen Marktgesellschaften eingehängt und eingezwängt ist. Zugleich lösen sich heute in einer noch ungewissen Gemengelage genau diese beiden Eckpunkte nationalstaatlicher Umrahmung der Märkte auf und es ist noch nicht abzusehen, welche neue Rahmen an deren Stelle treten werden. Die herkömmlichen kollektiven Infrastruktursysteme der ersten Generation sind weitgehend privatisiert und dereguliert. Selbst die letzte Bastion dieser Gattung, das öffentliche Straßenverkehrssystem, tritt mit der Verkehrstelematik und der Verkehrssystemsteuerung in die Epoche der Privatisierung, der Konsortien und anderer Formen der privat-öffentlichen Partnerschaften ein.[31] Alle historisch späteren, höherstufigen Verkehrssysteme, wie Schienenverkehr, Luftverkehr und heute schließlich der virtuelle Verkehr auf digitalen Autobahnen, haben sich entweder nie dem Monopolanspruch staatlicher Steuerung unterworfen oder sich daraus wieder befreit. Die realisierte Vielfalt der Optionen für Transport scheint dazu zu führen, dass die Bestimmung und Verteilung von Transportkosten nicht mehr außerhalb des Marktes über Kollektivgüter und staatlich monopolisierte Infrastruktursysteme erfolgen muss, sondern hinreichend individualisierbar ist, so dass die entsprechenden Kalküle in die marktgesteuerte Preisbildung einfließen können.

Die historische Ironie dieser Situation ist, dass die Emanzipation des Marktes in seine eigenen Rahmenbedingungen hinein just in dem Moment seiner Geschichte erfolgt, der den Beginn des Endes der Bedeutung von Örtlichkeit überhaupt markiert. Die Utopie des Marktes stößt auf die Atopie der Transaktionen. Die atopische Gesellschaft beginnt sich entlang der Prämisse zu formieren, dass die Differenz der Orte zur Einheit globaler Erreichbarkeit ohne spürbare Kosten und ohne spürbare Zeitverzögerung verschmilzt und sich der neuen Differenz des Zugangs/Nichtzugangs zu den entsprechenden Netzen digitalisierter Transaktionen beugt. *Atopia* als die Utopie der Ortlosigkeit, als die Utopie der Irrelevanz divergierender Örtlichkeit, hat in den nahezu verzögerungsfreien und kostenlosen digitalen Transaktionen der Internets

31 Marvin und Guy 1997; Willke 1997b, S. 210 ff.

und in der zeitgleichen globalen Reichweite satellitengestützter Kommunikationsinfrastrukturen ihre stärksten Argumente.

Verwickelter, aber ähnlich folgenreich bricht die atopische Gesellschaft die Vorherrschaft nationalstaatlich, öffentlich und kollektiv organisierter Suprastrukturen. Eine auf privaten Netzen mit globaler Reichweite aufsetzende *lex mercatoria* deformiert die Regelsysteme nationalstaatlicher Rechtsetzung und Regulierung. Sie diffundiert schon heute in technische Standards, Professionsregeln, Performanzkriterien, Rating-Verfahren, Schlichtungsverfahren und Schiedsgerichtsverfahren, Menschenrechtsdefinitionen, Umweltschutzstandards und andere Bereiche der Regelsetzung mit transnationaler und globaler Reichweite.[32] Global agierende Anwaltsfirmen, Beratungsfirmen, Investmentbanken, Rating-Institutionen, Sportkommissionen, Umweltbewegungen oder Akkreditierungseinrichtungen für Hochschulausbildungen haben mehr Einfluss auf die Entstehung, den Aufbau und die Steuerung transnationaler Regimes der Regelsetzung als die weitaus meisten der nationalen Gesetzgebungsorgane. Steuerungsregimes für alle erdenklichen Bereiche gesellschaftlichen Austausches, vor allem aber solche für ökonomische Transaktionen, werden damit wählbar und setzen sich dem Vergleich unter Kosten-Nutzen-Gesichtspunkten aus. Der »regulatory competition« als Konkurrenz der Regulierungsregimes ist nicht mehr auf öffentliche Regimes begrenzt.

Ein gutes Beispiel dafür ist die radikale Transformation der Verfahren für *Standardisierung* und Normierung. Auf der Ebene der EU war im Bereich der Telekommunikation bis vor wenigen Jahren die Setzung von Standards das Vorrecht der nationalen Telekommunikationsmonopole, die ihre Kompetenzen wiederum in zentralen europäischen Institutionen bündelten und ihren Einfluß auf globale Standardisierungen über die altehrwürdige Institution der IEEE ausübten. Mit der Zerschlagung des Quasi-Monopols der amerikanischen AT&T und ihrer Auflösung in regionale »Baby-Bells«, der Deregulierung und Privatisierung einiger der nationalen Monopole auch in Europa, vor allem der britischen Telecom, und der Schaffung des »European Telecommunication Stan-

32 Teubner 1997.

dardization Institute« (ETSI) wurde innerhalb weniger Jahre aus dem staatlichen Regulierungsmonopol Schritt für Schritt ein aus dem öffentlichen Bereich heraustretender und in private (korporative und verbandliche) Selbststeuerung übergehender Standardisierungsprozess. ETSI selbst strebte Anfang der 90er Jahre eine Konsortiallösung mit privat-öffentlicher Partnerschaft an, musste sich aber Mitte der 90er Jahre noch stärker dem Privatisierungsdruck beugen und den Standardisierungsprozess nahezu vollständig in selbstorganisierende Konsortien und »Foren« auflösen, die zudem noch mit anderen privaten Einrichtungen der Standardisierung konkurrieren.[33]

Der Fall der Kapitalmarktregulierung[34] und der bereits erwähnte Fall der *Börsenregulierung* ist ein weiteres folgenschweres Beispiel dafür, dass Regulierungsregimes als Wettbewerbsfaktoren ins Spiel kommen. Während etwa die Schweiz gegenwärtig mit einem neuen Börsengesetz (BEHG) einen radikalen Neuanfang in Richtung Entstaatlichung und Selbststeuerung macht, sind die Deutschen nicht so tapfer. In einem umfassenden und umfangreichen Gutachten zur Börsenreform, in dem die Regelungen in den USA, Großbritannien, Schweiz, Frankreich, Holland, Österreich, Japan und Deutschland verglichen werden, kommen die Autoren immerhin zu dem Schluß, dass ein offenes und flexibles regulatorisches System »eine weitgehende Selbstregulierung durch die Beteiligten (bedinge), die den für den komplexen Bereich der Finanzmarktgestaltung erforderlichen Sachverstand am ehesten selber aufbringen können«.[35]

Auch in der kompetitiven und möglicherweise schöpferischen Zerstörung der nationalstaatlich monopolisierten Regulierungsregimes als den Säulen öffentlicher Suprastrukturen scheint die Atopie der Transaktionen im Kontext einer durch Örtlichkeit nicht mehr bestimmten Wirtschaftsgesellschaft auf. Standards als vor die Klammer gezogene kollektive Regularien für private ökonomische Transaktionen lassen sich lokal oder national fassen, solange die dazugehörigen Märkte sich ihrerseits mit lokaler oder nationaler Reichweite begnügen und als »Nationalökonomien« dem Primat der Politik unter-

33 Vekens 1997.
34 Genschel und Plümper 1997.
35 Hopt, Rudolph und Baum 1997, S. 4.

worfen sind. Ist diese Prämisse mit der Globalisierung der Märkte hinfällig, dann sind Lokalisierbarkeit und örtliche Spezifität des Standards ebenso irrelevant. Sie machen einer atopischen Weite und Universalität Platz, die sich zum einen tatsächlich in der universalen Ubiquität und Uniformität von McDonald und Coca Cola, von GSM und CNN zeigen, zum anderen aber auch darin, dass der Popanz lokaler Souveränität und Willkür zum ersten Mal in der Geschichte einer weltbürgerlichen Freizügigkeit weicht, welche die Despotie lokaler Anbindung und Eingrenzung durchbricht, um in der Freiheit eines atopischen Marktes Örtlichkeit als Kontingenz zu realisieren. Dies gilt mit Hilfe von Kabelnetzen, Modems und Satellitenempfängern auch für heute noch geschlossen erscheinende Systeme wie China, die sich – wie vor fünfhundert Jahren die Kirche gegen den Buchdruck – ebenso verzweifelt wie aussichtslos gegen Öffnung und Offenheit wehren.[36] Wenn in diesem Sinne Örtlichkeit zu einer wählbaren Option wird, nicht zu einer durch Geburt und Tradition verordneten Hypothek, dann erst wären Mythos und Überschätzung von Örtlichkeit, der sich in Deutschland noch in der Höhe der Besoldung von Oberbürgermeistern und Stadtdirektoren zeigt, gebändigt und der disziplinierenden Freiheit expliziter Wahl ausgesetzt.

Atopie und die Merkmale atopischer Gesellschaft sind kein Argument gegen die Notwendigkeit von Suprastrukturen. Auch eine atopische Gesellschaft braucht Kontextregeln für die Steuerung ihrer Transaktionen und Kommunikationen. Atopie bringt allerdings ins Relief, dass die Vereinnahmung und Monopolisierung von Suprastrukturen durch die Politik des Nationalstaates historische Epoche bleibt wie alles andere auch. Die Frage ist, welche Akteure und Instanzen an die Stelle des Nationalstaates treten können und treten werden, um die erforderlichen Suprastrukturen zu schaffen, und welche Akteure und Instanzen darüber entscheiden, welche Suprastrukturen erforderlich sind.

Hier bleibt festzuhalten, dass jeder Schritt in die Richtung einer gelingenden Deregulierung und Privatisierung (einschließlich Konsortialisierung oder Hybridisierung) von Infrastrukturen und Suprastrukturen Momente in das Marktmo-

36 Wright 2000, S. 6.

dell einbaut, die bislang als *extra commercium* und außerhalb der Möglichkeiten marktförmiger Bereitstellung betrachtet worden sind. Die Marktutopie rückt ihrer Realisierbarkeit beträchtlich näher, wenn Transport- und Transaktionskosten nicht kollektiven politischen Regulierungsregimes überlassen bleiben müssen, sondern zu Gegenständen privater Vertragskalküle werden. Noch radikaler ändert sich die Situation, wenn Transport- und Transaktionskosten weitgehend unerheblich werden, weil mit Digitalisierung, Vernetzung und Virtualisierung physische Transporte durch digitalen Transfer und seine Korrelate (Transfer von Ideen, Expertise, Modellen und Blaupausen) ersetzt werden und soziale Transaktionskosten durch den Zugriff auf Online-Expertensysteme und routinisierte Dienstleistungen in den verbleibenden Bereichen von Unsicherheiten über die Prüfung und Durchsetzung von Verträgen geprägt sind – zum Beispiel durch die Vereinbarung einer Schiedsgerichtsbarkeit anstelle einer teuren und langwierigen staatlichen Gerichtsbarkeit.

(2) Der *Primat der Politik* gegenüber den übrigen gesellschaftlichen Funktionssystemen, vor allem gegenüber der Ökonomie, ist Teil der Geschichte der Moderne. Er ist den modernen westlichen Demokratien in die Wiege ihrer Abstammung aus der Hobbesschen Grundidee des Nationalstaates gelegt. Der Primat der Politik schließt nicht aus, dass wirtschaftliche Interessen in die Politik hineinwirken, solange sie nicht die Logik der Politik außer Kraft setzen. Der Kern dieser Logik ist die an der Leitdifferenz von Regierung und Opposition ausgerichtete Möglichkeit der Opposition, nach demokratischen Wahlregeln bei wechselnden Mehrheiten selbst die Regierung zu übernehmen. In allen Demokratien der OECD-Staaten, vielleicht mit Ausnahme Japans, sind solche Regierungswechsel möglich, und insofern gibt es einen klaren Primat der Politik. Auf der anderen Seite lässt sich der Vorrang der Politik im Rahmen des Nationalstaates auch damit begründen, dass die Politik souverän darüber entscheiden kann, welche Bereiche wirtschaftlicher Transaktionen tatsächlich den Regeln des Marktes geöffnet sein sollten und welche nicht.[37] Vor allem in den Restbereichen ehemaliger Staatsmonopole wie Rundfunk, Telekommunikation, Verkehr oder

37 Malkin und Wildavsky 1991.

Energieversorgung, aber auch in Restbereichen ständestaatlicher Regulierung wie Handwerk, Berufsrecht oder Börsenrecht entzieht die Nachhut des Obrigkeitsstaates mit gelassener Selbstverständlichkeit ganze Bereiche der Marktlogik. Aber dies verschwindet hinter den Leistungen des Sozial- und Wohlfahrtsstaates. Dieser kann in souveräner Manier entscheiden, dass bestimmte Bereiche der Wirtschaft nicht einer Marktlogik folgen können, sondern sich einer Logik sozialer Verteilungsgerechtigkeit und/oder Ausgleichsleistungen zu unterwerfen haben. Beispiele reichen von ärztlichen Leistungen über den sozialen Wohnungsbau oder Ausbildungsleistungen der Universitäten bis zu allen erdenklichen Aspekten der Regulierung des Arbeitsmarktes.

Im Rahmen eines durch demokratische Politik konfigurierten Nationalstaates ist es geradezu selbstverständlich, dass die Politik mit der Kompetenzkompetenz die Macht und die Möglichkeit hat, die Grenzen aller anderer Funktionsbereiche der Gesellschaft abzustecken. Ohne Zweifel setzt die Politik z. B. mit dem Embryonenschutzgesetz dem Forschungssystem Grenzen, mit dem Strafgesetz der Kunst Grenzen, mit dem Schulgesetz der Erziehung Grenzen etc. In entsprechender Weise grenzt die Politik des Nationalstaates die Marktutopie dort ein, wo sie der Logik territorial gebundener demokratischer Politik bedrohlich werden könnte. Woraus erwächst diese Bedrohung?

In all ihrer machtgestützten Souveränität hat die Politik der Demokratien es *ausschließlich* damit zu tun, die Vorbedingungen der Operationsmöglichkeiten gesellschaftlicher Funktionssysteme zu schaffen und deren negative Externalitäten sozialverträglich abzuarbeiten. Die einzigen Ausnahmen sind die Kollektivgüter des Schutzes gegen äußere und innere Feinde, also Friede und Rechtssicherheit. Ansonsten aber ist die Politik der Reparaturbetrieb einer hochkomplexen, risikoreichen und in vielen Hinsichten nicht mehr steuerbaren Gesellschaftsmaschinerie, welche von den Operationslogiken funktional differenzierter Teilsysteme getrieben wird. Die hellsichtigste Politik lässt sich deshalb dort beobachten, wo sie nicht nur auf die übliche Bruchquote der Funktionssysteme wartet, sondern voraussieht, dass in die Operationslogik autonomer gesellschaftlicher Funktionssysteme eine selbstzerstörerische

Dynamik eingebaut ist, die sich paradoxerweise gerade ihrem Erfolg verdankt. Die Erfindung des Sozialstaates gründet auf einer solchen Hellsichtigkeit. Die heute erforderlich erscheinende grundlegende Revision des Sozialstaates setzt eine vergleichbare Leistung politischer Hellsichtigkeit voraus.

In beiden Fällen ist der Kern des Problems der paradoxe Anspruch moderner Demokratien, unter ihrem Dach die agonalen Operationslogiken ihrer Teilsysteme als Gesellschaft zu bündeln und dennoch ihren Bürgern (und heute auch ihren Bürgerinnen) als Individuen einen ungeteilten »pursuit of happiness« zu versprechen. Diese Aussicht auf Glück wird nicht von dunklen Mächten und Machenschaften bedroht, sondern von der ganz gewöhnlichen Operationslogik spezialisierter Teilsysteme. Zieht man das Beispiel der Ökonomie heran, (aber Ähnliches ließe sich von Erziehung, Kunst, Sport, Wissenschaft oder vom Gesundheitssystem sagen), so erweist sich der Mangel an eingebauten Selbstbegrenzungen als der Kristallisationspunkt einer immanenten Dynamik der Selbstzerstörung, die Marx ebenso bewegt hat wie Schumpeter. Bei aller Trennung von Logik und Leitdifferenzen entspringt die Interdependenz von Politik und Ökonomie der Notwendigkeit wechselseitiger Begrenzung – jedenfalls solange die Systeme diese Begrenzung nicht selbst leisten (können). Die Erfindung des Sozialstaates aktivierte eine politische Begrenzung der Ökonomie an dem Punkt, an welchem die Logik der Marktökonomie den Grad normalisierter Destruktion (etwa in Form eines verelendeten Proletariats) so weit getrieben hatte, dass die Destruktion nicht durch Kreation, die Schaffung neuer Möglichkeiten, ausbalanciert oder zumindest in Kandor-optimaler Verteilung von Aussichten und Verpflichtungen erträglich gemacht hätte.[38] Selbst die USA, die diesem Sog lange widerstanden hatten, mussten sich in der Weltwirtschaftskrise zu einem »new deal« durchringen, um die aus den Fugen geratene Destruktivität der Ökonomie zu begrenzen und zu korrigieren.[39]

Im Nachhinein, entweder historisch oder systemtheoretisch geschult, lässt sich sehen, dass der fundamentale Konstruktionsfehler dieser Problemlösung damit zu tun hat, dass die

38 Scharpf 1993b.
39 Ruggie 1997, S. 377 ff.

politisch unabdingbare Begrenzung der Ökonomie von außen aufgezwungen worden ist. Immerhin hat diese Lösung ein Jahrhundert gehalten. Ihre Strategie folgte aus den etablierten Regeln des politischen Handelns einer als souverän verstandenen Staatlichkeit. Zwar gab es durchaus auch schon im 19. Jahrhundert mit den Ideen der Subsidiarität und der »indirect rule« Vorstellungen über nicht-zentralisierte und nicht-direktive Systemsteuerung. Aber die perzipierte Bedrohung der Politik durch eine wildgewordene Marktlogik scheint filigraneren Steuerungsmodellen keine Chance gelassen zu haben.

Heute tragen Beobachtungen und Überlegungen aus vielen Disziplinen zu der Einsicht bei, dass die Steuerung komplexer Gesellschaftssysteme nicht der Politik überlassen bleiben kann. Sie wäre damit ebenso überfordert wie jede andere Instanz und Form zentraler Steuerung dynamischer Systeme.[40] Unter den gegebenen Restriktionen der Regierbarkeit, der Interventionsfähigkeit der Politik und der Steuerbarkeit entwickelter Gesellschaften[41] nimmt die Einsicht zu, dass Steuerung im Wesentlichen als Selbststeuerung konzipiert sein muß. Nur an wenigen strategisch relevanten Punkten ist es sinnvoll, Formen der Selbststeuerung mit vorsichtig dosierten Mustern der Kontextsteuerung zu komplementieren. Im Bereich der Kontextsteuerung hat die Politik ihre gesellschaftsarchitektonische Aufgabe. Eine entsprechende Bescheidenheit der Politik setzt allerdings voraus, dass in den Funktionssystemen, wie etwa der Ökonomie, tatsächlich funktionierende Mechanismen der Selbststeuerung wirksam sind, die über den Mythos der unsichtbaren Hand hinausgehen. Wie könnten solche Mechanismen aussehen? Wie ist vorstellbar, dass die Ökonomie sich als soziales System selbst steuert?

Sieht man die Ökonomie nicht nur als reine Marktwirtschaft, sondern als »socially embedded system« im Sinne von Mark Granovetter,[42] dann kommen zum einen die organisationalen und institutionellen Vorkehrungen in den Blick, welche die Ökonomie überhaupt erst organisierbar machen: Regelsysteme und Regulierungskontexte, Infrastruktursysteme, in Verfahren, Prozesse und Strategien eingebaute Intelligenz

40 Willke 1998c.
41 Willke 1997b.
42 Granovetter 1992.

(»embedded intelligence«) und schließlich eine spezialisierte und spezifische Wissensbasierung, welche inzwischen Wissen neben Boden, Arbeit und Kapital zur vierten Produktivkraft gemacht hat. Entscheidend ist, dass die Ökonomie in ihren konstituierenden Institutionen und Regelsystemen lernfähig in dem Sinne erscheint, dass ihre Akteure diese Institutionen und Regeln als historisch konstituiert und veränderbar beobachten. Die nationalen Ökonomien gehorchten zum Beispiel im Kontext des Bretton-Woods-Regimes anderen Regeln als nach dem Ende dieser Ära, und sie unterliegen im Rahmen des GATT anderen Zwängen als im Rahmen der WTO. Selbststeuerung impliziert, dass die Ökonomie als System in der Lage ist, solche kontextuellen Veränderungen zu beobachten und sich ihnen durch eigene, selbst gesetzte Regeln anzupassen.

Es kommen weiterhin die Firmen als korporative Akteure in den Blick, denen eine inzwischen elaborierte »Theorie der Firma« auch die Fähigkeit zu *strategischem Handeln* zuschreibt.[43] Diese Fähigkeit ist die Grundlage für eine substantielle Rolle von Firmen in der Selbststeuerung der Ökonomie. Zusätzlich zu den Märkten sind Firmen ökonomisch eigenständige Einrichtungen in dem Maße, wie sie bestimmte ökonomische Transaktionen effizienter organisieren als reine Märkte. Die Effizienzgewinne können sich auf Risikoallokation beziehen,[44] auf Transaktionskosten[45] oder auf Wissensbasierung.[46] In jeder dieser Hinsichten sind Firmen leistungsfähiger als Märkte und insofern gibt es keinen Grund, Firmen nicht zum Kern moderner Wirtschaftssysteme zu zählen. Firmen sind zugleich geborene Beobachter nicht nur der Märkte,[47] sondern vor allem auch der institutionalisierten Regelsysteme einer Wirtschaftsordnung. Sie müssen und können Veränderungen von Regeln erkennen und es ist kein Grund ersichtlich, warum sie nicht auch aktiv auf die Veränderung von Regeln hinwirken können. Eine verbreitete Sichtweise hat ihnen allerdings eine auf kurzfristige Gewinnmaximierung ver-

43 Ghoshal und Moran 1996, S. 33 ff.
44 Knight 1965.
45 Coase 1988; Williamson und Winter 1991.
46 Nonaka und Takeuchi 1995; Quinn 1992.
47 Baecker 1993.

kürzte Handlungslogik unterstellt und sie so mit der anarchischen Logik der Märkte in einen Topf geworfen. Dem steht entgegen, dass inzwischen Firmen nahezu aller entwickelten Wirtschaften Erfahrungen mit neokorporatistischen Arrangements und Steuerungsregimes haben. Nach Japan und den ostasiatischen »newly industrialized countries« haben seit den 70er Jahren viele europäische Nationalökonomien mit mehr oder weniger ausgeprägten Formen des Neokorporatismus experimentiert. Sogar die USA haben als Antwort auf die japanische Herausforderung mit verschiedenen »strategischen Initiativen« und vor allem mit der Halbleiterinitiative »Sematech« sehr erfolgreich korporatistisch inspirierte Formen der Kooperation, der Bildung von Konsortien und der »private-public-partnership« ausgebildet.[48] Es gibt eine Reihe von Belegen dafür, dass Firmen durchaus fähig sind, unter förderlichen Bedingungen von einer Pareto-optimalen Negativkoordination zu einer Kandor-optimalen positiven Koordination und damit zu einem gesellschaftlich anschlussfähigen Regime der Selbststeuerung zu gelangen. Was immer die Voraussetzungen und Kosten eines solchen Regimes sein mögen, zunächst soll hier nur von Bedeutung sein, dass entgegen der verbreiteten Steuerungsarroganz staatlicher Macht eine Selbststeuerung gesellschaftlicher Funktionssysteme jedenfalls *möglich* ist.

Die kritische Ressource dafür ist Reflexionsfähigkeit. Sie baut darauf auf, dass Firmen und Firmenverbände als kollektive Akteure Kontextsensitivität entwickeln. Sie werden dies nicht grundlos tun, sondern erst dann, wenn sie lernen, dass unterschiedliche soziale und sozietale Kontexte als Bedingungen ihrer Operationsweise bedeutungsvoll, ja sogar kritisch sind. So wie Firmen gelernt haben, dass ihre natürliche Umwelt eine knappe Ressource darstellt, die sie nicht ungestraft ruinieren können, so lernen sie gegenwärtig, dass unterschiedliche Regulierungs- und Steuerungsregimes als Kontextparameter ökonomischen Handelns unterschiedliche Kosten und Nutzen konstituieren. Es ist diese in einer ökonomischen Logik nachvollziehbare Einsicht, welche den Boden dafür bereitet, dass Firmen entsprechende Reflexionskapazitäten aufbauen. Während Firmen und Märkte demnach, jedenfalls im Prinzip, Merkmale von »lernenden Systeme« kultivieren, ha-

48 Willke, Krück und Thorn 1995.

ben die politischen Systeme der Moderne diese Fähigkeiten nicht immer rückhaltlos unterstützt.

Eine gewisse Tragik des Sozialstaates manifestiert sich deshalb genau darin, dass er mit seinem kontroll- und staatszentrierten Steuerungsregime diese Einsicht in die Möglichkeiten der Selbststeuerung auf beiden Seiten, derjenigen der Politik wie der Ökonomie, so lange verhindert hat, bis im Rahmen des entwickelten Sozialstaates *beide Seiten* in eine Krise geraten sind, deren bedrohlichstes Ergebnis eine sich selbst zementierende Massenarbeitslosigkeit ist. Beide Seiten schieben sich rituell die Verantwortung dafür zu, aber es ist leicht zu sehen, dass die Verantwortung dafür auf keiner der beiden *Seiten* liegt, sondern in einer *Form* der politischen Steuerung einer Ökonomie, die den staatlichen Steuerungskapazitäten längst entwachsen ist.

Diese Tragik des Sozialstaates wird dadurch verstärkt, dass die Problematik eines intern induzierten Umbaus nationaler Steuerungsregimes zum Ausgang dieses Jahrhunderts von einer zusätzlichen, möglicherweise noch folgenreicheren Problematik überlagert wird. Seit den Liberalisierungen der 80er Jahre und forciert durch die Implosion der Zweiten Welt sehen sich die nationalen Ökonomien und ihre Firmen einer Globalisierungsdynamik ausgesetzt, die gerade für die korporatistischen Akteure der Ökonomie und die geschützten Werkhallen der Sozialstaaten eher als Bedrohung denn als Chance wahrgenommen wird. Heute lässt sich konstatieren, dass die Interferenz beider Problemräume sich auf Politik und Ökonomie drastisch unterschiedlich ausgewirkt hat. Märkte und Firmen haben sich nach einer längeren Schockphase den Herausforderungen der Globalisierung umso entschlossener und rücksichtsloser gestellt, als ihnen aufgegangen ist, dass mit den angezeigten Restrukturierungen, Auslagerungen, Geschäftsprozessoptimierungen, Verschlankungen und Rationalisierungen nicht nur ihre globale Wettbewerbsfähigkeit zunimmt, sondern sich zugleich auch substantielle Teile ihrer sozialstaatlichen Verantwortlichkeiten zurückfahren lassen. Den scheinbar anonymen Zwängen der Weltmärkte und eines globalen Wettbewerbs folgend, stolpern die Firmen auf der Suche nach Rationalisierungsgewinnen in eine gesellschaftlich geradezu obszöne *destruktive Paradoxie:* Je stärker die Firmen sich verschlanken und Arbeitsplätze überflüssig machen, desto höher steigen ihre Notierungen an den Börsen. Die Idee des »shareholder value« scheint den Firmen den Zauberstab an die Hand zu geben, um mit sich Elan den Grausamkeiten der »lean production« hinzugeben.

Die Firmen selbst können sich dieses peinlichen Glückfalles kaum erwehren. Sie scheinen sich einer Marktdynamik anpassen zu müssen, die keine Alternative kennt. Die ganze Last der Folgen fällt auf den Sozialstaat. Er erstickt an den Kosten eines Heeres von Arbeitslosen und er darf eine Unternehmerschaft nicht verprellen, die glaubwürdig mit der Option des »exit«, der Verlagerung in »billigere« Länder drohen kann. Während die USA und Großbritannien, aber auch Neuseeland, Holland und Schweden auf diese Zwickmühle mit Blick auf die ökonomischen Konsequenzen eines überzogen Sozialstaates mit weitgehenden Revisionen ihres wohlfahrtsstaatlichen Steuerungsmodells reagiert haben und weiter reagieren,[49] tun sich besonders Italien, Frankreich und Deutschland und (in einer etwas anderen Konstellation) Japan schwer. Diese Länder weigern sich bislang, einen Primat der Politik aufzugeben, der sich unter den Bedingungen einer globalisierenden, dynamischen Wirtschaft strukturell konservativ oder gar reaktionär auswirkt.[50] Aber auch für diese Länder gilt, dass die auf einer als steuerbar verstandenen Nationalökonomie aufbauende Idee des Sozialstaates als Gestalt der Geschichte alt geworden ist. Rückzugsgefechte sind honorig, aber sie verlängern das Leiden nur.[51] Die Nationalstaaten selbst haben die Lawine der Globalisierung losgetreten und einige von ihnen sind dabei, darunter begraben zu werden.

(3) Die ökonomische und die politische Einschränkung der Marktutopie beruhen auf Beschränkungen von Freiheitsgraden des marktförmigen Austausches, die sich durch technologische Innovationen und durch eine angemessenere (bescheidenere) Rolle der Politik korrigieren lassen. Die *kulturelle* Einschränkung der Marktutopie, der Mythos der Volksgemeinschaft, scheint härteren Widerstand zu leisten. Immerhin gründet die Praxis des Sozialstaates zum einen auf territorial

49 Myles und Pierson 1997.
50 Weizsäcker 1997.
51 Scharpf 1997, S. 190.

begrenzbaren Solidargemeinschaften, die sich nach Vorsorge- und Versicherungsprinzipien gegen bestimmte Risiken absichern. Zum anderen beruht der Sozialstaat auf einem implizierten Generationenvertrag, der heute aus den Fugen gerät, weil die dafür erforderliche demographische Entwicklung gerade in den ökonomisch entwickeltsten Gesellschaften auf den Kopf gestellt ist.[52] Unter diesen Umständen gerät die vormals durchaus plausible Mischung von nationalstaatlich delimitierter Solidargemeinschaft und Generationenvertrag zu einer brisanten Mixtur. Gemeinsame Grundlage ist ein *ius sanguinis*, welches Solidarität auf Gemeinsamkeiten in den Bindungen zu Boden und Blut einschränkt. Wie legitim auch immer die Gründe für eine solch Art der Begrenzung von Solidarität gewesen sein mögen, an der Schwelle zu einer marktgetriebenen Weltgesellschaft nehmen sie sich atavistisch und nepotistisch aus.

1.5 Solidarität und Subsidiarität

Wie lässt sich, so heißt die resultierende Frage, Solidarität so rekonfigurieren, dass sie nicht zum schlechten Mythos verkommt und dabei Anforderungen postuliert, die ihr Scheitern gleich in sich tragen? In eine Formel gefasst geht es darum, Solidarität vom Kopf auf die Füße zu stellen. Anstatt die Solidarität einer künftigen Generation einzufordern, wie alle traditionalen Gesellschaften es begreiflicherweise tun, fordert eine zur Weltgesellschaft expandierende Modernität einen reflexiveren Umgang mit Zeit und mit Solidarität. Da Zukunft nicht mehr prognostizierbar ist, hat die lebende Generation keine durchdringendere Pflicht als diejenige, zukünftige Kontingenzräume nicht dadurch einzuschränken, dass sie auf Kosten der Zukunft operiert. Positiv formuliert: Die lebende Generation hat für sich selbst Vorsorge zu treffen, weil sie nur so den künftigen Generationen essentielle Möglichkeiten nicht verbaut. Genau dies ist der Gehalt des von Heinz v. Förster reformulierten ethischen Imperativs: »Handle stets so, dass die Anzahl der Wahlmöglichkeiten größer wird.«[53] Erstaunlicher-

52 Birg 1996.
53 Foerster 1985, S. 41.

weise koinzidiert dieser Imperativ mit dem, was man die Basisregel der Marktutopie nennen könnte.

Um der Idee der Solidarität neues Leben einzuhauchen, scheint vor allem erforderlich zu sein, die Verpflichtung zur Gemeinsamkeit vom Joch schicksalhafter Kollektivität zu befreien. Die Fremdverpflichtung durch (staatlich organisierte) Zwangsversicherungsgemeinschaften provoziert *moral hazard* und *rent seeking* geradezu, jedenfalls unter Bedingungen hochgradig anonymisierter Großkollektive. Da andererseits eine kollektive Absicherung unabdingbar erscheint, bleibt nur der Ausweg der Selbstverpflichtung. Wenn wählbar ist, unter welchen Voraussetzungen und mit welchen Folgen ich mich welchen Solidargemeinschaften anschließe, dann ersetzt die Wahlmöglichkeit und die Wahlhandlung ganze Apparaturen der Erzwingung von Solidarität. Nicht zufällig drängt sich auch hier die Differenz von Zwangsverwaltungswirtschaft und Marktwirtschaft auf. Die Zwangswirtschaft opfert um einer imaginierten Verteilungsgerechtigkeit willen die Einfachheit, Effizienz und Austauschgerechtigkeit des Marktes. Und sie übersieht, dass es genau diese Kosten sind, welche innerhalb kurzer Zeit jede brauchbare Art von Verteilungsgerechtigkeit konterkarieren.

Wie jeder Markt löst auch ein Markt für Solidaritäten nicht das Problem, dass es Personen gibt, die nicht in der Lage sind, Marktbeziehungen bzw. Solidaritätsbindungen einzugehen. Aber es ist schwer zu sehen, warum dies rechtfertigen sollte, dass *alle* einem Zwangsregime unterworfen werden, an dessen Konstituierung sie nur qua Fiktion beteiligt sind. An die Stelle dieser Fiktion einer umfassenden Solidargemeinschaft oder eines Generationenvertrages könnte ein realer, selbstverantworteter und selbstverantwortlicher Vertrag treten. Dieser Vertrag hätte die Bedingungen zu regeln, unter denen eine Person bereit ist, für sich selbst vorzusorgen und künftige Generationen nicht zu belasten. Zu regeln wären neben der erforderlichen Grundversorgung mit Nahrung, Kleidung und Wohnung die gewünschte Zusatzversorgung für einen bestimmten Lebensstil, aber auch zum Beispiel Verantwortlichkeiten für die Entsorgung persönlicher Altlasten wie Autos, Kühlschränke, Gebrauchselektronik etc.

Die Vorteile eines solchen Regulierungsregimes für persönliche Risiken beschränken sich nur vordergründig auf finanzielle und fiskalische Erwägungen. Grundlegender sind demokratietheoretische Konsequenzen. Diese betreffen (1) das Subsidiaritätsprinzip, (2) die Wahlfreiheit und (3) schließlich die Frage essentieller Kollektivgüter.

(1) Ein ernst genommenes *Subsidiaritätsprinzip* schließt staatliche Regulierung für Aufgaben und Bereiche aus, in denen die Leistung privater Selbststeuerung zumindest ebenbürtig erscheint. Nun fällt es nicht schwer zu sehen, dass in der zweiten Hälfte des 19. Jahrhunderts für Europa und unter dem Eindruck der Weltwirtschaftskrise sogar für die USA die Leistungsfähigkeit privater Selbststeuerung nicht ausreichend erschien, um großen, kollektiv verursachten persönlichen Risiken wie Arbeitslosigkeit, Invalidität und Krankheit entgegenzutreten. Die Frage ist, ob die zugrunde liegende Einschätzung von Risiken und Absicherungsmöglichkeiten heute noch zutrifft. Während die Risiken zumindest ähnlich geblieben sind und angesichts der Volatilität der Märkte eher zunehmen, ergibt sich mit Blick auf Absicherungsmöglichkeiten ein überraschender Befund. Der bislang als Fels in der Brandung perzipierte Staat, der Retter und Absicherer »in letzter Instanz«, entpuppt sich als ziemlich prinzipienloser und kurzsichtiger Krämer, der sich nicht scheut, buchstäblich untragbare zukünftige Lasten anzuhäufen und seine Glaubwürdigkeit auf dem Altar gegenwärtigen Konsums zu opfern. Was immerhin einigen Bundesländern widerfahren ist, könnte auch anderen und größeren Staatshaushalten passieren: eine Selbstüberlastung, die auf Zahlungsunfähigkeit zusteuert.

Damit ist nicht gesagt, dass Märkte »besser« oder leistungsfähiger sind. Aber Märkte verteilen Risiken anders und sie gehen mit Risiken anders um. Risiken der unterschiedlichsten Art, wie Wirtschaftskonjunkturen, Bevölkerungsbewegungen, Technologieumbrüche, neue Krankheiten etc., lassen es heute immer weniger zu, auf Generationen hinaus verlässlich zu kalkulieren. Zugleich entwickeln sich auf den Märkten, insbesondere auf den Finanzmärkten, eine Fülle elaborierter neuer Instrumente und Modelle der Risikosteuerung, Risikovermeidung, Risikoverteilung, der »securitization« und der »futurization«, die nicht das Geringste mit einer Risikogesellschaft zu tun haben, sondern im Gegenteil damit, dass in einem erstaunlichen Maße neue Fähigkeiten geschaffen wurden, mit Risiken marktförmig, dynamisch und kompetent umzugehen. Wenn das Problem des Umgangs mit Risiken so geschnitten ist, dann erscheint es geradezu als widersinnig, die massivsten Risiken dem Staat als einem Akteur zu überlassen, der noch an die Grundsätze kameralistischer Haushaltsführung gebunden und den Zwängen populistischer Selbstüberforderung ausgesetzt ist.

Legt man an diese veränderte Situation den Maßstab des Subsidiaritätsprinzips an, dann erhellt, dass sich die Gewichte verschoben haben. Heute ist ein von privaten Interessen und Absichten gesteuerter Markt nicht nur fähig, kompetent mit Risiken umzugehen und Risiken räumlich und zeitlich besser zu verteilen als staatliche Akteure. Dies kann ein internationaler Vergleich von Regulierungsregimes schnell aufzeigen. Vielmehr stellt sich zusätzlich als Hauptproblem heraus, dass die verbliebenen »alten« Wohlfahrtsstaaten aus unterschiedlichen Gründen *politisch* unfähig sind, durchaus vorhandene Einsichten umzusetzen, überkommene Modelle zu reformulieren und die erforderlichen Reformen durchzusetzen. Ein sich gegen wirtschaftliche Wettbewerbsfähigkeit durchsetzender faktischer Primat der Politik wirkt sich innerhalb der Wohlfahrtsstaaten reaktionär aus.[54] Auch in Italien, Frankreich oder Deutschland kann niemand ernsthaft daran zweifeln, dass private Vorsorge, private Krankenversicherungen oder private Renten- und Pensionsfonds möglich und in ihrer Leistungsfähigkeit staatlicher Vorsorge zumindest ebenbürtig sind. Daraus müßte folgen, dass nach dem Subsidiaritätsprinzip übergreifende staatliche Zwangsversicherungen zurückzustehen haben. Die politischen Schwierigkeiten liegen in der Organisation des Übergangs von einem staatszentrierten Regime (Umlageverfahren) zu einem Regime regulierter Selbststeuerung (z. B. Kapitaldeckungsverfahren). Im Umgang mit dieser Schwierigkeit sind einige Nationalstaaten erfolgreicher als andere und die Frage ist, welche Kosten den Nachzüglern aus ihrer Immobilität erwachsen.

(2) Eine zweite demokratietheoretische Konsequenz der vorgeschlagenen Reformulierung der Idee der Solidarität betrifft die Frage, nach welchen Kriterien und unter welchen Ein-

54 Weizsäcker 1997.

schränkungen es eine *Wahlfreiheit* in der Entscheidung geben kann und soll, welcher Solidargemeinschaft eine Person für welchen Sicherungszweck beitreten möchte. Eine Wahlfreiheit widerspräche nicht unbedingt völlig dem Modell von Zwangsversicherungen in der Tradition des Sozialstaates. Denkbar wäre eine Kombination in dem Sinne, dass Wahlmöglichkeiten eröffnet werden unter dem Vorbehalt, dass jedenfalls ein Mindeststandard an individueller Vorsorge eingehalten ist (Versicherungspflicht statt Zwangsversicherung). Dies entspräche der Idee regulierter Selbststeuerung.[55] Etzioni als ›responsiver Kommunitarist‹ nennt dies eine Autonomie, »die Ordnung respektiert«.[56] Eine Auflösung der großen Zwangsversicherungsblöcke (Krankheit, Arbeitslosigkeit, Rente, Pflege) zugunsten einer Vielzahl differenzierter Optionen mit unterschiedlichen Risikokomponenten und Leistungsangeboten hätte auf der Seite der Versicherten den generellen Vorteil, dass die Kosten spezifischer Risiken sehr viel enger an individuelle Entscheidungen und Selbstverantwortung gekoppelt wären, so dass die perversen Effekt anonymer Massenversicherungen (moral hazard, rent seeking) verringert werden könnten. Man könnte von einer angenäherten Marktlösung sprechen, die ein Marktmodell mit einer öffentlich durchsetzbaren Verpflichtung zur Minimalvorsorge verbindet. Auf der Seite der Versicherungen und Fonds hätte diese Lösung die üblichen Folgen eines freien Marktes: mit der Konkurrenz eine optimale Verteilung von Risiken und Kosten und gegenüber den bürokratischen Zwangsversicherungssystemen insgesamt eine gesteigerte Effizienz der Nutzung von Ressourcen.

Wiederum drängt sich zunächst dieser eher wirtschaftliche Vorteil auf. Demokratietheoretisch grundlegender ist allerdings eine Konsequenz, die damit zu tun hat, dass die Zwangsversicherungssysteme des Sozialstaates über politische Entscheidungen gesteuert werden und mithin der Logik politischer Steuerung unterliegen. Nicht eine Marktlogik, sondern die Logik politischer Opportunität lenkt die Entscheidungen zu Beitragssätzen, Finanzierungsmodellen, Leistungskatalogen, Abrechnungsmodi, Leistungsträgern etc. Jeder halbe Prozentpunkt der Höhe der Sozialabgaben oder des Krankenver-

55 Willke 1998c, Kap. 3 und 5.
56 Etzioni 1997, S. 42 ff.

sicherungsbeitrages wird damit unerbittlich zum Politikum. Jede Leistungseinschränkung oder Leistungserweiterung, jede Definition der Grenzen von Pflegestufen, jede neue Kalkulation der Rentenrechnung muß politisch verantwortet und entschieden werden. Die Politik überflutet sich mit Detailaufgaben, die nicht zu ihrem Kerngeschäft gehören, und sie zerstört dabei trotz bester Absichten und trotz eines unmenschlichen Arbeitsaufwandes ihre Glaubwürdigkeit.

An dieser Stelle des Argumentes lässt sich nun zeigen, dass es nicht die Alternative von Markt oder Staat, die Alternative zwischen einer Logik marktförmiger Steuerung und einer Logik demokratischer Politik, und schon gar nicht die kommunitaristische Alternative von libertärem Individuum und moralgeladener Gemeinschaft ist, die zur Debatte steht. Die Frage ist komplizierter. Sie heisst: Welche Aufgaben und Pflichten des Wohlfahrtsstaates können und müssen dem Markt oder anderen Formen der Selbststeuerung überantwortet werden, *um die Politik vor sich selbst zu schützen*? Welche Staatsaufgaben[57] sind zu revidieren und abzuschichten, um demokratischer Politik in hyperkomplexen Gesellschaften die Chance einer notwendigen Erneuerung zu geben? Wie kann eine Revision von Staats*auf*gaben gelingen, die nicht nur vom Zwang zur Rückführung der Staats*aus*gaben diktiert ist?

Hinzu kommt, dass spätestens seit 1989 diese Fragen in einen neuen Kontext eingebettet sind. Sie lassen sich nicht mehr als Fragen behandeln, die in der »splendid isolation« nationaler Souveränität zu entscheiden waren und deren Antworten in den Prosperitätsphasen der Nachkriegszeit zu einer bunten Vielfalt idiosynkratischer nationaler Modelle des Sozial- und Wohlfahrtsstaates geführt haben. Bei aller berechtigten Skepsis gegenüber der Reichweite von Prozessen der Globalisierung[58] steht heute außer Zweifel, dass es eine zunehmend spürbare Konkurrenz der Systeme, vor allem der Regulierungs- und Steuerungssysteme gibt, die in erster Linie auf Rolle, Leistung und Umfang der nationalen Wirtschafts- und Sozialpolitiken zielt. In dieser Konkurrenz wirkt vor allem der Wettbewerb um Realinvestitionen, die Arbeitsplätze schaffen. Genau deshalb wirkt sich die deutlich gesteigerte Freiheit unterneh-

57 Grimm 1997.
58 Hirst und Thompson 1996; Thompson 1997a; Walz 1999.

merischer Standortwahl auf lokale und nationale Politik aus.[59] Und eben deshalb verschärft Globalisierung die Notwendigkeit einer grundlegenden Revision von Staatsaufgaben.

So provoziert die Idee der Wahlfreiheit im Kontext einer schwindenden Bedeutung nationaler Grenzen unversehens eine weit reichende Reflexion darüber, welche öffentlichen Aufgaben die Demokratien des gegenwärtigen Jahrhunderts überhaupt noch auf der Basis von Territorien und territorial begrenzten Kollektiven organisieren und bewältigen können. Die Stichworte sind »Ende der Geographie«,[60] »Ende des Nationalstaates«,[61] »Politik der Sezession«,[62] »the eclipse of the state«,[63] »Das globale System«[64] oder »Die Supervision des Staates«.[65] Es wird denkbar, dass sich Wahlfreiheiten auch auf die Frage beziehen, zu welchen Kollektiven eine Person in welchen Hinsichten angehören möchte. Warum sollten die Zufälle lokaler und nationaler Abstammung lebenslang irreversibel und zugeschrieben statt optional sein (sieht man von Ausnahmen wie Auswanderung ab)? Warum sollte eine Person nicht die Freiheit haben, sich ganz unterschiedlichen Kollektiven zuzuordnen, je nachdem, ob es um Politik, Kultur, Erziehung, Sport, Gesundheit, Wissenschaft, Religion, Familie, Freizeit oder anderes geht? Warum kann ich mich als deutscher Staatsbürger nicht dem amerikanischen Gesundheitssystem angliedern, dem britischen Erziehungssystem, der Kultur Tibets und dem Sportsystem Brasiliens? Sicherlich habe ich mich jeweils nach deren Regeln und kollektiven Aufnahmebedingungen zu richten, aber ich sollte damit rechnen können, dass keine prinzipielle Exklusion stattfindet. Tatsächlich gibt es vor allem aufgrund der neuen globalen Telekommunikationsinfrastrukturen und der privaten und kommerziellen Nutzung des Internets durchaus bereits Ansätze in diese Richtung. Bezeichnenderweise ist allerdings die Basiseinheit derartiger Wahlmöglichkeiten nicht ein (lokales oder nationales) Territorium, etwa ein Staat, sondern es sind private, auf einem globalen

59 Scharpf 1997, S. 186.
60 O'Brien 1992.
61 Guéhenno 1995; Ohmae 1995.
62 Reich 1991, S. 282 ff.
63 Evans 1997.
64 Axford 1995.
65 Willke 1997b.

Markt konkurrierende Firmen für Gesundheit, Sozialdienste, Versicherungen, Finanzdienstleistungen, kulturelle Leistungen etc. So ist es keineswegs mehr utopisch, anstelle der automatischen Zugehörigkeit zu einer national begrenzten Zwangsversicherung unter Hunderten von Versicherungen zu wählen, die mit globaler Reichweite im Internet ihre Dienste anbieten. Anstelle der zwangsweisen Zugehörigkeit zu einer staatlichen Rentenversicherung kann ich unter Hunderten von Pensionsfonds wählen, die weltweit ihre Leistungen anbieten und die täglich und penibel vom Markt, von Analysten und *Rating-institutions* beobachtet und bewertet werden, so dass ich meine Kosten-Nutzen-Rechnung danach ausrichten kann. Weltweit bieten Einrichtungen der Sekundär- und Tertiärausbildung Erziehungsprogramme und Ausbildungsgänge an, in allen erdenklichen Qualitäten und Preislagen. Warum kann dies nicht auch für die Primärausbildung in Schulen gelten? Welche Systeme und welche Akteure maßen sich hier heute noch verbindliche Entscheidungen an?

(3) Wenn all dies ins Rutschen gerät, was bleibt dann den politischen Systemen der modernen Demokratien an genuinen Aufgaben? Diese Frage zielt auf die *Kollektivgüter*, die für die Demokratien des nächsten Jahrhunderts als maßgeblich, verbindlich und in diesem Sinne als essentiell angesehen werden können. Politik, auch demokratische Politik, ist, jedenfalls in säkularen Gesellschaften, kein Selbstzweck, sondern eine Einrichtung der Gesellschaft zur Sicherung der Lebensqualität ihrer Mitglieder in einer spezifischen, funktional spezialisierten Hinsicht. Die nach demokratischem Verständnis ausschließliche gesellschaftliche Funktion der Politik ist die Herstellung und Sicherung der von dem betreffenden Kollektiv als notwendig definierten Kollektivgüter. Politik hat demnach die Aufgabe, die kollektiv verbindlichen Entscheidungen zu treffen und durchzusetzen, die eine Gesellschaft für notwendig erachtet. Handlungen und Entscheidungen der Politik sind nur dort erforderlich und mithin nach dem Subsidiaritätsprinzip legitim, wo Individualentscheidungen oder Entscheidungen privater Einrichtungen nicht ausreichen, um ein gemeinschaftlich relevantes Gut zu erzeugen. So sind für einen Nationalstaat äußere Sicherheit und innere Rechtssicherheit unteilbar und in dem Sinne ein essentielles Kollektivgut, als

beide Güter sich entweder für alle oder aber überhaupt nicht sichern lassen. Wie schwierig die Bestimmung essentieller Kollektivgüter ist, erweist sich daran, dass inzwischen fraglich geworden ist, ob sich äußere Sicherheit noch nationalstaatlich herstellen läßt oder nur in transnationalen »kollektiven« Sicherungssystemen wie NATO, ASEAN, KSZE oder ähnlichen Einrichtungen.

Praktisch alle traditionellen Kollektivgüter der Nationalstaaten des 19. Jahrhunderts sind heute fraglich und fragwürdig geworden. Dies gilt gerade auch für die bislang als beispielhafte Fälle für Kollektivgüter betrachteten öffentlichen Infrastruktursysteme. Öffentliche Infrastrukturen wie Straßen- und Kanalsysteme, Eisenbahnsysteme, Post, Telegraphen- und Telekommunikationssysteme und Energienetze sind nach kontinentaleuropäischem Verständnis *kollektive Güter*. Sie sind Einrichtungen, die der private, geldgesteuerte Markt nicht produziert, obwohl er in seiner Operationsweise auf sie angewiesen ist. Vergleicht man allerdings international, dann kann auch schon bei den Infrastrukturen der 1. Generation keine Rede von einem »natürlichen Monopol« sein (siehe Tabelle 1). Auch Europa, das in stärkstem Ausmaß öffentliche Infrastrukturen aufgebaut hat, befindet sich in einem umfassenden Prozess der Privatisierung und Deregulierung der bestehenden Infrastrukturen.

Tabelle 1: Anteil des Staates an Infrastruktureinrichtungen

	Telekommunikation	Elektrizität	Gas	Eisenbahn	Luftverkehr
EU	85	75	50	90	75
Japan	33	0	0	25	0
USA	0	25	0	25	0

(Quelle: CAG 1995, S. 8)

Dies trifft in verstärktem Ausmaß für die »intelligenten« Infrastruktursysteme der 2. Generation zu: Verkehrstelematiksysteme und Verkehrssystemsteuerung, moderne Telekommunikationssysteme bis hin zu globalen Netzen und neue Systeme der Generierung und Verteilung von Energie. Für diese wissensbasierten, teuren und aufwendigen Systeme gilt, dass sie selbst in entwickelten Ländern inzwischen nicht mehr vom Staat allein als Kollektivgut produziert werden können, weil ihr Aufbau auf Expertisen und Akzeptanzen angewiesen ist, welche die Politik nicht bereitzustellen vermag. Stattdessen entstehen private Konsortien wie z. B. die satellitengestützten Telekommunikationssysteme Teledesic, Celestri, Astrolink, Spaceway etc.[66] oder aber hybride Steuerungssysteme und privat-öffentliche Partnerschaften (»private-public-partnerships«), in welche jede Seite bestimmte Kompetenzen einbringt und die keine Monopolstellung mehr beanspruchen können.[67] Können herkömmliche Kollektivgüter überhaupt nur noch in solchen hybriden Kooperationen bereitgestellt werden, weil z. B. die öffentlichen Akteure weder über ausreichendes Kapital noch über die notwendige Expertise verfügen, dann spreche ich von *kollateralen* Gütern.[68]

Wenn nun selbst die bislang öffentlichen Infrastruktursysteme zu kollateralen Gütern werden, dann ist der Frage nicht mehr auszuweichen, warum ausgerechnet Krankenversicherungen, Arbeitslosenabsicherungen, Alterssicherungen oder Pflegeversicherungen nur vom Staat und nur als staatliche Zwangssysteme betrieben werden sollen. Die Frage allein schließt nicht aus, dass es gute Argumente dafür gibt. Aber diese müssen genannt und gegenüber Alternativen abgewogen werden, und die Politik kann keinerlei Vermutung prinzipieller vorrangiger Zuständigkeit mehr für sich ins Feld führen. Im Gegenteil. Nimmt man Subsidiarität ernst, dann spricht eine Ausgangsvermutung dafür, dass die von einer Zentralinstanz, etwa der nationalen Politik oder der Bundespolitik, übernommenen Aufgaben dann auf dezentrale, selbstorganisierte und selbststeuernde Kollektive rückzuübertragen sind, wenn sich die Kontextbedingungen für Zentralisierung/Dezentralisierbarkeit geändert haben. Es spricht vieles dafür, dass mit den vielfältigen und selbstverstärkenden Wirkungen von Globalisierung, Digitalisierung und Vernetzung genau dies gegenwärtig passiert.[69]

66 Montgomery 1997.
67 Willke 1997b, S. 200 ff.
68 Willke 1997b, S. 200 ff.
69 Axford 1995.

Darüber hinaus ist es angebracht, das Prinzip der Subsidiarität selbst weiterzuentwickeln. Eine systemtheoretische Perspektive regt dazu an, Subsidiarität wieder, wie zu Beginn der Idee, anspruchsvoller zu fassen. Die herkömmliche *vertikale* Subsidiarität föderal verteilter Zuständigkeiten innerhalb des politischen Systems beschränkt die Wirkungen von Subsidiarität auf den Bereich der Politik. Eine ernst genommene Subsidiarität verlangt in funktional differenzierten Gesellschaften daneben auch ein *horizontale* Subsidiarität im Verhältnis der (gleichgeordneten) gesellschaftlichen Funktionssysteme untereinander. Jeder ausdifferenzierte und spezialisierte gesellschaftliche Bereich, also jedes Funktionssystem wie Politik, Wirtschaft, Erziehung, Familie, Wissenschaft, Recht, Gesundheit, Sport, Kunst, Massenmedien, welches über eine eigene Logik, eigene Organisationen, Steuerungsmedien und Wissensbasierungen verfügt, ist zunächst und primär für seine spezifische gesellschaftliche Funktion, seinen Beitrag zum Erhalt der Gesellschaft zuständig. Interventionen und Eingriffe eines Bereiches in einen anderen, insbesondere Interventionen der Politik in andere gesellschaftlichen Felder, bedürfen nach dem Selbstverständnis moderner Demokratien einer besonderen und expliziten Legitimation. Eine Grundvermutung spricht für die Autonomie der Funktionssysteme, wie die entsprechenden Regelungen moderner Verfassungen, gerade auch die des Grundgesetzes, zeigen. Erst wenn die Möglichkeiten und Leistungen eines Bereiches nicht mehr ausreichen oder wenn die Operationslogik eines Bereiches den Bestand des Ganzen der Gesellschaft gefährdet, ist eine Intervention der Politik begründet – sicherlich nicht für ewig, sondern nur so lange und so weit, wie die Gefährdung andauert. Genau dies ist der Kern horizontaler Subsidiarität.

In historischer Perspektive lässt sich leicht nachvollziehen, dass die politischen Systeme der Demokratien an bestimmen Entwicklungszäsuren der Moderne eine solche Notwendigkeit zur Intervention gesehen haben, zuletzt nach den Verwüstungen der Weltwirtschaftskrise und der beiden Weltkriege. Die Frage ist, ob diese Konstellationen legitimer Intervention noch andauern. Niemand kann darauf eine umfassende und allgemein gültige Antwort geben. Aber allein die Tatsache, dass heute ernst zu nehmende Demokratien darauf *unter-*

schiedliche Antworten geben, bringt die verbliebene Arroganz politischer Macht ins Wanken. Zumindest ist es an der Zeit, jedes politische Steuerungsregime auf seine Kompatibilität mit einem radikalisierten Subsidiaritätsprinzip hin zu befragen.

1.6 Die Utopie der wissensbasierten Ökonomie

Die bislang vorgenommene Prüfoperation hat ergeben, dass die Marktutopie mit drei Menetekeln ihrer Koevolution mit dem Nationalstaat behaftet ist, die historisch nachvollziehbar sind, aber zum Ausgang dieses Jahrhunderts abgeworfen werden könnten wie alte Krücken. Könnten! Ob sie wirklich abgeworfen werden können, hängt von vielen Bedingungen ab. In praktischer Hinsicht sind es vorrangig Bedingungen der Reformfähigkeit eines politischen Systems. In theoretischer Hinsicht liegen Engpässe in der Stringenz und Überzeugungskraft alternativer Steuerungsmodelle komplexer Gesellschaftssysteme. Beide Aspekte hängen nicht zwingend miteinander zusammen – umso schlechter für die Theorie. Immerhin taugt die Theorie für Aufräumarbeiten und manchmal für die Revision althergebrachter, aber inzwischen obsoleter Mythen. Das im 19. Jahrhundert unter dem Eindruck von Massenelend und Proletarisierung konstituierte Verhältnis von Markt und Staat gehört zu den folgenträchtigsten solcher Mythen. Auf diesem Feld hat der Sozialismus seine Schlachten geschlagen und verloren, und noch die Perversionen des Nationalsozialismus vermischen die Komponenten nationaler Politik und sozialistischer Wirtschaft zu einem destruktiven Monstrum. In diesen unmenschlichen Ausprägungen haben sich die Mythen selbst gerichtet.

Die Hartnäckigkeit und Kritikresistenz des Wohlfahrtsstaates verdankt sich dagegen dem Umstand, dass er in gleicher Weise Mythos geworden ist, aber sicherlich einer der menschlichsten, die wir haben. Kritik am Wohlfahrtsstaat wird deshalb häufig nicht als Kritik an einem Mythos verstanden, sondern als darwinistisch kalte Abrechnung mit den Kosten eines humanen, zivilisierten Verhältnisses von Kapital und Arbeit, als Glorifizierung eines auf Egoismus beruhenden reinen Marktes. Wird in der (deutschen) akademischen Diskussion ein Argument als neoklassisch, gar als liberalistisch oder libertär geortet, dann gleicht dies einer Hinrichtung. Dieses Missverständnis wäre verständlich, wenn es noch darum ginge, die in die Marktlogik eingebaute Komponente der Destruktion durch staatliche Intervention zu bändigen. Aber diese Gleichung stimmt auf beiden Seiten nicht mehr. Eine (selbst-)destruktive Komponente ist einer funktional ausdifferenzierten Ökonomie, anders als einer traditionalen oder *oikos*-Ökonomie, zwar wie jedem anderen Funktionssystem der Moderne eingebaut. Denn dies ist ein konstituierendes Merkmal seiner Autonomie. Aber im Zuge der Evolution der Moderne ist dieses Merkmal durch Mechanismen der Reflexion, Strategiefähigkeit und Selbststeuerung komplementiert, wie oben unter 1.4 ausgeführt. Hinzu kommt nun als möglicherweise gewichtigeres Argument, dass in der sich gegenwärtig formierenden *wissensbasierten Ökonomie* die Funktion und die Wirkungen von Destruktion eine frappierend neue Wendung nehmen.

In einer wissensbasierten Ökonomie, die sich aus dem Zusammenspiel von intelligenten Organisationen,[70] intelligenten Infrastrukturen, intelligenten Gütern und Wissensarbeit[71] konstituiert, beinhaltet Destruktion in erster Linie die Zerstörung von altem Wissen und dessen Ersetzung durch neues Wissen. In diesem Kontext heißt Destruktion also Lernen. Dies ist keine neue Einsicht. Die seit einigen Jahrzehnten virulenten Ideen des organisationalen Lernens und der lernenden Organisation[72] haben Ähnliches vermutet und vorausgesetzt. Damit kommt allmählich zum Vorschein, dass die Idee der *kreativen Zerstörung* nicht den Spezialfall eines inhumanen darwinistischen Verständnisses ökonomischer Prozesse bezeichnet, sondern den Normalfall der Transformation von Systemen, die sich zu den laufenden Veränderungen ihrer Kontexte resonant verhalten und nur so ihr Überleben sichern können.

In einer wissensbasierten Ökonomie avanciert Wissen zum vierten und kritischen Produktionsfaktor. Die Faktoren Land, Kapital und Arbeit verlieren an Bedeutung, in einigen Sektoren sogar dramatisch (Software, Kulturproduktionen, Lehre,

70 Quinn 1992; 1996; Willke 1995.
71 Reich 1991; Willke 1997c.
72 Argyris und Schön 1996; Senge 1990; 1999.

Entwicklung, Finanzdienstleistungen, Beratung, Marketing, Design, Therapie, gehobene Gesundheitsdienste, Medizintechnik, wissensbasierte Elektronik, Telekommunikation, neue Materialien, Mikrosystemtechnik, Multimediaproduktionen, Pharmaprodukte, Biogenetik, Chipproduktion, Verkehrstelematik, Umwelttechnik, Satellitentechnologie, Solartechnologie, Netztechnologien etc.). Eine wissensbasierte Ökonomie ist in ihrem Operationsmodus nicht mehr vorrangig auf die herkömmliche Ausbeutung von Land, Kapital und Arbeit angewiesen. Sie kann es sich leisten und sie ist gezwungen, zum Primat einer anderen Ausbeutung überzugehen, der Ausbeutung von Wissen. Entscheidend ist nun, dass Wissen als Produktionsfaktor anderen Gesetzmäßigkeiten gehorcht als Land, Arbeit oder Kapital. (1) Wer Kapital oder Land abgibt, erleidet einen Verlust, weil er darüber nicht mehr verfügen kann. Wer Wissen weitergibt, verfügt nach wie vor über das gleiche Wissen. Wissen ist im Prinzip beliebig kopierbar, wenn es erst einmal generiert worden ist. Wir nutzen auch heute noch das Wissen von Aristoteles oder Kopernikus, obwohl es schon an viele Menschen weitergegeben und verteilt worden ist. (2) Der Konsum von Land, Arbeit und Kapital hat maximale Kosten, weil er einer Null-Summen-Logik unterliegt: Wer sein Land bebaut oder sein Kapital ausgegeben hat, kann dieselbe Ressource nicht nochmals nutzen. Die Kosten der Nutzung und Verteilung von Wissen sind zwar in den herkömmlichen Formen des Lernens beachtlich, tendieren aber gegen Null, wenn dieses Wissen in digitalisierter Form vorliegt und in selbstgesteuerten Prozessen des Wissenserwerbs (»online«-Lernen mittels digitalisierter Lernprogramme, »learning on demand«) organisiert ist. (3) Schließlich gehorcht vor allem Kapital dem Gesetz des abnehmenden Grenzertrages, während für Wissen im Gegenteil das Gesetz des zunehmenden Grenzertrages gilt: über je mehr Wissen eine Person oder ein System verfügt, desto wertvoller ist zusätzliches Wissen. Wenn ein Nobelpreisträger einen Anfänger über *the state of the art* unterrichtet, versteht (und lernt) dieser nicht das Geringste. Wenn er Kollegen vorträgt, die nahezu so viel wissen wie er, dann haben diese einen optimalen Nutzen.

Die »Ausbeutung« von Wissen folgt also in ziemlich frappierender Weise anderen Regeln und zeitigt andere Konsequenzen als die Ausbeutung der herkömmlichen Produktionsfaktoren.[73] Daraus folgt, dass für den Fall einer wissensbasierten Ökonomie die Rolle der Politik grundlegend neu bedacht werden muss. Die Ausbeutung des Menschen stellt das Problem eines wirksamen staatlichen Schutzes im Interesse der Menschlichkeit und forciert das Modell des Sozialstaates. Die Ausbeutung von Land (und anderen Naturgütern) stellt das Problem der Ökologie und forciert einen wirksamen staatlichen Schutz im Interesse einer überlebensfähigen Umwelt. Die Ausbeutung von Kapital stellt das Problem der virtuellen oder reflexiven Ökonomie des Finanzkapitals[74] und forciert einen wirksamen Schutz gegen spekulativ provozierte Fluktuationen der Finanzmärkte im Interesse der Stabilität der »realen« Ökonomie. Die Ausbeutung des Wissens dagegen verdient, wenn überhaupt etwas, dann staatliche Förderung im Interesse einer besseren Generierung und Nutzung von Wissen, und staatliche Intervention nur dort, wo es um den legitimen Schutz von Wissen durch (zeitlich begrenzte) Eigentumsrechte geht, etwa in der Form von »intellectual property rights«.

Damit ist einerseits gesagt, dass der Staat, auch der Sozial- und Wohlfahrtsstaat, nicht plötzlich arbeitslos und ohne Aufgaben ist. In allen Bereichen, in denen die Produktionsfaktoren Natur, Arbeit und Kapital noch dominant sind, gelten die alten Regeln. Man sollte nur sehen, dass in den fortgeschrittenen Ökonomien der ersten Welt diese Bereiche kontinuierlich und erheblich an Bedeutung verlieren, und mit ihnen die diesbezügliche Rolle der Politik. Andererseits ist damit gesagt, dass die Emergenz der wissensbasierten Ökonomie die Wirtschaft neu definiert, die Rolle der Politik neu definiert und vor allem das Verhältnis von Politik und Wirtschaft, von Markt und Staat, auf eine neue Grundlage stellt.

Die in Ehren ergraute Vorstellung, der Staat habe die in die Marktlogik eingelassene Komponente der Destruktion durch Intervention zu bändigen, stimmt mit der Heraufkunft der Wissensökonomie auch auf der Seite des Staates nicht mehr. Sie setzte voraus, dass Politik und Verwaltung über die Expertise verfügten, die für eine angemessene Intervention und Steue-

73 Kelly 1999.
74 Kurtzman 1993.

rung erforderlich erschien. Tatsächlich war diese Voraussetzung in aller Regel erfüllt, weil in den Parlamenten und Ministerien genügend Fachjuristen tätig waren und für sozialstaatliche Interventionen juristisches Regelwissen in den meisten Fällen hinreichte. Auch in den Fachausschüssen und Fachverwaltungen etwa für Verkehr, Post, Telekommunikation, Soziales, Renten oder Familie saßen Fachleute, die sich in den wichtigsten Punkten auf dem Stand des aktuellen und relevanten Wissens halten konnten. Diese idyllischen Zeiten sind vorbei. Mit der dritten industriellen Revolution, die auf einer durchdringenden Bedeutung von Software und Logikchips, von Digitalisierung, Miniaturisierung und Vernetzung gründet, insgesamt von einer beispiellosen »Komplizierungsrasanz« (O. Marquard), kommt es zu einer Explosion der erforderlichen Expertise. Aber dies ist nur die technische und technologische Seite der Medaille.

Für die Politik zumindest ist die komplementäre Seite noch folgenreicher, die Seite der Steigerung sozialer Komplexität. Die Komplexität sozialer Systeme steigt in dem Maße, wie sie von einfachen, »trivialen« Gleichgewichtssystemen zu eigendynamischen, nicht-trivialen Systemen mutieren, die sich in stabilisierbaren Formen eines dynamischen Ungleichgewichts einrichten. Komplexe Sozialsysteme werden für externe Beobachter intransparent, weil sie die spezifischen Regeln der Selbstorganisation und Selbststeuerung des Systems nicht kennen können und sie nur mit erheblichem Aufwand hypothetisch zu rekonstruieren vermögen. Dies bedeutet, dass solche Systeme von außen nicht zielsicher steuerbar sind. Externe Interventionen nehmen sich aus wie ein Stochern im Nebel.[75] Dies ist der Hintergrund der von Habermas beklagten »neuen Unübersichtlichkeit«.[76] Ganz praktisch hat sie zur Folge, dass politische Intervention und Steuerung überhaupt nur noch dort sinnvoll sind, wo eine gesellschaftliche Problemlage etwa aus Gründen der Rechtssicherheit oder der Gefahrenabwehr in drastisch reduzierter Komplexität behandelt werden kann, ohne dass der Zweck der Intervention gerade durch diese Reduktion ad absurdum geführt wird.

75 Willke 1996b; 1998c.
76 Habermas 1985.

1.7 Robuste Demokratie

An diesem Punkt kehren wir zum Ausgang unserer Überlegungen zurück. Gesellschaftstheorie und Demokratietheorie sehen sich der Herausforderung gegenüber, die Signaturen einer Weltgesellschaft zu entziffern, die sich als Gesellschaft ohne die Sicherheiten fester Grenzen und als Demokratie ohne die Tröstung angestammter Orte und verbindlicher Kollektive darstellt. Die populistisch anfälligen Demokratieformen des Versorgungsstaates können dieser Herausforderung wenig entgegensetzen und diesen Entzug lokaler Nestwärme schwer vertragen. An Entwicklungen in den USA, in Großbritannien oder in Holland ist ablesbar, dass die Versuche, politische Demokratie mit den Zwängen einer exterritorialisierten Ökonomie zu versöhnen, von der Politik verlangen, von Visionen der Allzuständigkeit Abschied zu nehmen. Eine Demokratie, die für alles zuständig und für alles kompetent sein soll, gerät bei schwierigen Transformationsprozessen zu leicht ins Straucheln und verliert mit der Entscheidungsfähigkeit ihre Legitimität. Erforderlich ist stattdessen eine *robuste Demokratie*, eine »sustainable democracy« im Sinne des »sustainable development«-Konzepts in der Entwicklungstheorie. Robust ist eine Demokratieform, wenn sie sich selbst auf die Kernkompetenz beschränkt, die Bedingungen der Möglichkeit von Entscheidungen über essentielle Kollektivgüter zu schaffen. Alles andere ist nicht Kernaufgabe der Politik, sondern im Laufe der Entwicklung des Wohlfahrtstaates historisch gewachsenes barockes Beiwerk, das ihr nun wie Mühlsteine anhängt und sie immobil und entscheidungsunfähig macht. »Reinventing government«[77] ist deshalb der falsche Ansatz. Zuerst muß die Demokratie als Ordnungsmodell hochkomplexer Territorialsysteme neu erfunden werden, als Steuerungsform von Systemen, die sich auf die Souveränität ihres Territoriums nur noch in wenigen Hinsichten verlassen können. Die Herausforderung scheint darin zu liegen, die widersprüchlichen Anforderungen von politischer Steuerung im »öffentlichen Interesse« mit den liberalen und liberalisierenden Potentialen gesellschaftlicher Selbststeuerung zu einer Form zu verbinden, welche als »re-

77 Osborne und Gaebler 1993.

sponsive regulation«[78] und robuste Demokratie ein zukunftsfähiges Steuerungsregime bildet. Erst wenn in einer neuen Konfiguration von territorialer Politik und Weltgesellschaft die Aufgaben und Leistungen der Politik neu definiert sind, macht eine Revision des öffentlichen Managements überhaupt Sinn.

Der Sozialismus konnte so lange als Steigerungsform der Demokratie verstanden werden, wie die Demokratie selbst sich auf die Verwirklichung einer Vision der Wohlfahrtsgesellschaft zubewegte, welche die destruktive Logik ihrer Ökonomie bändigte und in höherrangigen Werten des Gemeinwohls aufzuheben suchte. Auch Schumpeter hat wohl überwiegend so gedacht. Heute kann man sehen, dass die Dynamik einer entfesselten Weltwirtschaft nicht nur den Sozialismus in die Knie gezwungen hat, sondern auch das Wohlfahrtsmodell der Demokratie. Nachdem der Sozialismus gefallen ist, wird die Demokratie diesen Ansturm wohl nur überstehen, wenn sie sich auf eigenes Territorium zurückzieht: auf den Bereich essentieller Kollektivgüter und damit auf ein begrenztes Ordnungsmodell, das von vertikaler *und* horizontaler Subsidiarität geformt ist. Die Befürchtung, dass damit Solidarität unter die Räder kommt, ist ernst zu nehmen. Aber Solidarität in der Massendemokratie ist bloße Illusion und längst einem wildgewordenen »rent seeking« gewichen. Solidarität hat ihren Ort auf lokaler Ebene und in eigenverantwortlich gebildeten, freiwilligen und territorial ungebundenen Kollektiven. Hier, und nur hier, hat der responsive Kommunitarismus im Sinne Etzionis eine Zukunft.

Seit ihren Anfängen musste sich die Demokratie gegen alle Arten von »terribles simplificateurs« zur Wehr setzen. Dieses Mal ist es komplizierter. Die scheinbare Simplizität des Marktmodells türmt sich zu einer beeindruckenden Komplexität auf, sobald Finanzmärkte, einschließlich der Märkte für Derivate und Futures, hinzukommen. Demokratie als Ordnungsmodell muss sich der alten Bedrohung durch Trivialisierung genauso entgegenstemmen wie der neuen Bedrohung durch eine scheinbare Unregierbarkeit, die aus der Überwältigung durch soziale Komplexität folgt. Um der Falle der Trivialisierung zu

78 Ayres und Braithwaite 1992.

entkommen, hat die Politik keine andere Wahl, als auf die »Intelligenz der Demokratie«[79] zu vertrauen, die durch inkrementale Anpassung einen hohen Grad an Robustheit und Kreativität erreicht. Um der Falle der Unregierbarkeit zu entkommen, muss sich die Demokratie einer Entscheidung stellen, der sie nicht ausweichen kann, ohne ihre Aushöhlung zu riskieren: sie muss den Mut aufbringen, ihr Aufgabenspektrum auf Kernaufgaben und Kernkompetenzen zu beschränken, um sich nicht durch Selbstüberlastung zu destabilisieren. Diese Entscheidung ist so schwierig, weil sie sowohl von den Politikern wie auch von den Wählern eine ungewohnte Bescheidenheit verlangt. Aber nur wenn die Politik ihre Verantwortung auf den Bereich der Politik beschränkt und ihren imperialen Gestus gegenüber den anderen gesellschaftlichen Funktionssystemen aufgibt, reduziert sie die Belastungen der Demokratie auf ein erträgliches Maß. Nur so kann die Politik hoffen, der Entfaltung der Wissensgesellschaft nicht als bloßes Hindernis entgegenzutreten, sondern als aktiv gestaltende Kraft an deren Form mitzuwirken.

In einer *atopischen Gesellschaft* mit globalem Radius, so hatte ich eingangs gesagt, findet die Marktutopie die Bedingungen ihrer Verwirklichung. Aber jede Form des Marktes hat Vorbedingungen, die sie nicht selber erzeugen kann, und jede Form weist Externalitäten auf, die sie nicht selber kontrollieren will. So bleibt auch in der atopischen Gesellschaft der Politik die Aufgabe, die Kollektivgüter bereitzustellen, die eine reine Marktgesellschaft erst zu einer Utopie ganz anderer Qualität erhebt. Es ist die utopische Hoffnung, die Schumpeter von Marx übernommen hat: Dass es nicht die Qualität des Marktes ist, sondern die Qualität der Demokratie, welche eine Form der Gesellschaft als menschenwürdige adelt.

79 Lindblom 1965.

2 Die Maschinen der Engel

> »Leser: Warum sollten wir uns heute für die Engel interessieren?
> Autor: Weil unsere Welt um Botschaften organisiert ist und die Engel Boten sind, noch zahlreicher, komplexer und raffinierter als der eine, falsche und diebische Hermes«
> Michel Serres

> Entfernung ist ein Auslaufmodell
> Tom Peters

2.1 Unsichtbare Hände

Der Verdacht, dass das Handeln der Menschen von »tausend unsichtbaren Hände(n)« geführt werde, hat nach Adam Smith auch Jean Paul beschlichen.[80] Allerdings dachte dieser nicht an Marktkräfte, sondern an eine kompliziertere Konstruktion. Seine Idee war, dass die Engel sich der Menschen bedienten, um durch sie bestimmte Aktivitäten erledigen zu lassen, deren sie überdrüssig waren – vor allem das repetitive und im Grunde etwas langweilige Beten. Die Menschen, so Jean Paul, sind die Maschinen der Engel.

Heute wissen wir es besser. Auch für Engel haben sich mit Globalisierung und Digitalisierung die Möglichkeitsräume verändert. Zwar konvergieren in der Konstruktion der Engel schon in der aristotelisch-christlichen und der islamischen Tradition die Leitthemen der (von Gott) abgeleiteten Intelligenz einerseits, der (von Gott beauftragten) Boten für die Übermittlung von Informationen andererseits.[81] Aber mit der gegenwärtig beobachtbaren Übersteigerung der Intelligenz durch intelligente Organisationen[82] und »embedded intelligence« und einem entsprechend hochgetriebenen Bedarf an Informationsübermittlung konnte Jean Paul nicht rechnen.

80 Paul 1997, S. 151.
81 Lévy 1997, S. 100 ff.; Serres 1995, S. 9 ff.
82 Quinn 1992.

Heute genügen die Menschen den Anforderungen der Engel nicht mehr, es sei denn für die Ausführung der verbliebenen Trivialaufgaben. Wo Intelligenz und Informationsvermittlung kritisch für die Erhaltung der globalen Ordnung sind, verlassen sich nicht einmal mehr Menschen auf Menschen. Sie haben reflexive Maschinen geschaffen, wobei unerheblich ist, ob sich dieses »sie« auf Engel oder Menschen bezieht, da ja auch Menschen, wie wir nun wissen, nur Werkzeuge der Engel sind, welche für den Bedarf der digitalisierten Weltgesellschaft jene im Grunde etwas langweiligen, aber unabdingbaren Aufgaben übernehmen, die globalen Informationsströme zu vermitteln und zu steuern sowie die repetitiven Intelligenzleistungen der normalisierten Operationsweise global vernetzter Systeme zu erbringen. Diese reflexiven Maschinen nennen wir Infrastrukturen der zweiten Generation oder globale, wissensbasierte Infrastruktursysteme.

Von den vielen unsichtbaren Händen, die hier ins Spiel kommen, hat das Internet die größte Aufmerksamkeit auf sich gezogen. Als Rückgrad der »global information infrastructure« (GII) zieht es immer noch die übertriebensten Hoffnungen und Befürchtungen auf sich, während es sich zugleich zur selbstverständlichen und zunehmend automatisierten Basis für den Austausch von Botschaften (Daten und Informationen) entwickelt.[83] Aber auch die Verkehrstelematik ist ein starker Vertreter dieser neuen Form von unsichtbarer Hand – eine Megamaschine zur Koordination und Steuerung von Hunderttausenden von Maschinen erster Ordnung: Menschen, Autos, Züge, Bahnen, Busse, Schiffe, Flugzeuge, etc.[84] Nicht zufällig beginnt Michel Serres seine Legende der Engel auf dem Pariser Flughafen Charles-de-Gaulle und begreift die startende Concorde als einen Boten mit Überschallgeschwindigkeit.[85]

Eine der neuen Megamaschinen sticht aus dem Feld erdverhafteter und menschennaher Infrastrukturen hervor. Sie ist zwar im Sinne Jean Pauls eine Maschine der Engel, aber sie gleicht den Engeln selbst in verblüffender Weise. Sie gleitet mit der Sonne zugewandten Flügeln schwerelos im Raum, bildet bislang drei Himmel gesonderter Intelligenzen im Sinne der

83 Willke 1997b, S. 240 ff.
84 Willke 1997b, S. 210 ff.
85 Serres 1995, S. 7.

Theologie des Al Fârâbî,[86] nämlich des äußeren geostationären Himmels, des mittleren Orbits und des niedrigen Himmels (low earth orbit, LEO), und formiert sich gegenwärtig zu einer dicht gedrängten himmlischen Heerschar von Botenträgern, die praktisch verzögerungsfrei jede denkbare Botschaft an jeden denkbaren Ort der Welt bringen können. Die klassischen Satellitensysteme des ersten Himmels, die sich in 36.000 km Höhe auf einer geostationären Umlaufbahn bewegen, benötigen nur drei Satelliten für eine globale Reichweite, da jeder Satellit etwa ein Drittel der Erde erreichen kann. Sie sind, in der Sprache der Angelologie des Dionysios Areopagita, die Seraphim und Cherubim der globalen Kommunikation. Sie tragen, wie die Engelschöre in den Visionen der Hildegard von Bingen, als Instrumente der Beobachtung »in ihren Augen Spiegel«, in denen sie Signale empfangen und ausstrahlen können. Die knappen und kostbaren Stellplätze des ersten Himmels werden innerhalb eines Oligopols von vier internationalen Konsortien verteilt und verwaltet: Intelsat, Eutelsat, Inmarsat und Intersputnik. Diese Konsortien sind in der Ära der staatlichen Telekommunikationsmonopole entstanden. Ihre Mitglieder sind deshalb Nationalstaaten, vertreten durch ihre nationalen Fernsehanstalten und PPTs. Seit 1985 besteht Eutelsat in der schwerfälligen Form eines internationalen Vertrages, den achtundvierzig Mitgliedstaaten ratifiziert haben. Nur zögerlich beginnt sich diese überholte Struktur aufzulösen, indem private Firmen den Konsortien beitreten oder die Konsortien private Tochterfirmen gründen. 1998 verkaufte Eutelsat (Société Européenne des Satellites, ihr gehören die Astra Satelliten) 15% ihres Wertes von über sechs Milliarden Dollar, um damit den Börsenhandel dieser Anteile zu ermöglichen.[87] Auch ganz private Allianzen und Konzerne wie Loral (Cyberstar), Lockheed (Astrolink) und General Motors/Hughes (Spaceway) bauen gegenwärtig geostationäre Satellitensysteme auf und treten mit den etablierten Betreibern in Konkurrenz.[88]

86 Lévy 1997, S. 103 f.

87 International Herald Tribune, 19.6.1998, S. 19. Bis Mitte 2001 soll Eutelsat in ein Unternehmen umgewandelt werden. Im Jahre 2000 betreibt das Konsortium 16 Satelliten und baut ein zweites System von sechs Satelliten für digitale Angebote (»Sky-DSL«) auf.

88 Byte, November 1997, S. 58-72.

Auf dem zweiten Himmel der mittleren Erdumlaufbahn in Höhe von etwa zehntausend Kilometern benötigt ein Satellitensystem minimal zehn bis fünfzehn Satelliten, um globale Reichweite zu erreichen. Je niedriger ein Satellitenhimmel hängt, desto kleiner und tragbarer können die terrestrischen Empfangsgeräte und Antennen sein. Während für den Empfang von Botschaften aus dem geostationären ersten Himmel noch relativ unhandliche Parabolantennen erforderlich sind, lassen sich Kommunikationen über Satelliten des zweiten Himmels bereits mit Geräten mit den Ausmaßen eines Mobiltelefons bewerkstelligen. Das System *Iridium*, getragen von einer Allianz zwischen Motorola und Raytheon, mit 36 Satelliten auf einer mittleren Umlaufbahn, nahm am 23. September 1998 seinen Betrieb auf, musste aber bald danach Konkurs anmelden und wird gegenwärtig neu in Gang gebracht. Mit einem entsprechenden Mobiltelefon, das etwa 2000 bis 3000 DM kostet, läßt sich zum ersten Mal tatsächlich eine globale kommunikative Erreichbarkeit realisieren. Inzwischen sind auf dieser mittleren Umlaufbahn noch die Satellitennetze *Odyssey* (TRW und Teleglobe) und *ICO* (Inmarsat und Hughes Space) betriebsbereit.

Das bekannteste Satellitennetz im dritten Himmel des »low earth orbit« ist *Teledesic*, eine Allianz zwischen Bill Gates, dem Chef von Microsoft, McCaw, einem Pionier der mobilen Telephonie, Boeing (welche den Transport der Satelliten ins All übernimmt) und Motorola (die Satelliten- und Bodenstationstechnologie beiträgt). Teledesic soll im Jahre 2003 mit 288 Satelliten in Betrieb gehen und dann eine weltweite breitbandige Datenübertragung im Internet erlauben. Die Zusammensetzung der Partner dieses Unternehmens verweist auf eine allgemeinere Entwicklung der Nutzung von Satellitennetzen. Während die klassischen Systeme des ersten Himmels vor allem Fernsehkanäle zur Verfügung stellten und eine weltregionale Medienpräsenz ermöglichten, wachsen auf den dichteren Netzen der unteren Himmel ganz unterschiedliche Dienste zusammen: Daten- und Informationsaustausch, Faxdienste, Telephonie, Video- und Multimediakanäle mit variablen Bandbreiten. Das System *Globalstar* (Loral und Alcatel), das im Frühjahr 1999 fertig gestellt wurde, besteht aus 48 Arbeitssatelliten und acht im Weltraum stationierten Ersatzsatelliten. Mit einer Trägerrakete können gleichzeitig vier Satelliten stationiert werden. Mit dem Projekt Globalstar ist die Produktion von Satelliten von der aufwendigen Einzelfertigung in das Stadium der Serienproduktion übergegangen. Satelliten werden zum »commodity«, zu einem wissensbasierten Standardprodukt. Die Herstellung eines Satelliten der Globalstar-Klasse dauert heute nur noch zehn Tage.[89] Die Übertragungstechnologie der Satellitennetze ist mit terrestrischen Übertragungsprotokollen wie ISDN, ATM, Frame Relay oder X.25 kompatibel, so dass alle Arten von bestehenden Netzen, insbesondere korporative und organisationseigene Intranets, global verknüpft und zu beliebig skalierbaren Extranets ausgeweitet werden können.

Zum ersten Mal in der Geschichte umspannen Kommunikationsnetze den Globus, die von und zu jedem Punkt der Erde einen Austausch von Daten (z. B. Aktienkurse), Informationen (z. B. Konstruktionszeichnungen), Wissen (z. B. Video-Lehrfilme) und Expertisen (z. B. Softwareprogramme) ermöglichen. Die Aufgaben, die in den großen monotheistischen Religionen den Engeln vorbehalten war, die schwerelose Übermittlung von Botschaften jeder Art an jeden Ort, ist nun den Megamaschinen übertragen. Die Maschinen der Engel und die Maschinen der Menschen finden sich in einer reflexiven Maschine vereinigt, welche die Engel von ihren angestammten Aufgaben freisetzt und ihnen Optionen öffnet, deren Konturen noch unklar sind. Täglich ist die Chefanalystin Abby J. Cohen der Investmentbank Goldman-Sachs vor Eröffnung der New Yorker Börse in einer Konferenzschaltung mit Goldman-Analysten rund um die Erde verbunden, um ihre Annahmen und Prognosen abzustimmen. Goldman-Sachs ist nur die Nummer 7 (1997) der weltweit operierenden Investmenthäuser, mit achttausend Analysten in 38 Büros in 21 Ländern. Der Marktführer Merrill Lynch hat vierundfünfzigtausend Mitarbeiter mit 750 Büros in 43 Ländern. Heerscharen von Engeln überbringen digitalisierte Botschaften und betreiben unabhängig von Raum und Zeit ein Netzwerk globaler Kommunikation. Sie dirigieren die unsichtbare Hand des Marktes mit einer unsichtbaren Maschine der Kommunikation und entziehen sich damit der kruden Zurechenbarkeit, die auf der trivialeren Ebene von Handlungen unvermeidlich ist. War das Handeln

89 O.A. 1998.

des Marktes, selbst hinter dem Schleier der unsichtbaren Hand, für reale Beobachter noch erkennbar und zurechenbar, so entziehen sich die Kommunikationen der Engelsmaschinen dieser Vordergründigkeit. Denn nur Kommunikationen können Kommunikationen beobachten. Je komplexer und verschachtelter die Kommunikationsarchitekturen sich auftürmen, umso verlässlicher taucht das Gefüge der handlungssteuernden Kommunikationsmuster in die unergründliche Tiefenstruktur der Maschinen der Engel.

Bedenkt man, dass die Metapher der Engel für die Äquidistanz von Hier und Dort steht, für die Gleichzeitigkeit von Nähe und Entfernung, für die Überwindung des Abstandes zwischen Himmel und Erde durch eine doppelte Bewegung, die mit der ungewöhnlichen Eigenschaft der Engel zusammenhängt, *gleichzeitig* Gott und den Menschen nahe zu sein,[90] dann liegt es nahe, die Metapher der Engel für eine Klärung der Bedingungen der Möglichkeit atopischer Gesellschaft zu nutzen. In einer Gesellschaft des *Irgendwo*, der Irrelevanz festgelegter Örtlichkeit, verschwimmt Entfernung in der anderen Seite des Unendlichen, in der Dissimulation von Distanz im Bereich von Mikrons und Nanometer. Wenn jeder Ort der Erde für Echtzeit-Kommunikation erreichbar ist, dann verschwindet jedenfalls für irdische Verhältnisse die Differenz von Hier und Dort, von lokaler Distanz und Nähe, und verweist diese Differenzen zurück in ihre ursprüngliche Bedeutung einer Evokation von Transzendenz. Die »Entfernung«, formuliert deshalb Andrei Pleçu, »ist der erste Stoff aller Utopien, gleichzeitig jedoch die nächste Vorahnung der Transzendenz«.[91] Mit dem Verlust der Entfernung geht der Utopie die treibende Differenz verloren. Die Atopie schickt sich an, ihre Stelle einzunehmen und die Paradoxie einer ubiquitären Äquidistanz in die Kategorien möglicher Nähe zu fassen, während die Transzendenz sich längst schon in die Tiefen des Weltraums verflüchtigt hat, weil nur dort Entfernung noch von Bedeutung ist.

Die unsichtbare Hand war Adam Smiths Metapher für die Erfahrung, dass sich hinter dem Rücken der Akteure ein Spiel entfaltet, das weder in der Intention noch in der Macht der Ak-

90 Pleçu 1997, S. 17-19.
91 Pleçu 1997, S. 15.

teure steht. Projizieren wir diese Erfahrung auf die Megamaschine globaler Kommunikationsinfrastrukturen, so kommt in den Blick, dass eine Reihe von Firmen sich Gewinne und gute Börsennotierungen von Aktivitäten erhoffen, die sich vom sonstigen Marktgeschehen nicht grundlegend unterscheiden. Boeing baut Flugzeuge, die normalerweise Menschen und Frachten transportieren, aber diese Flugzeuge können auch Satelliten in einer niedrigen Umlaufbahn aussetzen. Warum also sollte Boeing sich nicht an einem Satellitennetz-Konsortium beteiligen? Die Frage ist, welches Spiel sich dabei hinter dem Rücken der Akteure entfaltet. Wenn die Entwicklung des Internet für dieses Spiel eine Blaupause abgibt, dann muss man vermuten, dass es in soziologischer Sicht um nicht weniger geht als um die Aufhebung der Territorialität realer Gesellschaften in einer noch vorläufigen Form exterritorialer Sozialität. Da die etablierten nationalen Gesellschaften natürlich nicht über Nacht verschwinden, sondern sich eher auf verbissene Defensive einstellen,[92] ist es selbst für soziologische Beobachter nach wie vor verlockend, sich auf die Motive und Strategien der Akteure zu werfen und diese im Rahmen der Spielregeln eines alten Spiels zu interpretieren. Der Verdacht, es könne sich um ein neues Spiel handeln, muß sich nicht nur der unerwünschten Beihilfe übereifriger Journalisten, Trendspotter, Managementgurus und anderer soziologischer Amateure erwehren. Vielmehr steht er auch deshalb auf schwachen Füßen, weil das soziologische Instrumentarium zur Beobachtung von Spielregeln der Konstitution von Gesellschaft nicht gerade hoch entwickelt ist. So gibt es zwar inzwischen durchaus eine sozialwissenschaftliche Debatte um *Weltgesellschaft*, aber es ist schwer zu sehen, wo diese über eine Extrapolation der nationalen Gesellschaften der Moderne hinausgeht.

2.2 Exterritorialisierung der Gesellschaft

Wie wenig gegenwärtig selbst Soziologen wissen, wie sie Gesellschaft begreifen sollen, zeigt sich beispielhaft daran, dass die traditionelle Soziologie ganz selbstverständlich noch von der Form nationalstaatlich organisierter Gesellschaften aus-

92 Weiss 1997.

geht, während Systemtheoretiker wie Niklas Luhmann ebenso selbstverständlich von einer Weltgesellschaft in dem Sinne ausgehen, dass die gegenwärtige Form von Gesellschaft *nur* diejenige der Weltgesellschaft sein könne.[93] In dieser Lage kann ein drittes Modell nicht schaden. Ich nenne dieses dritte Modell zwischen Nationalgesellschaften und Weltgesellschaft das Modell lateraler Weltsysteme. Das Modell lateraler Weltsysteme postuliert eine Form organisierter Sozialsysteme zwischen der modernen, funktional differenzierten und territorial nationalstaatlich gebundenen Gesellschaft einerseits und einer voll ausgebildeten Weltgesellschaft andererseits. Diese Form ist dadurch gekennzeichnet, dass einige Funktionssysteme der modernen Gesellschaften, vor allem Finanzsysteme und Ökonomien, aber auch die Systeme der Massenkommunikation, des Sports oder der Popkultur und in Teilen sogar des Rechts, in globalem Maßstab zusammenwachsen und sich in diesem Prozess der transnationalen Restrukturierung aus ihren Muttergesellschaften herauslösen. Die soziologische Problematik der Bildung lateraler Weltsysteme liegt darin, dass die bislang nationalstaatlich gefassten Gesellschaften, vor allem als Arbeitsgesellschaften und Wohlfahrtsgesellschaften, durch diese Herauslösung in ihren Fundamenten erschüttert werden, während neue Formen der Restabilisierung noch nicht erkennbar sind. Insbesondere leistet der entstehende globale Kontext diese Restabilisierung (noch) nicht, weil auch nicht ansatzweise Kapazitäten der globalen Selbststeuerung institutionalisiert sind. Genau aus diesem Grund verfehlt der globale Kontext bislang noch die Qualität einer »Gesellschaft«.

Unter Gesellschaft verstehe ich eine *viable polit-ökonomische Einheit* in einer (nicht auf diese Gesellschaft beschränkten) kulturellen Einbettung. Es handelt sich also bei Gesellschaft um ein Sozialsystem mit den Fähigkeiten zur Selbststeuerung und zur Selbstversorgung, welches dadurch *viabel* wird, dass beide dieser Fähigkeiten in einen sozio-kulturellen Kontext der Selbstbestimmung eingebettet sind. In diesem Sinne knüpft meine Definition durchaus an die aristotelische Idee der Selbstgenügsamkeit an, verlangt aber zur ökonomischen Autarkie zusätzlich eine politisch-kulturelle Autonomie, also die Fähigkeit zur Selbstorganisation und zur Selbst-

93 Luhmann 1997, S. 145ff; Stichweh 1995.

reproduktion auch der Regeln der Selbststeuerung. Wichtig ist hierbei die Unterscheidung von Selbstorganisation und Selbststeuerung. Begnügt man sich mit Selbstorganisation, so ist kaum ein Zweifel möglich, dass eine sich selbst organisierende »Weltgesellschaft« existiert, und sei sie über Konflikte, »cultural clashes« und Katastrophen organisiert. Verlangt man dagegen als Merkmal von Gesellschaft die »moderne« Fähigkeit zur Selbststeuerung im Sinne reflektierter Regelsetzung, dann fällt es schwer, eine Weltgesellschaft zu behaupten, denn es gibt keine Instanz, die kollektiv verbindliche Regeln setzen könnte.

Unbestritten ist, dass der moderne Nationalstaat nur eine, historisch geformte, Ausprägung möglicher Gesellschaft ist. Davor gab es andere Formen von Gesellschaft und danach wird es andere geben. Die Besonderheit der modernen, territorial delimitierten und national konstituierten Gesellschaft läßt sich darin sehen, dass für eine bestimmte Epoche der Geschichte die nationalen Grenzen tatsächlich den Raum viabler polit-ökonomischer Einheiten absteckten, weil die Ökonomie sich als Nationalökonomie konstituierte und weil zugleich die Politik sich mit Hilfe des positiven Rechts als eine Form der Selbstlegitimation und Selbststeuerung nationaler politischer Einheit etablierte. In diesem Sinne sieht auch Anthony Giddens[94] moderne Gesellschaften durch zwei konstituierende Fähigkeiten charakterisiert, die in vier »organisational clusters« ausgeprägt sind: eine spezifische Form der Reproduktion in einer kapitalistischen Ökonomie und einem Industriesystem und eine spezifische Form der Selbstverwaltung in der Form des demokratischen Nationalstaates. Fukuyama[95] zog aus diesem Zusammentreffen und der Vollendung der Fusion im modernen Nationalstaat, der gegenwärtigen kapitalistischen Demokratie, den Schluss auf ein »Ende der Geschichte«.

Dieser Schluss ist schon deshalb verfehlt, weil zwar für den Nationalstaat der Moderne tatsächlich die Funktionssysteme für Politik und Ökonomie als Leitsysteme verstanden werden können – aber dies kann sich ändern. Versteht man dagegen Ökonomie abstrakter im Sinne einer Fähigkeit zur »materiellen« Selbstversorgung und Politik abstrakter im Sinne einer Fähigkeit zur regelbasierten Selbststeuerung sozialer Systeme,

94 Giddens 1990, S. 55 ff.
95 Fukuyama 1992.

dann kann offen bleiben, ob und wie diese Fähigkeiten im Rahmen sich neu ausbildender Strukturen, Prozesse, Operationen und Funktionssysteme erfüllt werden. Keineswegs sind die Möglichkeiten auf die herkömmlichen Formen von Ökonomie und Politik begrenzt. So ist durchaus denkbar, dass »Politik« sich auf einer transnationalen Ebene als Fähigkeit der Selbststeuerung von Weltregionen oder gar einer globalen Konfiguration etabliert; ebenso ist denkbar, dass »Politik« sich radikal auflöst in verteilte und dezentralisierte, vertikal und funktional subsidiär strukturierte Formen der lokalen Selbststeuerung.[96] Es ist in diesem Sinne nicht ausgeschlossen, dass das Problem der Selbststeuerung sich nach und nach aus dem Bereich der Politik verabschiedet und zu einer funktionssystemlosen Leistung der dezentralen Koordination unterschiedlicher Akteure wird, die von einem bestimmten Problem betroffen sind.[97] Wir hätten es dann nicht mit einem Ende der Geschichte zu tun, sondern mit einer *Ironie der Geschichte*, welche Politik als Nichtpolitik neu erfindet und so trotz einer Abdankung der herkömmlichen Politik weiterhin eine viable Gesellschaft zuläßt.

Ebenso ist denkbar, dass Selbstversorgung ihre Bindung an eine herkömmlich verstandene »Ökonomie« verliert und auf ganz anderen Grundlagen aufbaut – z. B. auf lokalen, regionalen oder gar globalen Kreisläufen eines umfassenden Recyclings von Ressourcen, die nur einmal real gegeben sein müssen und danach nur noch von einer einzigen Ressource abhängen, nämlich von Wissen (Expertise, Technologien und Strategien) über verlustfreie Reproduktion durch Recycling, sustainable development, sustainable consumption etc. Ein frappierendes Beispiel dafür sind bereits existierende kommunale und regionale Firmenverbünde, die auf der Basis von elaborierter Expertise wechselseitig ihre »Abfälle« als Ausgangsstoffe für eigene Produkte verwerten und im Idealfall zu einem geschlossenen Kreislauf kommen.[98] Dies hieße auch, dass »Ökonomie« ihre strukturelle Koppelung an eine herkömmlich verstandene »Arbeit« verlöre – ein Prozeß, der bezeichnenderweise in den entwickelten Ländern in vollem Gange ist. Es ist in diesem Sin-

96 Willke 1997b, Kap. 2.3.
97 Willke 1996a, Kap. 4.
98 Schnabel 1997.

ne mithin nicht ausgeschlossen, dass Selbstversorgung als gesellschaftskonstituierendes Moment von einem Problem der Ökonomie in ein Problem des Wissenschaftssystem mutiert und zum Anlass wird, nicht mehr von einer Arbeits- oder einer Industriegesellschaft zu sprechen, sondern von einer *Wissensgesellschaft*. Diese ist zwar noch nicht existent, aber sie ist unterwegs.[99]

Wie immer dies sich im Einzelnen entwickeln wird, einige Momente der kommenden Transformation sind bereits heute erkennbar. Sie betreffen eine allmähliche Exterritorialisierung moderner Gesellschaften durch Globalisierung, Digitalisierung und Vernetzung. Damit ist gemeint, dass territorialen Grenzen vor allem für ökonomische und finanzielle Transaktionen weniger bedeutsam werden, aber auch für viele andere Kommunikationen, die bislang vorrangig durch einen nationalen Kontext geformt worden sind.[100] Den »Sündenfall« der Erzeugung der Realität der territorial gebundenen bürgerlichen Gesellschaft hat Rousseau treffend formuliert: »Der erste, der ein Stück Land eingezäunt hatte und dreist sagte: ›Das ist mein‹ und so einfältige Leute fand, die das glaubten, wurde zum wahren Gründer der bürgerlichen Gesellschaft.«[101] Die nachbürgerliche Gesellschaft und »Das Ende des Nationalstaates«[102] werden eingeläutet von der Botschaft der Megamaschinen: »Diese Einzäunungen sind bedeutungslos; sie halten den Fluss von Daten und Transaktionen nicht auf; die digitalen Vernetzungen werden zur Basis gesellschaftskonstituierender Kommunikationen.« Auch hier kommt es nicht darauf an, ob die Einzäunungen wirklich bedeutungslos sind. Entscheidend ist, ob sich genügend Leute finden, ob einfältig oder nicht, die glauben, dass die digitalen Vernetzungen die herkömmlichen Grenzen porös genug machen, um sie zur bloßen Fassade zu degradieren. Dass sich solche Leute in Scharen finden und viele von ihnen alles andere als einfältig sind, belegen die Nutzungen und Wirkungen des Internet, der vielen globalen proprietären Datennetze, der globalen Kommunikationsnetze und die Verknüpfungen von Intranets mit weiträumigen Net-

99 Axford 1995, S. 103 ff.; Drucker 1994; Willke 1997b, Kap. 1.1.
100 Waters 1995.
101 Rousseau, zit. in Lévy 1997, S. 177.
102 Guéhenno 1995; Ohmae 1995.

zen zu Extranets. Neue Realitäten erzeugen diese Vernetzungen bislang vor allem als Infrastruktur eines globalen Finanzsystems und als Kristallisationslinien eines globalen elektronischen Handels (»e-commerce«). Aber auch viele andere Bereiche – professionelle Arbeit, unternehmerisches Handeln, Genese und Verbreitung kultureller Muster, Angebot und Nutzung wissensbasierter Dienstleistungen, Schutz von Menschenrechten und ökologischen Grundwerten etc. – transzendieren erkennbar und zunehmend offensiv die Zumutungen nationaler Einschränkungen. Mit zunehmender Wissensbasierung wird die Steuerung von Handlungsketten voraussetzungsvoller und von elaborierten Programmen und Technologien abhängig, die keineswegs jedem zur Verfügung stehen. Philip Cerny argumentiert, »that the most important single independent variable in understanding the structural significance of financial globalization is neither the changing political context in which globalization is taking place or the simple expansion of transnational market processes (and capital mobility) taken in isolation. What is central to understanding financial globalization is *the changing infrastructure – especially the technological infrastructure – of the economic-institutional system* within which not only financial exchanges but economic processes in general are taking place in the world today.«[103]

Dieses Argument scheint mir außerordentlich wichtig und nicht nur für die Rolle der technologischen Infrastruktur globaler Finanztransaktionen aufschlussreich. Derart fundamentale Transformationen sind nicht nur für finanzökonomische Prozesse im Gange, sondern es ist anzunehmen, dass dies auch für Prozesse der Mobilität von Personen und Gütern, von Informationen, Wissen und Expertise gilt, für die jeweils global umspannende, technologisch fortgeschrittene und zunehmend wissensbasierte Infrastrukturen entstehen. Und die Frage bleibt, ob sich damit hinter dem Rücken der Akteure ein neues Spiel globalen Ausmaßes entfaltet, dessen Regeln niemand im Sinn hat, weil sich sein Sinn in die bisherigen Denkmodelle und Erfahrungswelten nicht einpassen läßt.

103 Cerny 1994, S. 325. Hervorhebung H. W.

2.3 Kollektive Intelligenz

Der Prozeß der Exterritorialisierung rückt die Erfahrungswelt der Menschen in die Nähe ihrer Visionen von Engeln. Der »ortlose« Engel der Utopie und der heimatlose Mensch Atopias kommen sich näher. Die Annäherung läuft über Maschinen, die Verknüpfungen – Relationierungen – beliebiger Transaktionen erlauben. Am Ende wird ununterscheidbar, ob die Menschen sich in den Megamaschinen ihre Visionen von den Engeln materialisiert oder ob die Engel in ihren Megamaschinen die Dürftigkeit der Menschen als Handlanger kompensiert haben. In beiden Fällen läuft es auf Verknüpfungen und Relationen hinaus, deren Muster noch nicht zu entziffern sind. »Jeder Engel ist Träger einer oder mehrerer Relationen; nun gibt es aber Myriaden von Relationen, und jeden Tag erfinden wir Milliarden neue; was uns fehlt, ist eine Philosophie dieser Relationen. Statt Netze aus Dingen oder Lebewesen zu knüpfen, sollten wir Netze aus Wegen entwerfen. Die Engel zeichnen unablässig Karten unseres neuen Universums.«[104] Technologisch ist der Rat von Michel Serres verwirklicht. Die neuen Netze, Internets, transozeanische Kabel und Satellitenkommunikationsnetze, verknüpfen nicht Dinge oder Lebewesen, sondern sie knüpfen die pure Kontingenz möglicher Wege zu endlosen, sich selbst fortwebenden Netzen kommunikativer Relationen. Kommunikationen zeichnen damit unablässig Karten einer neuen Gesellschaft von lateralen Weltsystemen. Gelesen werden diese Karten von kommunizierenden Menschen und Sozialsystemen, aber mangels einer Soziologie dieser Relationen wissen wir nicht, ob unsere Lektüre brauchbar dechiffriert oder nicht.

Die hintergründigsten Schwierigkeiten der Dechiffrierung der neuen Weltsysteme liegen darin begründet, dass sich die gegenwärtige Philosophie/Soziologie unter dem Einfluss eines orthodoxen methodologischen und konzeptionellen Individualismus das nicht mehr vorstellen kann, was die Megamaschinen der Kommunikation zuallererst bedeuten: die Möglichkeit der Generierung von Dispositiven *kollektiver Intelligenz*. Für den Fall von kleinen Gruppen, die auf engstem realen Raum eine hochverdichtete Kommunikation aufbauen,

104 Serres 1995, S. 293.

in der Regel ohne Worte, gilt die Vorstellung einer kollektiven Intelligenz zumindest für manche Soziologen noch als zulässig. Jazz-Musiker in abgehobenen Jam-Sessions, Basketball-Mannschaften in lichten Höhenflügen eines mühelosen virtuosen Zusammenspiels, Flugsicherungsteams in spielerisch beherrschten Krisensituationen sind Beispiele für Erfahrungen einer kollektiven Intelligenz, die als emergente Qualität des Systems aus den Einzelmerkmalen seiner Mitglieder nicht erklärbar ist. Das kritische Element für die Erklärung der besonderen Operationsweise einer solchen »high-reliability«-Organisation betrifft eine bemerkenswerte Fluidität und Kontextsensitivität von Koordinationsstrukturen. Damit ist gemeint, dass das System in der Lage ist, je nach der Besonderheit der Entscheidungssituation die Form des Entscheidens zu variieren, *ohne dass die Variationen die Grundregeln des Entscheidens außer Kraft setzen würden*. Unterscheidet man dreistufig zwischen normalen Operationen, verdichteten Operationen und Krisenoperationen, so liegt auf der Hand, dass ein einziges Muster der Koordination kaum optimal auf alle drei Typen der Operationsweise angepasst sein kann. Wenn nicht voraussehbar ist, wann und unter welchen Umständen die Organisation von normal auf verdichtet oder gar auf Krise heraufschalten muß und wenn keinerlei Zeit bleibt, um sich in der Situation selbst über geeignete Koordinationsformen klar zu werden, dann empfiehlt sich – das sah schon Ross Ashby in der frühen Kybernetik – ein ultrastabiles System mit der Fähigkeit, bei Bedarf automatisch auf die optimal geeignete Steuerungsform umzuschalten. Tatsächlich haben LaPorte und Consolini in Hochleistungs-Organisationen diese Fähigkeit beobachten können:

»Extensive field observations on board both aircraft carriers and within air-traffic control centers found an unexpected degree of structural complexity and highly contingent, layered authority patterns that were hazard related. Peak demands or high-tempo activities became a *solvent of bureaucratic forms and processes*. The same participants who shortly before acted out the routine, bureaucratic mode switched to a second layer or mode of organizational behavior. And, just below the surface, was yet another, preprogrammed emergency mode waiting to be activated by the same company of members. They appear to be richly variegated overlays of structural complexity comprised of three organizational modes available on call to the members of hazard-related units. Authority structures shifted among (a) routine or bureaucratic, (b) high-tempo, and (c) emergency modes as a function of the imminence of overload and breakdown. *Each mode has a distinctive pattern, with characteristic practices, communication pathways, and leadership perspectives.*«[105]

Beachtlich ist vor allem die Einsicht, dass es *die gleichen Personen* sind, die je nach geltendem (eingeschaltetem) Modus der Koordination tatsächlich *unterschiedlich* kommunizieren, interagieren und in einer anderen Weise zu Entscheidungen gelangen. Erst das Zusammenspiel von Personen, die gelernt haben, mit unterschiedlichen Modi umzugehen, und von systemischen Mustern und Regelsystemen, in denen die Intelligenz des Kollektivs eingelagert ist, ergeben insgesamt die Fähigkeit des Teams, mit qualitativ unterschiedlichen Stufen von Anforderungen fertigzuwerden, ohne ihre Strukturen aufzugeben oder jeweils neu erfinden zu müssen. Das kollektive Handeln wird von einem Dispositiv kollektiver Intelligenz geleitet, welches in den transindividuellen Regeln und Formen der Kommunikation eingelagert ist und einen Raum konstituiert, »in dem Gemeinschaften mit sich selbst kommunizieren können, ohne Umweg über eine Gottheit oder eine wie immer geartete andere transzendente Vorstellung. ... Die virtuellen Welten verstehen sich als Instrumente der Selbsterkenntnis, der Selbstdefinition von Gruppen von Menschen, die sich so als kollektive, autonome und autopoietische Intelligenz konstituieren.«[106]

Das Projekt einer Atheologie der kollektiven Intelligenz, das Pierre Lévy auf mittelalterlichen Traditionen islamischer und jüdischer Theosophen aufbaut und als Anthropologie des Cyberspace verfolgt, lässt sich unter soziologischen Gesichtspunkten nicht nur an den genannten Fällen verdichteter Gruppenkommunikation aufgreifen. Auch die durchaus pragmatisch gedachte Managementidee der »intelligenten Firma«[107] und des organisationalen Wissensmanagements[108] postuliert

105 LaPorte und Consolini 1991, S. 31. Hervorhebungen H. W.
106 Lévy 1997, S. 106.
107 Hamel und Prahalad 1994; Quinn 1992.
108 Willke 1998b.

eine kollektive Intelligenz von Organisationen, die genau darin ihre Bedeutung findet, dass sie sich von der bloßen Aggregation der individuellen Intelligenzen unterscheidet, also eine systemische Qualität bezeichnet. Die organisationale Form kollektiver Intelligenz zielt auf einen offenbar uralten menschlichen Traum der Überwindung der Grenzen des individuellen Wissens. Wie Rituale, Mythen, Bücher oder Bibliotheken auch, erweitert jede Form sozial gespeicherter Intelligenz den Möglichkeitsraum fokussierten und in Grenzen kumulativen individuellen Wissens. Personale Intelligenz findet so eine mehr oder weniger elaborierte Architektur sozial gespeicherter Intelligenz vor, ein Labyrinth möglicher Aufmerksamkeits- und Betätigungsfelder. Aber erst die Erfindung der formalen Organisation transponiert diese flache, an die individuelle Sozialisation gebundene Grundarchitektur in eine dritte Dimension. Indem formale Organisationen auf der Basis transpersonaler Regeln und Routinen mit sanktioniertem Geltungsanspruch die Kommunikation mit Abwesenden erlauben und über diesen Kunstgriff sich zwar nicht von Personen, aber doch von jedweder einzelnen konkreten Person unabhängig machen, schaffen sie einen Humus an sozial etablierten und konfirmierten Kommunikationsformen, die, wie Bücher, ihr eigenes Schicksal haben, weil nicht mehr kalkulierbar ist, wer mit diesen Formen wie kommuniziert.

All dies erinnert nicht zufällig an die Funktion von Religionssystemen als frühkulturellen Formen formaler Organisationen. Die großen monotheistischen Religionen postulieren in ihren heiligen Büchern transpersonale Regelsysteme, welche die Kommunikation mit dem abwesenden Gott, aber auch mit abwesenden Heroen des Glaubens und des religiösen Wissens erlauben. Tatsächlich können die großen Kirchen bis heute als Prototypen der Ausbildung und Pflege organisationaler Intelligenz betrachtet werden. In ihren Akten, Schriften und Bibliotheken dokumentieren sie das kanonisierte Wissen von Generationen und Jahrhunderten, welches von ihren individuellen Stiftern abstrahiert und in endlosen Schleifen der Exegese und Reflexion die kollektive Intelligenz der Organisation konstituiert. So kann die kollektive Intelligenz von Organisationen wachsen (und schrumpfen), während die personale Intelligenz der durchlaufenden Generationen in engen genetischen und sozialisatorischen Grenzen im Prinzip gleich bleibt. Seitdem mit der allgemeinen Schulpflicht und einer im Grundsatz kontinuierlichen Weiterbildung (in einigen OECD-Staaten) der Spielraum für die Entfaltung individueller Intelligenz weit gehend erschöpft ist, sind Steigerungen der Intelligenz auf soziale und künstliche Systeme (Kollektive und Maschinen) beschränkt. Man mag gegenüber der Realität der Person diese kollektive Intelligenz unreal oder virtuell nennen, an der Sachlage ändert dies nichts. »Dadurch, dass diese virtuellen Welten die Komplexität und Transformationen der irdischen Welt synthetisieren, ermöglichen sie es den Intelligenzen, in Kommunikation miteinander zu treten, und begleiten Individuen und Gruppen bei ihrem Navigieren durch das kollektive Wissen.«[109] Dies ist keine überraschende Einsicht. Menschen tun wenig, was sie vor tausend oder hunderttausend Jahren nicht auch schon getan haben. Die umstürzenden Veränderungen seither verdanken sich in erster Linie Veränderungen sozialer Organisationsformen und Formen kollektiver Intelligenz.

Das Problem, dem sich Soziologie verdankt und das sie legitimieren könnte, ist darin zu sehen, dass die meisten Menschen diese Option als Kränkung verstehen und deshalb alles daran setzen, die Fortschritte kollektiver Intelligenz auf individuelle Handlungen herunterzurechnen. So bieten »rational choice« und »ökonomische Analysen« des Sozialen nach wie vor die Möglichkeit, sich wissenschaftlich fundiert der Einsicht zu entziehen, dass Menschen als Individuen – gemessen an den Ansprüchen moderner Gesellschaften – weder besonders rational noch besonders intelligent handeln. Vermutlich ändert sich dies erst dann, wenn die Einsicht in diese Einsicht Rendite abwirft. Genau dies zeichnet sich mit der Idee der intelligenten Organisation ab.

Wenn der Kern von Intelligenz Lernfähigkeit ist, dann setzt organisationale Intelligenz voraus, dass Organisationen als Organisationen, als soziale Systeme, lernen, während es nicht genügt, dass nur Personen als Mitglieder der Organisation lernen. Beispielsweise sind die studierenden und forschenden Mitglieder der deutschen Universitäten eher lernfähige und in diesem Sinne intelligente Menschen, während die Universitäten als Systeme seit den Humboldtschen Reformen wenig da-

109 Lévy 1997, S. 107.

zugelernt haben und in diesem Sinne bemerkenswert dumm sind. Auch viele andere Organisationen von klassischen Professionen, etwa Anwaltskanzleien, Lehrerkollegien oder Ärztepraxen, sind als soziale Systeme erstaunlich dumm und behindern eher die Entfaltung der Intelligenz ihrer Mitglieder, als dass sie diese unterstützten. Systemische Intelligenz erfordert demnach andere Qualitäten als die bloße Summierung individueller Intelligenzen. Für alle Proponenten der Beschränkung von Ratio und Intelligenz auf den Menschen ist dies wenig schmeichelhaft. Aber die durchaus zählbaren Erfolge intelligenter Organisationen und die zum kritischen Wettbewerbsfaktor avancierende Fähigkeit zu organisationalem Wissensmanagement scheinen darauf wenig Rücksicht zu nehmen.

Erstaunlich ist eher, dass die reichen Traditionen des philosophischen Umgangs mit Formen kollektiver Intelligenz von den individualistischen Rationalismen der Moderne so gründlich verdrängt worden sind, obwohl Emile Durkheim auf dem kollektiven Bewussten und Carl G. Jung auf dem kollektiven Unbewussten bestanden hatten. Vielleicht sitzt die Angst vor kollektiver Hysterie und kollektivem Wahn noch zu tief, als dass man die andere Seite, die Möglichkeit kollektiver Intelligenz, wirklich ernst nehmen könnte. Immerhin aber sind die demokratischen Systeme der modernen westlichen Gesellschaften Musterfälle für eine hoch entwickelte institutionelle Intelligenz; sie exemplifizieren das Leistungsvermögen kollektiver Intelligenz und belegen in bemerkenswerter Kontinuität, dass institutionelle Regelsysteme in historischen Lernprozessen zu einer kollektiven Intelligenz heranreifen können, welche in hohem Maße Schwächen und Mittelmäßigkeiten der menschlichen Akteure kompensieren können. So zeigen die Verfassungsgeschichte seit der Magna Charta und die tief in die großen Gesetzeswerke, vom Code Napoleon über das BGB bis zu den Wahlgesetzen, eingelassene Lerngeschichte der Regulierung komplexer Sachverhalte eine imponierende kumulative institutionelle Intelligenz, die genau darin ihren Sinn erweist, dass sie transpersonale Handlungsmuster und Präferenzlinien festlegt und so bestimmte sensitive Bereiche kollektiven Entscheidens von den schwer durchschaubaren Kalkülen individueller Intelligenzen und Rationalitäten unabhängiger macht.

Ohne Zweifel ist mit der Möglichkeit kollektiver Intelligenz immer auch die andere Seite der Möglichkeit institutioneller Borniertheit und Rigidität gegeben. Auch institutionelle Lernprozesse können, wie individuelle, pathologisch werden, wenn sie vom schmalen Grat »adäquaten Lernens« abstürzen und stattdessen aus einer glorifizierten Vergangenheit oder aus einer verklärten Zukunft lernen. Für den Fall politischer Systeme haben dies Karl W. Deutsch[110] und Amitai Etzioni[111] eindringlich dargestellt. Für den Fall des Lernens von Organisationen haben vor allem Chris Argyris und Donald Schön beharrlich sowohl die Chancen kollektiver Intelligenz wie auch die Risiken eines pathologischen kollektiven Lernens erforscht[112]: »To the distinguished social scientists who were repelled by the idea when we first broached it in the early 1970s, ›organizational learning‹ seemed to smell of some quasi-mystical, Hegelian personification of the collectivity. Surely, they felt, it is *individuals* who may be said to learn, just as to think, reason, or hold opinions. To them, it seemed paradoxical, if not perverse, to attribute learning to *organizations*.«[113]

Wenn soziale Systeme lernen können, dann können sie auch Wissen generieren, speichern und in systemisch organisierten Prozessen anwenden. Genau hier kommen die Maschinen der Engel ins Spiel. Sicherlich reagiert auch die individuelle Intelligenz auf Anregungen und Herausforderungen. Aber ihre Bandbreite und Variation sind eng begrenzt. Und bislang ist es nicht schicklich, an der Komposition der mentalen Systeme von Menschen herumzudoktern. Ganz anders bei sozialen Systemen. Kollektive Intelligenz reagiert auf alle Raffinessen der infrastrukturellen und maschinellen Unterstützung, der Strukturvariation und Prozesssteuerung, der Arbeitsteilung und Rekombination, der Kombinatorik und Dekomposition, kurz der Steuerung und des Wissensmanagements komplexer Sozialsysteme. Die Plastizität sozialer Systeme und die Steigerbarkeit kollektiver Intelligenz erweisen sich darin als kritische Bedingungen der Möglichkeit, die Würde des Menschen als Menschen zu erhalten: exogene, künstliche Veränderungen

110 Deutsch 1970.
111 Etzioni 1971.
112 Agyris und Schoen 1978; 1996.
113 Argyris und Schoen 1996, S. 4.

seiner mentalen Ausstattung sind weder erforderlich noch relevant, wenn die weitaus umfassenderen Möglichkeiten der Steuerung sozialer Systeme sinnvoll genutzt werden. Ja, die Singularität der Menschen bereichert die Möglichkeiten der Variation von kollektiver Intelligenz: »Dank der virtuellen Welten wächst und wandelt sich die Welt hier unten und eröffnet neue Wege der Singularisierung, die ihrerseits den ›Raum der Engel‹ bereichern. ... In der techno-sozialen Perspektive der kollektiven Intelligenz entspringen Wirklichkeit und Reichtum aus der Vielfalt der Welt und der Menschen. Die Engelwelten verleihen der kollektiven Intelligenz eine Klarheit, die desto intensiver, mächtiger und erleuchtender ist, je differenzierter und pluralistischer das menschliche Wissen ist.«[114]

Wenn der ›Raum der Engel‹ hier als Metapher für die Himmelsnetze der Kommunikationssatelliten verstanden werden darf, dann springt geradezu ins Auge, wie intensiv die virtuellen Welten der neuen Kommunikationsnetze einen erdumspannenden Spiegel aufspannen, in dem die Singularität, die Pluralität und die Differenziertheit des menschlichen Wissens den Reichtum der kollektiven Intelligenz steigern, zurückspiegeln und so in eine prinzipiell unendliche Rekursion führen können. Was im Mythos die Augen der Engel als Spiegel für die hellsichtigsten Seher unter den Menschen leisten, übernehmen nun die Spiegelantennen der Satellitennetze. Jedenfalls als Möglichkeit. »Diese immanenten Himmel, die sowohl die Funktion ubiquitärer Agoras als auch kosmischer Simulationen haben, liefern kinetische Karten, dynamische Beschreibungen der Welt ›hier unten‹, sich bewegende Bilder von Ereignissen und Situationen, in die die menschlichen Gemeinschaften eingetaucht sind.«[115] CNN und das extraterrestrische Internet avancieren so zu den säkularen Statthaltern der Erzengel. Sie bewachen den Eingang zu einem Paradies, an das die Menschheit keine Erinnerung haben kann, weil es nie verloren wurde, für das aber eine zukünftige Erinnerung geschaffen werden muss, um es im Gedächtnis der Menschen wirksam zu machen. Aus »paradise lost« wird »paradise regained«, allerdings sind die Eintrittspreise bezahlbar und die Verheißungen dieses Paradieses beziehen sich nicht auf eine Aufhebung der

114 Lévy 1997, S. 107.
115 Lévy 1997, S. 106 f.

Zeit durch Ewigkeit, sondern auf eine Aufhebung des Raumes durch Exterritorialisierung.

Dieser Raum ›kosmischer Simulationen‹ fundiert einerseits als globale Infrastruktur die entstehende Weltgesellschaft, andererseits bildet er das Dispositiv einer skalierbaren kollektiven Intelligenz. Damit ist gemeint, dass auf dem Fundament dieser Infrastruktur alle erdenklichen Ausprägungen und Formen kollektiver Intelligenz möglich werden, vom »concurrent engineering« einer global verteilten Firma über den dezentral verteilten Aufbau einer genuinen korporativen Intelligenz von »global players«, etwa der großen Rating-Agenturen wie Standard & Poor, der großen Beratungsfirmen wie McKinsey oder der großen Medienkonzerne wie CNN, bis zu dem gezielten Aufbau einer auf Wissensmanagement gestützten kollektiven Intelligenz transnationaler Institutionen wie Greenpeace, Weltbank oder ILO. Es ist diese Potentialität der neuen infrastrukturellen Megamaschinen, die aus dem scheinbar profanen Prozess der kontinuierlichen Verdichtung transnationaler Kommunikationsnetze und Kommunikationsmuster Diskontinuitäten der Gesellschaftsgeschichte hervorbringen. Mit dem Aufbau der Globalen Informations-Infrastruktur (GII), dem Internet II und der Aktivierung der Satellitennetze endet die Geschichte der Nationalstaaten. »Für alle praktischen Zwecke spielt es keine Rolle, wer der Präsident der Vereinigten Staaten oder wer der zukünftige deutsche Kanzler oder sogar wer der Premierminister von Frankreich ist.«[116] Relevant dagegen ist, wie der IMF mit Blick auf die Reformfähigkeit der osteuropäischen Länder gegenüber den Kreditwünschen Russlands entscheidet, wie die Börsen mit Blick auf zukünftige Wettbewerbsfähigkeit auf die politische Instabilität Japans reagieren oder wie die globalen Massenmedien mit Blick auf internationale Attraktivität als Forschungs- und Lernort die Ausländerfeindlichkeit in Deutschland beurteilen.

In all diesen Fällen ist der kritische Maßstab der Evaluation im Sinne einer strategischen Einschätzung der Lage nicht mehr, wie zur Blütezeit der Nationalstaaten im 19. Jahrhundert, ein Kalkül politischer Macht, auch nicht mehr, wie zur Blütezeit einer massenindustriellen Ökonomie im 20. Jahr-

116 Nadin 1998, S. 5.

hundert, das Kalkül eines anonymen Finanzkapitals, sondern der Maßstab ist der Grad kollektiver Intelligenz jeweiliger »*communities of practice*«, in denen sich infrastrukturelle und suprastrukturelle Faktoren zu einer viablen, d.h. zukunftsfähigen oder »nachhaltigen« sozialen Form verdichten – oder eben nicht. In Frage steht damit nicht mehr in erster Linie die Macht oder der Reichtum einer sozialen Einheit als Praxisgemeinschaft, sondern ihre systemische Intelligenz, denn nur diese ist die kritische Ressource, aus der alles andere folgt. Die Leitfrage ist nicht mehr, wie viele Divisionen Japan hat oder über wie viel Devisenreserven Russland oder Indien verfügen. Die Leitfrage für die Einschätzung der »Qualität« einer sozialen Form oder eines gesellschaftlichen Kontextes ist, über welche systemische Intelligenz diese Form verfügt, welche Lernfähigkeit und welches Innovationspotential ihr zuzutrauen sind.

Derart tief greifende Verschiebungen des Bezugsrahmens gesellschaftlich relevanter Kommunikationen setzen entsprechend durchdringende Veränderungen in der Gewichtung der Medien gesellschaftlicher Selbststeuerung voraus. Die bestehenden Kommunikationsmuster werden nicht über Nacht umstürzen, sondern in einem eher unmerklichen Ablösungsprozess sich wie Kompasse auf neue Schwerlinien einpendeln, auf Schwerlinien, die von einer grundlegenderen Rolle des Wissen geprägt sind. Dennoch geht es um nichts weniger als um einen Staatsstreich der Philosophen. Die neue Relevanz der Ressource Wissen und die Rolle wissensgenerierender *communities of practice* geht nicht von Philosophen aus, sondern von hybriden Gemeinschaften aus Praktikern, Erfindern, Wissenschaftlern und Geschäftsleuten, die *neue Geschäftsideen* realisieren. Die vorrangige Transformation betrifft den Begriff des Wissens, und erst danach ändert sich mit der neuen Idee des Wissens die praktische Bedeutung der Ressource Wissen.

Eine erste Revolution des Wissens betraf seit der Renaissance die Umkehrung des Zeithorizontes: Galt bis dahin das alte, »originale« (im Sinne von ursprüngliche) Wissen als richtiges und gutes Wissen, so gewann mit Experiment, Erfindung und Entdeckung als Programmen zur Erzeugung von Wissen das neue Wissen allmählich die Überhand und setzte sich gerade als Neues gegenüber dem Alten und Veralteten durch: »unerlässliches Moment aller Selbstbeschreibungen der Moderne scheint die Verabschiedung der Herkunftswelt zu sein, ihre Abwertung zu bloßer Geschichte.«[117] Eine zweite Revolution des Wissens scheint sich im Kontext der Moderne mit der Aufkündigung der reinen Selbstreferenz des wahren Wissens im Wissenschaftssystem anzubahnen. Gerade das brisanteste, neueste und als Ressource wirksamste Wissen wird nicht mehr ausschließlich innerhalb des Wissenschaftssystems, also in Universitäten und universitären Forschungsinstituten, erzeugt, sondern in sehr unterschiedlichen, hybriden Formen angewandter Grundlagenforschung, die aber nicht auf Wissen als Wissen im alten Sinne zielt, sondern auf Wissen als Basis für neue Güter und neue Geschäftsideen. In diesem Sinne spricht Sheila Jasanoff von »multiple centers of expertise«[118] und Michael Gibbons von »mode II« der Wissensgenerierung.[119]

Der Kern der gegenwärtigen Rekonfiguration des Wissensbegriffs ist eine Neubewertung von Praxis und Erfahrung für die Generierung von Wissen. Seit der Gründung der frühen Universitäten in Bologna, Paris und Prag haben die universitär geprägten europäischen Wissenschaftssysteme mit ihren Leitdisziplinen Theologie und Philosophie die Anbindung an Praxis eher gescheut und beispielsweise den praktisch orientierten Disziplinen der Juristerei und der Medizin die Qualität der »Wissenschaftlichkeit« vorenthalten. Noch Anfang des 19. Jahrhunderts traf Gustav Radbruch mit einem Text »Über die Wertlosigkeit der Jurisprudenz als Wissenschaft« auf breite Zustimmung. Noch heute sind diese Disziplinen an amerikanischen Universitäten »schools« (medical school, law school, business school) und nicht reguläre Disziplinen. Aber gerade von diesen »Schulen« kommt ein Wissen, welches im Zusammenspiel mit dem technologischen Wissen der Naturwissenschaften die Moderne tiefer und nachhaltiger prägt als das Wissen der »theoretischen« Fächer.

Mit dieser Perspektive soll nicht eine neuer Theorie-Praxis-Streit entzündet werden. Vielmehr geht es darum, genauer zu sehen, worin sich die Leistungen von Theorie und Praxis in der Generierung von Wissen unterscheiden und welche Art ihres Zusammenspiels welche Qualitäten von Wissen hervorbringt.

117 Luhmann 1990, S. 703.
118 Jasanoff 1990, S. 76.
119 Gibbons 1997.

Diese alte Frage ist mit dem Siegeszug der ersten elektrischen Kommunikationssysteme, Telegraphie und Telefon, in den Hintergrund gedrängt worden. Denn Leistung und Problem dieser Systeme war nicht die Vermittlung von Wissen, sondern der Transport von Daten. Claude Shannon und Warren Weaver lösen mit ihrer epochemachenden Konzeption der Informationstheorie[120] eine heillose Konfusion in den Grundbegriffen – Daten, Information, Wissen – aus. Bei den Trivialmaschinen Telegraph und Telefon geht es im Kern um Datentransport unter Störbedingungen (»Rauschen«). Ob und wie daraus Informationen entstehen können, ist eine ganz andere Frage, der sich zunächst noch vor einem technischen Hintergrund Norbert Wiener zuwendet und dabei die Kybernetik begründet, die sich mit der »Regelung« der Nachrichtenübertragung nicht nur in Maschinen, sondern auch in Lebewesen befasst.[121] Nur ganz mühsam und allmählich erkämpfen sich Gregory Bateson und dann die therapeutisch orientierte Palo-Alto Gruppe um Paul Watzlawick, John Weakland, Jay Haley, Don Jackson und anderen Anerkennung für eine Position, die den Informationsbegriff nicht aus dem Funktionieren von Maschinen herleitete, sondern aus den Bedingungen der Möglichkeit menschlicher Kommunikation.[122] Mit der Formel »Information ist ein Unterschied, der einen Unterschied ausmacht« knüpft Bateson den Informationsbegriff an die kritische Bedingung der *Relevanz* eines Datums für ein *spezifisches* System. Damit ist markiert, was die soziologische Systemtheorie seitdem in den basalen Konzeptionen von Selbstreferenz und operativer Geschlossenheit von komplexen Systemen verallgemeinert und spezifiziert: Jedes System kann nur die Ereignisse als Daten wahrnehmen, für welche es über eigene Beobachtungsinstrumente verfügt. Damit ist jedes Datum eine beobachtungsabhängige Größe. Jedes System kann nur solche Daten als Informationen entschlüsseln, für welche sich nach seinen eigenen Relevanzkriterien *Bedeutungen* ergeben. Jede Information ist damit systemrelativ, sie ist eine von der Relevanzstruktur des Systems abhängige Größe. Sie kann nicht einfach zwischen unterschiedlichen Systemen hin- und herbe-

120 Shannon und Weaver 1976.
121 Wiener 1963.
122 Marc und Picard o. J.

wegt werden – es gibt keinen Informationsaustausch, sondern nur Datenaustausch, weil sich jedes System aus den Daten seine eigenen Informationen rekonstruiert.

Deutlich aufwendiger noch ist die Generierung und Rekonstruktion von Wissen. Denn Wissen ist auf der Ebene von Organismen an körperliche Erfahrung gebunden, die auf der Auseinandersetzung mit irgendeiner Form von Umwelt beruht. Wissen besteht dann in den systemspezifisch brauchbaren, durch Lernen interiorisierten Verhaltensregeln für Interaktionen und Transaktionen mit einer Umwelt. Auf der Ebene von Personen setzt der Austausch von Wissen unabdingbar eine kommunikative Praxis voraus, eine »community of praxis« etwa in der Form frühkindlicher Sozialisation, eines Meister-Schüler-Verhältnisses, eines »Praktikums«, einer Lehrlingsausbildung, eines Studiums etc. Das in solchen Lehr-Lern-Verhältnissen generierte *implizite* Wissen entsteht in rekursiven Schleifen von Beobachtung, Nachahmung, Lernen und Testen als inkorporierte Erfahrung. Ein basales Wissenselement resultiert aus der Erfahrung einer »funktionierenden« Konditionalregel: »Wenn x unter den Bedingungen des Kontextes y, dann z.« Ein basales Wissenselement ist eine erfahrungserprobte Zweck-Mittel-Relation. Wissensgebäude oder Wissensarchitekturen entstehen dann, wenn solche isolierten Erfahrungsregeln in kohärente Regelsysteme synthetisiert werden.

Mit der Erfindung von Symbolsystemen für die Repräsentation von Bedeutungen – Zahlen, Texte und Bilder – eröffnet sich eine neue Welt des *explizierten* Wissens. Explizites Wissen ermöglicht die symbolische Repräsentation von Wissen, wenn und soweit es gelingt, auch den für das Wissen konstitutiven Erfahrungskontext in der Repräsentation auszudrücken und transferierbar zu machen. Gelingt dies nicht, dann reduziert sich die Repräsentation auf Daten, bestenfalls auf Informationen.[123] Damit ist angedeutet, wie schwierig Wissensaustausch ist, wenn er nicht auf realer gemeinsamer Praxis beruht, sondern auf der Simulation von Praxis durch Repräsentationen von Erfahrungskontexten. Die bislang verfügbaren Mittel der Repräsentation von Wissen sind bemerkenswert eng: es gibt dafür nur Zahlen, Texte und Bilder, und sie alle beruhen dar-

123 Willke 1998b, S. 8 ff.

auf, dass nun Zeichen für etwas stehen und auf eine Realität referieren, die im Zeichen selbst nicht gegeben ist. »Von jetzt an repräsentiert das Zeichen, es stellt dar. Das Zeichen ist willkürlich. Das Zeichen ist transzendent. Diese Transzendenz des Zeichens errichtet eine Herrschaft der Abwesenheit oder zumindest ein flackerndes Universum lebendiger Leichen, indem Zeichen und Dinge die volle Präsenz des Seins anstreben, sie aber nie erreichen.«[124]

Zusätzlich zum impliziten, körper- und erfahrungsgebundenen Wissen tritt damit die Möglichkeit eines semiotisch gefassten, expliziten Wissens. Größe und Tragik des expliziten Wissens entspringen nun daraus, dass es Menschen eine zweite Erfahrungswelt eröffnet, Erfahrungen im Umgang mit den Symbolsystemen der Repräsentation von Wissen, Erfahrungen mit den Schatten an der Wand von Platons Höhle, und sehr schnell diese Erfahrungswelten ineinander verschwimmen und damit ununterscheidbar wird, ob Erfahrungen aus einer realen oder aus einer symbolischen Welt entspringen. So steigen nicht nur manchen Studierenden, sondern auch noch Professoren die Erfahrungen im Umgang mit Texten zu Kopf und sie entschwinden, wie Monsieur Teste,[125] in eine Welt der Symbole, über die sich durchaus real und endlos debattieren läßt.

Heute potenzieren sich diese Chancen der Konfusion von Erfahrungswelten durch den Umgang mit computersimulierten virtuellen Welten, die durchaus reale körperliche Erfahrungen erzeugen und damit die Frage der Unterscheidbarkeit von realer, symbolischer und virtueller Realität verschärft stellen – oder gar in Frage stellen, ob dieser Unterschied überhaupt einen Unterschied ausmacht. »The distinction between the real and the simulacrum is increasingly more difficult to sustain.«[126] Trotz seiner kosmologisch gefärbten Sprache drückt Pierre Lévy diese Ambivalenz treffend aus: »Die Semiotik des Raums des Wissens ist durch eine Rückkehr des Seins, der wirklichen, lebendigen Realität in die Sphäre der Bedeutung gekennzeichnet. Dieses Verlassen der Welt der Abwesenheit, dieses Wieder-in-Kontakt-Treten mit der Wirklichkeit darf nicht als Prozess der Vergegenständlichung, als kodierte Beziehung zu

124 Lévy 1997, S. 169.
125 Valéry 1974.
126 Tsoukas 1997, S. 833.

irgendeinem Signifikat aufgefasst werden; es heißt auch nicht, dass die Zeichen von irgendeiner Transzendenz garantiert werden. *Wirklich ist, was eine praktische, intellektuelle und imaginäre Aktivität lebendiger Wesen impliziert.*«[127]

Präzise in diesem Sinne sind die von den Maschinen der Engel erzeugten Welten zumindest ebenso real wie die reale Welt, es gibt sogar gute Gründe anzunehmen, dass heute die Realität vieler Lebensbereiche »die Realität der Massenmedien«[128] ist. Damit erwächst den neuen Megamaschinen eine einschneidende Rolle in der Konstruktion und Rekonstruktion von Bedeutungen insbesondere dort, wo sie über die Reichweite der herkömmlichen Verbreitungsmedien – Zeitungen, Rundfunk und nationale Fernsehsysteme – hinausgehen. Die globalen Datennetze und Kommunikationssysteme reifizieren ihre Operationsprämisse – Globalität – als täglich erfahrbare, funktionierende Unterstellung. Sie erzeugen so ihre eigene Realität als Konsequenz der Realität ihres Operierens. Der soziologische Hyperzyklus der Selbsterzeugung – Autopoiese – sozialer Welten verdankt sich dem generalisierten semiotischen Irrtum, der in der ersten Repräsentation schon angelegten Ununterscheidbarkeit wirklicher und unterstellter Realitäten, die konvergieren, sobald Unterstellungen reale Konsequenzen haben.

Dieser Zusammenhang erlangt eine kritische Bedeutung für neue Möglichkeiten der Konstituierung von Bedeutungen, mithin für die Möglichkeit von Akteuren, in der Auseinandersetzung mit Bedeutungen Erfahrungen zu machen, die zwar auf irgendeine Realität referieren, aber gerade offen lassen, von welcher Art diese Realität ist, insbesondere welchem Grad der Medialisierung sie ihre Existenz verdankt. Wenn sich so im Laufe einer personalen Lerngeschichte eine primordiale naturwüchsige Erfahrungsbasis, soweit vorhanden, kontinuierlich und eher unmerklich mit einer abgeleiteten und auf Simulakra referierenden Erfahrungspraxis durchsetzt, dann dürfte schnell unentscheidbar werden, ob inkorporiertes Wissen einer natürlichen oder einer simulierten Praxis entspringt. Die Proliferation von »Flugsimulatoren« aller Art verdrängt die aufwendigen und zeitraubenden Lernphasen der Lehre, des Praktikums, des Referendariats, des Trainees zugunsten eines

127 Lévy 1997, S. 172. Hervorhebung H. W.
128 Luhmann 1995a.

kontinuierlichen normalisierten »learning on demand«. Ärzte in Ausbildung operieren elektronische Frösche online, und die Frage ist schwer zu beantworten, warum diese Erfahrungen ein anderes oder weniger Wissen generieren sollten als eine reale Operation. Seit Jahrhunderten lernen Juristen, seit Jahrzehnten Psychologen, Berater oder Manager an »Fällen« nach der Fallmethode, die darin besteht, dass reale Fälle in einer Fallgeschichte dokumentiert werden und nun die Repräsentation des Falles in einer symbolischen Form den realen Fall ersetzt. Insofern wenig Neues.

Neue Dimensionen eröffnen sich, wenn wir die Ebene der Personen verlassen und uns organisationalem Lernen und kollektiver Intelligenz zuwenden. Paradoxerweise gilt dies, obwohl die Realität von Organisationen, wie schon Max Weber gesehen und Niklas Luhmann vertieft hat, im Kern aus den symbolischen Repräsentationen realer Entscheidungsprozesse in den Akten des kollektiven Gedächtnisses besteht. Schriftlichkeit und Aktenförmigkeit des Operierens konstituieren die formale Organisation. Organisationen transzendieren ihre Mitglieder, weil ihre Genese an der Prämisse kristallisiert, dass Kommunikation mit *Abwesenden* gelingen soll, also Repräsentation ihrer Anwesenheit als Anlässe für laufende Kommunikationen genügen müssen. Ist diese Hürde erst einmal genommen und richten sich Personen als Mitglieder darauf ein, dass im Kontext bedeutungsgenerierender Regeln Zeichen zur Kontinuierung von Kommunikationen ausreichen, also eine Semiotik sich als Pragmatik nutzen läßt, dann ist das Tor zur symbolischen Kommunikation weit offen. Die kritische Variable von Symbolanalyse und gelingender symbolgestützter Kommunikation ist die Geltung und die Brauchbarkeit der sinngebenden Regeln, die ihrerseits als Symbolsysteme eigendynamisch werden können und beliebig steigerbare Stufen der Metakommunikation ermöglichen.

Dass die herkömmliche Soziologie, von wenigen Ausnahmen abgesehen, sich den Möglichkeiten und Wirkungen kollektiver Intelligenz verschlossen hat, läßt sich auf diesem Hintergrund leichter verstehen. Ihre Voreingenommenheit für *Handlung* als Grundkategorie des Sozialen macht sie blind für die über bloße Interaktion hinausgehende Eigenständigkeit des Sozialen, denn auch Interaktion bleibt an das Handeln von

Personen gebunden. Die Autopoiese des Sozialen kann erst dann in den Blick kommen, wenn die hinter den Handlungen wirkenden Kommunikationen als basales Element des Sozialen und mithin als Grundbegriff der Soziologie Anerkennung finden. Dann erst wird auch deutlich, dass jede Kommunikation, die auf manifesten Symbolen aufbaut (damit sind Formen wie nonverbale Kommunikation ausgeschlossen), also vor allem auf Sprache, Texten, Bildern und allen darauf aufbauenden symbolisch generalisierten Medien der Kommunikation, sich aufgrund ihrer eingebauten Selbstreferentialität geradezu zur Verselbständigung in operativ geschlossenen Sprachspielen drängt. Selbstreferentialität ist in Kommunikation eingebaut, weil sie keine Akteure voraussetzt, sondern Beobachter – und jeder Beobachter gar nicht umhin kann zu beobachten, dass er Beobachter beobachtet und dabei beobachtet wird.

Diese symbolische Fundierung verleiht der Kommunikation Flügel. Während Handlungen immer an einen letztlich als Person gedachten Akteur gebunden bleiben und so der Erdenschwere der Körperlichkeit nicht entrinnen, eröffnet die semiotische Revolution der Kommunikation endlose Rekursionen immer abstrakterer Symbolisierungen von Symbolisierungen. Bücher und andere Texte haben ihr eigenes Schicksal nicht nur, weil sie von einer generalisierten Leserschaft unabhängig von Zeit und Ort gelesen werden, sondern auch, weil sich beliebig viele Bücher über Bücher schreiben lassen, deren Schreiben dann einer autonomen Logik des Kommunizierens folgt. Diese Logik ist nicht an die schwerfälligen Gesetze des Handelns gebunden. Stattdessen folgt sie den überaus flexiblen Logiken der Semantik, der Grammatik und der Hermeneutik, also einer Logik von Symbolsystemen, welche die Welt des Materialen transzendiert und die Freiheitsgrade eröffnet, die operative Geschlossenheit ermöglicht.

Die evolutionäre Errungenschaft der semiotischen Abstraktion, die sich vermutlich einem evolutionär einzigartigen Bedürfnis des Menschen nach Sinnbildung durch die Repräsentation des Tanszendentalen, einer Vergegenständlichung der religiösen Mythen verdankt, bildet damit den Kristallisationspunkt für den Ausbau von Symbolsystemen, die im Rahmen einer transpersonalen, kommunikativen Logik die eigenständige, autologische Konstitution sozialer Systeme ermöglichen. In den konfirmierten Figuren der Kommunikation, ihren Strukturen, Mustern oder Regelsystemen, verselbständigt sich sozialer Sinn und macht sich von den Zufällen *konkreter* personaler Konstellationen unabhängig. Kommunikation findet nicht unabhängig von Menschen statt; sie muß auf Menschen zurückgreifen, wie ein Organismus auf Energie. Aber sie operiert unabhängig von konkreten Menschen und kondensiert diese prinzipielle Autonomie zu autonomen Prinzipien der Operationsweise symbolischer Systeme. So kann Gadamer formulieren, dass nicht wir die Sprache sprechen, sondern die Sprache uns, und Lévy-Strauss kann festhalten, dass nicht wir die Mythen machen, sondern die Mythen uns.

All dies läßt sich nutzen, um die Bedingungen der Möglichkeit kollektiver Intelligenz zu verstehen. Von menschlicher Intelligenz sprechen wir, wenn Anpassungslernen zu der Ausbildung von *Regeln* führt, die angepasstes Handeln in immer komplexeren Situation oder Konstellation effizient und/oder effektiv macht. Nach dieser Definition zeigt sich Intelligenz in der Qualität der Expertise, die es Personen erlaubt, in komplexen Situationen zu brauchbaren Entscheidungen zu kommen. In analoger Weise läßt sich die Intelligenz symbolischer Systeme bestimmen. Sie liegt in der Ausbildung von *Regeln*, die es einem System erlauben, eine höhere Komplexität seiner Operationen zuzulassen und diese Komplexität zugleich entscheidbar zu gestalten, also operational zu halten. Nach dieser Definition wäre eine Sprache mit elaborierter Semantik und reichhaltigen grammatischen Regeln intelligenter als eine einfache Sprache, eine moderne Algebra intelligenter als das Einmaleins, eine Multimedia-CD-ROM intelligenter als die Zeichnungen der Höhlenmenschen.

Die Intelligenz sozialer Systeme ist voraussetzungsvoller. Von einem intelligenten sozialen System soll nur die Rede sein, wenn sowohl auf der Seite seiner Mitglieder wie auch auf der Seite seiner Symbolsysteme ein brauchbares Maß an Intelligenz ausgebildet ist *und* adäquate Verknüpfungen beider Seiten etabliert und konfirmiert sind. Ein soziales System ist umso intelligenter, je höher der Intelligenzgrad seiner Mitglieder und seiner Symbolsysteme und je höher die Intelligenz der Mechanismen der strukturellen Kopplung dieser beiden Seiten ausgeprägt ist. Daraus folgt, dass es Systeme mit sehr unterschiedlich ausgeprägten Dimensionen von Intelligenz gibt. Moderne demokratische Politiksysteme oder die großen Kirchen sind Beispiele für Systeme mit einer bemerkenswerten Intelligenz ihrer Symbolsysteme (Verfassungen, Gesetze, Regelsysteme einerseits, Theologie, Dogmatiken, Liturgien, Regelsysteme andererseits), die in Jahrhunderten geduldigen institutionellen Lernens gewachsen sind. Bezüglich ihrer Mitglieder setzen beide Systeme nur durchschnittliche oder gar geringere Intelligenz voraus, ohne dass ihre Operationsweise dadurch gefährdet wäre. Entsprechend simpel sind ihre Mechanismen struktureller Kopplung – Meinungsäußerungen wie Wahlen oder Proteste, Glaubensäußerungen wie Beichte oder Kommunion.

Andererseits sind die kontinentaleuropäischen Universitäten Beispiele für Systeme, deren Mitglieder vermutlich überdurchschnittlich intelligent sind, während ihre Symbolsysteme (Regelsysteme) sich seit den Humboldtschen Reformen wenig verändert haben, also seit langem nichts mehr dazu gelernt haben und deshalb als wenig intelligent angesehen werden müssen. Dieser Mangel scheint hochgradig elaborierte Formen struktureller Kopplung zwischen Personen und System in aufwendigen Prozessen der Selbststeuerung (»Selbstverwaltung«) hervorzutreiben. Dennoch kommen auch diese Systeme immer noch einigermaßen über die Runden. Dies läßt die Vermutung zu, dass personale und symbolische Intelligenz eines Sozialsystems innerhalb eines weiten Bereiches substituierbar sind, jedenfalls solange es so wenig wirklich intelligente Systeme gibt, die ihnen Konkurrenz machen könnten.

Umso bemerkenswerter sind die Fälle hoher systemischer Intelligenz im hier definierten Sinn. Eindrucksvolle Fälle sind z. B. erfolgreiche private Universitäten, vor allem in den USA, die mit Blick auf Märkte, Kunden und Produkte eine beachtliche systemische Intelligenz entwickelt haben. Vielleicht der eindrucksvollste Fall ist, wie erwähnt, derjenige von »*high-reliability organizations*«, hochprofessionalisierten Organisationsformen zur *Vermeidung* von Tragödien und Katastrophen. Ein gut untersuchtes Beispiel betrifft die Steuerung lose verknüpfter Teams für die Durchführung des Flugbetriebs auf einem Flugzeugträger.[129]

129 LaPorte und Consolini 1991; Weick und Roberts 1993.

»... imagine that it's a busy day, and you shrink San Francisco Airport to only one short runway and one ramp and one gate. Make planes take off and land at the same time, at half the present time interval, rock the runway from side to side, and require that everyone who leaves in the morning returns that same day. Make sure the equipment is so close to the edge of the envelope that it's fragil. Then turn off the radar to avoid detection, impose strict controls on radios, fuel the aricraft in place with their engines running, put an enemy in the air, and scatter live bombs and rockets around. Now wet the whole thing down with sea water and oil, and man it with 20-years-olds, half of whom have never seen an airplane close-up. Oh and by the way, try not to kill anyone.« [130]

Wie lässt sich ein derart katastrophenanfälliges Chaos so steuern, dass tatsächlich so gut wie keine massiven Unfälle passieren? Schon die Fragestellung selbst weicht aufschlussreich von den üblichen Annahmen der Risikoforschung und der Idee »normaler Unfälle«[131] ab. In der Sichtweise dieser Konzeptionen erscheinen Unfälle schon bei milden Graden an Komplexität sozio-technischer Systeme als unvermeidlich, weil die Risikopotentiale (Schwachstellen, Fehlerwahrscheinlichkeiten) der Systemelemente sich zu einer unbeherrschbaren Riskiertheit des Systems insgesamt verknüpfen. Beispiele dafür sind Katastrophen und Beinahe-Katastrophen beim Betreiben von Atomenergieanlagen (Tschernobyl, Three-Mile-Island), Supertankern (Valdez) oder bei Raumflügen (Challenger). Demgegenüber ist es tatsächlich auffällig, dass selbst bei überlasteten Flughäfen oder bei Flugzeugträgern in simulierten Gefechtssituationen nahezu keine massiven Unfälle passieren. Warum?

Eine plausible Antwort auf diese Frage kann die Risikoforschung nicht geben. Legt man dagegen das Frageraster systemischer Intelligenz zugrunde, dann kommen neue Zusammenhänge in den Blick. Unter dem Stichwort »menschliches Versagen« blickt die Risikoforschung auf die Expertise von Personen und unter der Rubrik Systemrisiken auf Art und Grad der (losen/strikten) Kopplung der Systemkomponenten. Dabei kommt weder die Intelligenz der systemischen Symbol-

130 Rochlin et al 1987, zit. bei Weick 1993, S. 357.
131 Perrow 1988.

systeme in den Blick noch der kritische Faktor der Qualität der strukturellen Kopplung zwischen Personen und relevanten Symbolsystemen. Die eigentliche Leistung des Aufbaus organisationaler Intelligenz besteht darin, eigenständige Expertise in die anonymisierten, transpersonalen Regelsysteme der Organisation einzubauen. Damit ist nicht gemeint, dass diese organisationsspezifische Wissensbasierung unabhängig von Personen überhaupt zustande kommt oder operiert, sondern dass sie unabhängig von *spezifischen* Personen ist, also im Sinne einer »collective mind«[132] oder einer institutionalisierten Regelstruktur wirkt, welche das Handeln der Mitglieder mit einem hohen Grad an Erwartbarkeit und Stabilität (Resilienz) anleitet. Je intelligenter diese Regelstruktur ist, umso »verlässlicher« und umso weniger katastrophenanfällig ist das System insgesamt.

Dies gilt auch für die neuen Maschinen der Engel. Am 19. Mai 1998 versagte die Steuerelektronik eines einzigen Satelliten (Galaxy IV) eines Satellitennetzes der US-Firma Panamsat. Daraufhin fielen 80-90% aller amerikanischen Pager-Netze, aber auch Geldautomaten, Radio- und Fernsehstationen aus. Die Pager spielen inzwischen vor allem im Gesundheitssystem eine kritische Rolle für Notrufe und Nachrichtenübermittlung. Während des Netzkollapses mussten Tausende von Ärzten mehrere Tage und Nächte in der Nähe ihrer Patienten verbringen, um Katastrophen zu vermeiden. Die Ursache des Ausfalles lag in einer allzu simplen Netzarchitektur, mangelnden Backup-Systemen und fehlenden Einrichtungen für die Erhaltung von Redundanz.[133] Seit dieser Erfahrung denken sowohl die Netzbetreiber wie auch die Federal Communication Commission (FCC) über neue Haftungsregeln und verbesserte Regeln für »Disaster-Recovery« nach.[134]

Über die Möglichkeit neuartiger Katastrophen – Netzausfall, Jahr-2000-Problem, Viren, Hackerangriffe, digitaler Terror etc. – dringt in einem streng systemtheoretischen Sinn das Diabolische in die Symbolwelten der Maschinen der Engel wieder ein. Hier schließen die neuen digitalen Risiken an die »alten« materialen oder stofflichen an und geben den gerade in

132 Weick und Roberts 1993.
133 Computerwoche 22/98, S. 6.
134 Computerwoche 33/98, S. 44.

der Risikotheorie beliebten Endzeitszenarios neuen Raum: »Der Zusammenhang zwischen der Aufklärung und dem luziferischen Programm, an der Schöpfung für verjährtes Leiden Rache zu nehmen, liegt heute auf der Hand. Die wissenschaftlich-technischen Großprojekte haben nicht zufällig apokalyptische Ausmaße angenommen. Die begleitenden Visionen des Endes können nur schlecht verbergen, dass sie Wiederholungen sind. Hinter allem taucht der Engelsturz wieder auf, die kosmische Katastrophe. ... Dass die Erde nach dem Sturz der Engel keine Heimat mehr biete, dass es auf ihr kein Bleiben gebe, dass vielmehr eine Rückkehr ins Licht angezeigt ist, ist selbst eine teuflische Projektion. Der unentwegte Abschied vom Stoff ergibt das Programm einer subtilen Selbstvernichtung, das im Desaster der Superbomben endet. Diese Falle ist umso unentrinnbarer, je weniger ein Wissen des Tuns möglich wird.«[135]

Aber auch hier gilt die Einsicht Luhmanns, dass die Einsicht weithin verloren gegangen zu sein scheint, »dass mit dem Sýmbolon zugleich das Diábolon gesetzt ist«.[136] In der Metapher der Engel ist untrennbar die Gegenseite des Lucifers mitgedacht. Genau deshalb verfehlt die Risikorhetorik ihren Gegenstand. Sie denkt die andere Seite der sich überraschend ergebenden Chancen und Innovationen nicht mit, die umso deutlicher hervortritt, je mehr ein *Wissen* des Tuns möglich wird. Allerdings ist ein solches Wissen in den Irrgärten komplexer Systeme in der Tat nicht möglich, solange die Akteure des Tuns es selbstgefällig auf das Wissen von Personen beschränken. Dort sind die Grenzen des Wissens schneidend eng und in vielen Hinsichten längst erreicht. Nur wenn adäquates Wissen auch die Operationslogik sozialer Systeme durchdringt, ihre Routinen und Regelsysteme, ihre Geschäftsprozesse und Selbstbeschreibungen intelligent macht, gibt es eine Chance, die hoffnungslos alteuropäische Hypokrisie personaler Intelligenz und personalen Wissens zu korrigieren und Verstärkungen dort zu generieren, wo sie nach wie vor weitgehend brach liegen: bei kollektiver und systemischer Intelligenz.

Ein Beispiel erster Ordnung dafür ist die Intelligenz des

135 Kamper 1997, S. 52.
136 Luhmann 1988, S. 258.

Geldes. Geld als Steuerungsmedium für ökonomische Transaktionen steigert die Steuerungskapazität von Sprache. Es entwickelt sich als Steigerungsform eines symbolischen Systems, der Sprache, das zwar an menschliche Kommunikation gebunden ist, aber als abstrahiertes und generalisiertes Zeichensystem eigenen Regeln und Logiken gehorcht und genau darin bereits selbst eigene Intelligenz, ein eigenes systemisches Gedächtnis und als Sprachspiel eine eigene kollektive Intelligenz generiert. Geld lässt sich somit verstehen als ein Symbolsystem zweiter Ordnung (auf der Basis des Symbolsystems Sprache), in dessen Operationsregeln systemisches Wissen und kollektive Intelligenz im strengen Sinne gespeichert ist – im Sinne von Erfahrungsregeln über bewährte Problemlösungen.

Um tiefer in die Fundierungen kollektiver Intelligenz einzudringen, erscheint es hier hilfreich, die wichtige Unterscheidung zwischen Wissens*inhalten* und Wissens*zugängen* einzuführen, die A. Newell und C. Dennett in den zurückliegenden zwanzig Jahren ausgearbeitet haben. Danach lassen sich Wissenselemente auf der Ebene der Wissensinhalte beobachten, wenn ein Agent in einer gegebenen Umwelt selbstgesetzte Ziele erreicht, also durch angepasstes Verhalten Widerstände der Umwelt zu überwinden weiß.[137] Lernen besteht dann darin, Erfahrungen aus irgendeiner Form von Praxis in Verhaltens- oder Operationsregeln zu fassen, die angepasstes oder erfolgreiches oder zielführendes Agieren ermöglichen. Praxis meint in diesem Zusammenhang eine Auseinandersetzung zwischen einem Agenten und seiner spezifischen Umwelt, wobei der Agent die Fähigkeit haben muss, zu beobachten und eigenständige Ziele zu generieren. Weder Praxis noch Beobachtung noch Ziele noch Wissen setzen demnach einen menschlichen Akteur voraus. Auch Tiere, Pflanzen, Engel oder Maschinen können Wissen generieren und speichern, sofern sie die genannten Voraussetzungen erfüllen. So sind Anlagen der Verkehrstelematik, die mit Sensoren, Zielsystemen, Regelsystemen und auf digitalen, neuronalen Netzen beruhenden Lernroutinen ausgestattet sind, zweifellos wissensbasierte lernende Systeme. Ähnliches gilt für den Schachcomputer »Deep Blue«, für die Bildstabilisierungsautomatik digitaler Videorecorder, für softwaregestützte Router und Vermittlungen in digitalen

137 Pirolli und Wilson 1998, S. 59.

Netzen oder für Kommunikationssatelliten, die eigenständig und lernfähig Datenströme steuern. Viele weitere Beispiele ließen sich anführen.

Aufschlussreich sind diese Überlegungen aus der Kognitionspsychologie aus zwei Gründen. Zum einen präzisieren sie das Argument, dass Träger von Wissen operative Einheiten jeder Art sein können, solange sie (1) beobachten und mithin Daten generieren, (2) im Kontext einer spezifischen Umwelt eigene Ziele ausbilden, also mit systemspezifischen Relevanzkriterien aus diesen Daten eigene Informationen ableiten und (3) aus den Erfahrungen ihrer Auseinandersetzung mit ihrer Umwelt Operationsregeln ableiten, also Wissen generieren können. Erfüllt ein soziales System, beispielsweise eine Gruppe, ein Team, eine Organisation, ein Netzwerk oder eine Gesellschaft, diese Bedingungen, dann ist es fähig, als System Wissen zu generieren und eine kollektive Intelligenz auszubilden, sobald dieses Wissen zur Bewältigung von Entscheidungssituationen genutzt wird.

Zum anderen verweisen die Überlegungen von Pirolli und Wilson (im Anschluss an Newell und Dennett) auf die eigenständige Bedeutung von Formen des Wissenszuganges. Der Zugang zu Wissen setzt als Wissen über Wissen immer eine weitere Stufe der Symbolisierung voraus, ein Gedächtnis als Form der Speicherung von Wissen und Zugangsregeln zur Erschließung dieses Gedächtnisses. Wissen über Zugänge kann mehr oder weniger elaboriert sein und einer selbstreferentiellen Steigerung der Reflexivität des Wissens sind prinzipiell keine Grenzen gesetzt. Schon die primordiale Generierung von Daten aus Ereignissen oder Signalen mittels Beobachtung verlangt irgendeine Form der Symbolisierung. So verfügt etwa der Mensch als Organismus immerhin mittels seiner sieben Sinne als Beobachtungssensorien über sieben »Kanäle« der Datengenerierung, während er als kognizierendes mentales System nur noch auf drei Formen der Symbolisierung von Daten reagiert: auf Sprache (Texte), Zahlen und Bilder. Bemerkenswerterweise gibt es etwa kein eigenständiges symbolisches Repertoire für die Darstellung von Emotionen, so dass etwa Poeten auf die Be*schreib*ung und Regisseure auf die *bildliche* Darstellung von Emotionen zurückgreifen müssen.

Der Zugang zu dem in Sprache (Texte), Zahlen und Bildern

symbolisierten expliziten Wissen eröffnet sich über »komplexe Prüfoperationen«,[138] in denen relevante Informationen gesucht und über Interpretation in einen passenden Erfahrungskontext eingefügt wird. »An architecture plus knowledge representation scheme determines a context-dependent *knowledge access function* for the knowledge system. ... The term *access* need not be limited to mean the retrieval and interpretation of knowledge structures internal to a person. Depending on how one construes a knowledge-level analysis, one might consider a complete system of person plus external media as the knowledge-level system and access to mean the interpretation of those external media as well as the retrieval of internal symbol patterns.«[139] Für Psychologen ist dies eine mutige Aussage, denn sie konstruiert für Kognition einen Zusammenhang zwischen internen Symbolmustern und externen Medien (Medien hier verstanden im Sinne von Verbreitungsmedien wie Schrift oder Rundfunk). Soziologen, jedenfalls Systemtheoretiker, müssen einen weiteren Schritt machen, um den Besonderheiten kollektiven Wissens auf die Spur zu kommen. Hier geht es um soziale Systeme einschließlich deren Verwendung von Verbreitungsmedien, die heute erfahrene soziale Realität in hohem Maße überhaupt konstituieren.[140] Damit kommt in den Blick, dass die neuen Megamaschinen global pulsierende Datenpumpen sind, die neben und parallel zu den individuellen Effekten kollektive Symbolsysteme entwerfen, Visionen, Mythen, Leitbilder, Lebensstile, Rollenmodelle, Relevanzmuster etc., deren soziologische Bedeutung nicht nur in den darin transportierten Wissensinhalten liegt, sondern vor allem in der globalen Proliferation von Wissens*zugängen.* Die »Globalisierung der Kommunikation« durch globale Kommunikationsnetzwerke[141] verbreitert die Wissenszugänge von lokal gebundenen Agenten (Eltern, peer groups, Lehrer und Stadtbibliotheken) zu einem für alle praktischen Zwecke unendlichen Panorama möglicher Wissensquellen. Wir reden hier von *Wissens*zugängen im strengen Sinne: Es geht nicht nur um Datenquellen und Datenaustausch, sondern um Angebote

138 Luhmann 1990, S. 129.
139 Pirolli und Wilson 1998, S. 61, Hervorhebungen im Original, H. W.
140 Luhmann 1995a.
141 Thompson 1997b.

zur Übernahme von Relevanzmustern mit der Folge der darauf fußenden Generierung von Informationen und sogar um Angebote der Herstellung gemeinsamer Erfahrungskontexte durch eine digital vermittelte »community of praxis«.

Global zugängliche Daten-, Informations- und Wissensquellen erzeugen keinen global uniformen Erfahrungskontext, weil das Lesen von Daten, die Generierung von Informationen und der Transfer von Wissen immer zunächst lokal geschieht. John Thompson fasst dies in die Formel »Globalisierte Verbreitung, lokalisierte Aneignung«.[142] Dennoch wirken globalisierte Zugangsmöglichkeiten auf die Ausprägung möglicher Lokalität zurück: Es muss zwar weiterhin *irgendeinen* Ort geben, an dem Aneignung geschieht, aber es kommt immer weniger darauf an, wo dieser Ort liegt. Überraschend ist nicht, dass nach wie vor örtliche Besonderheiten und soziohistorische Kontexte die Interpretation von Daten und den Einbau neuer Informationen in bestehende Wissenszusammenhänge färben. Überraschend ist, in welchem Ausmaß diese bislang selbstverständlichen lokalen Bindungen durch neue, frei schwebende Dorfgemeinschaften überlagert und ersetzt werden. Zwar werden auch ausgebaute globale Kommunikationsnetze nicht Marshal McLuhans »Globales Dorf« hervorbringen, aber bereits unterwegs ist die Bildung von Myriaden *globaler Dörfer* im Sinne lokal ungebundener, elektronisch vernetzter »communities«, die sich jeder nur denkbaren Form von Praxis widmen. Diese lokal ungebundenen Formen der Vergemeinschaftung von Praxis folgen den Schwerlinien von Arbeitsteilung und funktionaler Differenzierung, Spezialisierung und Professionalisierung, Organisationsbildung und Vernetzung, Inklusion und Exklusion, und insofern sind sie Kinder der reifen Industriegesellschaft. Zugleich entwinden sie sich radikal der Idylle und dem Mythos des Dorfes und verlängern stattdessen die Kontingenz urbaner Lebensstile in die digitale Welt des 21. Jahrhunderts.

Die Unterscheidung von Wissensinhalten und Wissenszugängen könnte auch der ziemlich provinziellen Diskussion um Globalisierung, Lokalisierung und Glokalisierung zu etwas mehr Tiefenschärfe verhelfen. Dass alle körpergebundene Erfahrung und damit alles implizite Wissen lokal ist, zugleich

142 Thompson 1997b, S. 891.

aber die Deutungen und Bedeutungen lokaler Erfahrungen von translokalen Mustern, Kommunikationsbezügen und Kontexten geformt werden, hat bereits Joshua Meyrowitz gegen die Geographenlogik von Andrew Kirby ins Feld geführt.[143] Insbesondere die (Verbreitungs-)Medien, so Meyrowitz, bringen ein Bewusstsein des »generalisierten Anderswo« hervor, das jede lokale Perzeption mit externen Perspektiven versorgt und mithin Lokalität kontextuiert: »Darüber hinaus macht die vom Fernsehen vermittelte ›view from outside‹ Unterschiede sichtbar, die vorher durch die Homogenität des unmittelbaren Umfeldes abgedämpft wurden. Viele Menschen berichten, dass sie als Kind arm waren und nicht wussten, dass sie arm waren, weil die meisten Leute, die sie zu sehen bekamen, auch arm waren. Wenn dagegen heute Kinder im Ghetto aufwachsen, erkennen sie ihre eigene Armut in jeder Fernsehshow und in jedem Werbespot.«[144] Daraus lässt sich beispielhaft ablesen, dass globalisierte Wissenszugänge die Wissensinhalte verändern, weil *neue* Differenzen ins Spiel kommen. Differenzen waren immer schon konstitutiv. Auch das scheinbar so homogene Dorf offenbart dem analytischen Blick eine beliebig steigerbare Heterogenität, wenn die Beobachtungsinstrumente nur entsprechend scharf eingestellt sind. Insofern ist die Debatte um Heterogenität versus Homogenität überflüssig. Der Beitrag von Roland Robertson dazu ist nur deshalb bemerkenswert, weil er von vornherein genau dies feststellt und postuliert, dass das Lokale nicht als Gegenspieler des Globalen zu betrachten sei, sondern vielmehr als ein Aspekt von Globalisierung angesehen werden könne.[145]

Wenn neue, vom geographisch Lokalen losgelöste Datenbestände, Informationsströme und Wissensquellen relevant und in die Routinen des Alltagshandelns eingebaut werden, dann erschüttert dies Selbstverständlichkeit und Macht des traditionell Lokalen. Andere Formen der Lokalität werden denkbar und dann praktizierbar. Seit Jahrhunderten hat dieser Prozess (in der westlichen Welt) die feudale Lokalität des Mittelalters zur nationalstaatlich geprägten Lokalität der Moderne transformiert. Es ist derselbe Prozess, der heute dazu führt, dass mit

143 Kirby 1998; Meyrowitz 1998.
144 Meyrowitz 1998, S. 185.
145 Robertson 1998, S. 200.

der Ausdünnung nationalstaatlich definierter Muster die an die Dominanz des Territorialstaates gebundene geographische Lokalität entgrenzt wird. Damit ist nicht jeder Bezug zu konkreten Orten aufgehoben, denn auch weiterhin werden die Müllabfuhr, die Grundschule und der Frisör ortsgebundene Dienstleistungen anbieten. Aber auch noch diese Reminiszenzen an eine dörfliche Gemeinschaft werden zu Elementen einer translokalen Infrastruktur, die zwar örtlich vorhanden ist und die immer auch örtlich genutzt wird, bei der es aber gerade nicht mehr darauf ankommt, an welchem konkreten Ort Klienten/Kunden sie in Anspruch nehmen. Aus Meyrowitz »generalisiertem Anderswo« wird das *generalisierte Irgendwo*, die atopische Kontingenz, welche Örtlichkeit, Heimat, Dorf und all das weiterhin zulässt, aber ins Belieben stellt, wo und mit welchen Mitgliedern sich solche Primärräume der Vergemeinschaftung realisieren können.

Damit setzt sich fort, was etwa die Bildung von »scientific communities« im Wissenschaftssystem, die Herausbildung von »vertikalen Fachbruderschaften« von Spezialisten in den Fachverwaltungen oder von interorganisationalen Kommunikationsnetzwerken zwischen professionellen Entwicklern, Designern, Marketingleuten etc., sogar zwischen konkurrierenden Firmen seit langem antreibt: »wes Wissen für mich relevant ist, des Lied ich sing.« Je verteilter dieses Wissen ist und je kritischer die Ressource Wissen für die Qualität *jeglichen* Handelns in der Wissensgesellschaft ist, desto unwahrscheinlicher wird, dass irgend jemand das für ihn oder sie relevante Wissen in nächster (örtlicher) Nähe findet. So wie es schlicht albern wäre zu erwarten, dass sich wissenschaftliche Fachgemeinschaften je auf den Radius einer örtlichen Universität begrenzen, so wird es zunehmend widersinnig zu erwarten, dass irgendjemand es sich leisten könnte oder wollte, die Grenzen des handlungsrelevanten Wissens und der entsprechenden Wissensquellen auf den Horizont der Dorfkirche einzuschränken. Genau deshalb ist die Rede von der Persistenz des Lokalen in der Globalisierungsdebatte eher irreführend.

Denn selbst wenn unbestritten bleibt, dass jede Erfahrung lokal ist, weil sie zunächst an einen kognizierenden Körper gebunden ist, so bleibt doch die Frage, in welchen konkreten Netzen ein beobachtendes Subjekt sich den Primärraum oder die »Nah«umwelt schafft, welche eine Erfahrung als kommunikativ geteilte erst sozial existent macht. Je nachdrücklicher die geltende Form von Gesellschaft – etwa als Wissensgesellschaft – sozial relevante Erfahrung an eine anspruchsvolle Wissensbasierung bindet, desto näher rückt die Auflösung der dörflichen Idylle von Lokalität zugunsten einer auf der Basis der neuen Infrastrukturen wählbaren, skalierbaren und differenzierbaren Form von Lokalität. Diese digital vernetzten und konfirmierten »communities of praxis« werden in dem Maße vorrangig für die Bildung »lokaler« Gemeinschaften, in dem sie zum »Ort« und Fokus relevanter Kommunikationen werden.

Diese Sichtweise bringt die Veränderung der Funktion klassischer dörflicher oder urbaner Lokalität scharf ins Relief: Geographische Lokalität wandelt sich zu einer unterschiedlich bedeutsamen Komponente der für die Generierung und Prozessierung relevanter Kommunikationen unabdingbaren Infrastruktur. Sie wird zu einer infrastrukturellen Ressource (unter anderen Ressourcen), zu einer »infra-resource« im Sinne von Mary Rogers.[146] Das ist Lokalität vermutlich immer schon gewesen, aber die hier implizierte ressourcenbasierte Sichtweise öffnet den Blick dafür, dass mit Gewichtsverschiebungen im Mix relevanter Ressourcen entsprechende Verschiebungen der Bedeutungen lokaler und überlokaler Einbettungen einhergehen. Während von der archaischen Gesellschaft bis ins Mittelalter praktisch alle Ressourcen lokal geschöpft wurden und überlokale Ressourcen nur am Rande eine Rolle spielten, dreht sich dieses Verhältnis im Übergang von der Industriegesellschaft zur Wissensgesellschaft um. Vor allem geraten selbst die verbliebenen örtlich zu nutzenden Ressourcen unter den Druck global verfügbarer Alternativen. Zu allen traditionell lokalen Angeboten, Kirche, Postamt, Energieversorger, Radiostation, Fernsehkanal, Zeitung, Sportverein, Krankenhaus, Schule etc. gibt es Alternativen. Die einzige Ausnahme von Gewicht scheint die lokale Instanz politischer Herrschaft zu sein.

146 Rogers 1974.

3 Suprastrukturen der Weltgesellschaft

3.1 Der Gesellschaftsbegriff der atopischen Gesellschaft

Der an nationalstaatlichen Kategorien ausgerichtete Gesellschaftsbegriff der überkommenen Soziologie hat seinen Dienst getan und kann nun gehen. Er ist unbrauchbar, wenn es um das soziologische Verstehen der sich dynamisch und nachhaltig ausbildenden globalen Kontexte geht. Soziologie entsteht als Wissenschaft von der Gesellschaft aus den Erschütterungen des Übergangs vom Ancien régime zum demokratisch legitimierten Nationalstaat, des Übergangs von der Merkantilwirtschaft des frühen Nationalstaates zum Kapitalismus der bürgerlichen Gesellschaft und des Übergangs von einer religiös legitimierten Ordnung der Gesellschaft zur Idee der Machbarkeit gesellschaftlicher Ordnung. Beobachter wie Saint-Simon, Hegel oder Marx geben einer embryonalen Soziologie die Themen vor, an denen sie sich bis heute abarbeitet. Wie Gesellschaft funktioniere, was sie ausmache, ob und wie sie zu verändern sei, welcher Entwicklungslogik sie gehorche und wie das Verhältnis zwischen dieser Gesellschaft und ihren Mitgliedern zu verstehen sei, dies bleiben bis heute die Leitfragen der Bereiche von Soziologie, die ihren konstituierenden Gegenstand – Gesellschaft – nicht inzwischen ganz aus dem Auge verloren haben.

Es ist kein Zufall, dass sich jede wissenschaftliche Disziplin gerade mit ihrem konstituierenden Grundbegriff oder Grundproblem besonders schwer tut: die Biologie mit einer Theorie des Lebens, die Ökonomik mit einer Theorie des Marktes, die Physik mit einer Theorie der Materie, die Psychologie mit einer Theorie der Psyche usw., und so auch die Soziologie mit einer Theorie der Gesellschaft. Denn in diesem Grundbegriff konvergieren alle Detailprobleme des Faches wie im Brennpunkt eines Hohlspiegels und heizen die Temperatur der Auseinandersetzung auf. Viele haben daraus den Schluss gezogen, dass sich eine Behandlung der Kernthematik nicht lohne, bevor nicht Myriaden von Teilproblemen gelöst seien. Da die

Analyse von Teilproblemen allerdings zu nichts anderem führt als zu weiteren Teilproblemen, ist diese Verschreibung ein sicheres Rezept für einen disziplinspezifischen Partikularismus, der immer kleiner geschnittene Probleme immer differenzierter analysiert und dabei verlässlich den Zusammenhang des Ganzen aus den Augen verliert.

Nur an bestimmten kritischen Punkten der Disziplingeschichte, an historischen Zäsuren, ideologischen Bifurkationspunkten, unter dem Eindruck singulärer äußerer Ereignisse oder wissenschaftlicher Revolutionen scheint eine Disziplin überhaupt die Kraft aufzubringen, sich den Grundfragen (wieder) zuzuwenden und für einen Augenblick der Anästhesie des Tagesgeschäfts zu entrinnen. In der zweiten Hälfte dieses Jahrhunderts gab es nur zwei historische Zäsuren, die der westlichen Soziologie als Kristallisationspunkte für Auseinandersetzungen über ihren Gesellschaftsbegriff dienen konnten: 1968 und 1989. Das eine Datum markiert den Kulminationspunkt eines vielschichtigen Selbstzweifels einer pluralistischen Demokratie auf kapitalistischer Basis, welcher der Vietnamkrieg den Schein formaler Legitimität entzogen hatte. Das zweite Datum markiert paradoxerweise den globalen Sieg genau dieser Gesellschaftsform pluralistischer Demokratie auf kapitalistischer Basis gegenüber ihrer einzigen real bedrohlichen Konkurrenz.

Bemerkenswert an dieser Konstellation ist vor allem der perplexe Zusammenhang der beiden Daten. 1968 war der europäischen, vor allem der westdeutschen Soziologie Anlass, der westlichen kapitalistischen Gesellschaft ihre Unhaltbarkeit zu bescheinigen und sie auf die Unausweichlichkeit einer neomarxistischen, kritischen, jedenfalls anderen Gesellschaft einzustimmen. Ziemlich plötzlich wurde Gesellschaftstheorie als soziologisches Thema wieder entdeckt. Aber es gab keine Kontroverse. Es gab innerhalb des eigenen Spielfeldes keine Gegner, die vom Mainstream der kritischen Gesellschaftstheorie wahr- oder ernstgenommen wurden. Sie musste sich einen Gegner erfinden, um im Geschäft zu bleiben. Tatsächlich gelang dies mit der Inthronisation der Luhmannschen Systemtheorie als Sparringpartner. Schon der Titel des fokalen Buches verrät die Unwirklichkeit der Auseinandersetzung: »Gesellschaftstheorie oder Sozialtechnologie – was leistet die Systemtheorie?«: »Die Ironie dieses Titels lag darin, dass keiner der Autoren sich für Sozialtechnologie starkmachen wollte, aber Meinungsverschiedenheiten darüber bestanden, wie eine Theorie der Gesellschaft auszusehen habe.«[147] Nicht die unterschiedlichen Gesellschaftskonzeptionen von kritischer Theorie und Systemtheorie standen zur Debatte, sondern der weiße Ritter, der die Gesellschaftstheorie für sich gepachtet hatte, griff sich irgendeinen Spitzbuben und macht ihn zum Verfechter von Sozialtechnologie. Der Ausgang des Kampfes, der natürlich als Diskurs organisiert war, lag fest, und niemand konnte darüber ernsthaft ins Grübeln geraten. Außer Luhmann. Der brauchte die Bühne eines Schaukampfes, weil unter den 1968 gegebenen Bedingungen niemand in der deutschen Soziologie sonst auf ihn aufmerksam geworden wäre, aber er spielte nach eigenen Regeln. Er wollte tatsächlich eine Auseinandersetzung um Gesellschaftstheorie. Luhmann führte diese Auseinandersetzung ein ganzes Forscherleben lang bis zu seinem letzten Buch, »Die Gesellschaft der Gesellschaft«. Auch ihm kam unterwegs der Gegner abhanden, und er führte in den letzten zehn Jahren die Auseinandersetzung nur noch mit sich selbst und seiner eigenen Theorie. Er wurde dabei zu einem der ganz wenigen, vielleicht dem einzigen Soziologen, der eine diesem Jahrhundert angemessene Gesellschaftstheorie vorgelegt hat.

1989 war der westlichen Soziologie Anlass, im geschützten Raum einer konkurrenzlosen Konstellation die Frage der Transformation des Ostens vorsichtig auch in die Frage einer Transformation des Westens weiterzudenken. Zwar gibt es keine relevanten grundlegenden Zweifel am Kapitalismus und selbst die Frage ökologischer Risiken mutiert zu einem immanent zu lösenden Managementproblem, wie beispielhaft die problemlose Regierungsbeteiligung der Grünen nach der Wahl 1998 zeigt. Aber der Kapitalismus selbst mutiert von einer nationalstaatlich regulierten und sozialstaatlich gebändigten Säule der territorialen Gesellschaften zum Sprengsatz ebendieser Gesellschaftsform. Der Zwang zu den Chancen der Globalisierung, gestützt auf Digitalisierung, Vernetzung und globale Infrastrukturen, treibt die ökonomische Logik zu einer Verabsolutierung der Kosten-Nutzen-Kalküle ohne weitere

147 Luhmann 1997, S. 11.

Rücksichten auf die tradierte Einbettung in je unterschiedliche territorialgesellschaftliche Kontexte. Schlimmer noch: »In a global economy where there is a surplus of labor, control over large amounts of territory and population can be more of a burden than an asset.«[148] Die deregulierten und liberalisierten transnationalen Finanzströme verknüpfen sich zu einem globalen Finanzsystem, das in der Form einer die reale Ökonomie spiegelnden virtuellen Ökonomie mit Devisen, Wertpapieren und Derivaten handelt und die davon abhängige Ökonomie zu globaler Konkurrenz zwingt: Das Spiegelbild steuert die Bewegungen des realen Systems, die Welt »hinter den Spiegeln« erweist sich als die wirkungsmächtigere. Die Auflösung der Relevanzen territorialer Grenzen korrespondiert mit der Auflösung zeitlicher Grenzen. Die Formel der globalen Netze lautet: »No geographical or temporal boundaries exist. N relations flow 24 by 7 by 365.«[149]

Diese Umwälzung ist Teil und Symptom einer Auflösung der nationalstaatlich organisierten Gesellschaften, welche über mehrere Jahrhunderte die Entwicklung der westlichen Moderne geprägt haben. Mit dem Poröswerden dieser Gesellschaften und ihrer Auflösung in transnationalen oder postnationalen Kontexten droht der Soziologie ihr konstituierender Gegenstand abhanden zu kommen. Das muss niemanden stören. Insbesondere das, was sich empirische Sozialforschung nennt, lässt sich trefflich ohne Gesellschaftsbegriff und ohne Gesellschaftstheorie betreiben, denn irgendwelche Fakten lassen sich überall finden. Aber eine Soziologie, die der Einheit ihrer Disziplin noch Bedeutung beimisst, steht mit dem Dahinschwinden der nationalstaatlich gefassten Gesellschaft die Frage ins Haus, wie sie es denn nun mit der Gesellschaft halten wolle und ob sie sich als Disziplin nicht besser in ihre Teilsoziologien auflösen solle.

Die Frage macht deutlich, dass die Soziologie als Disziplin selbst dann, wenn sie den Gesellschaftsbegriff ernst genommen hat, also etwa bei Hegel, Marx, Durkheim, Parsons oder Etzioni, in einer bemerkenswerten Naivität den Nationalstaat mit der Gesellschaft gleichsetzt, also eine historisch kontingente Form der Vergemeinschaftung zur »Gesellschaft« verab-

148 Evans 1997, S. 66.
149 Kelly 1997, S. 12.

solutiert. Die alltagssprachliche Rede von der französischen, deutschen oder amerikanischen Gesellschaft war offenbar so mächtig und die gesellschaftsbildende Relevanz der nationalen Kontexte so plausibel, dass ein abstrakterer oder generalisierter Gesellschaftsbegriff nicht als dringlich empfunden wurde. Noch die Ideen der bürgerlichen oder der kapitalistischen oder der sozialistischen Gesellschaft, die als Begriffe darauf angelegt waren, das Korsett der nationalstaatlichen Verengung abzuschütteln, erlagen in der Durchführung der Gewalt nationalstaatlich geprägten Denkens. Und noch die »Aktive Gesellschaft« konnte sich Etzioni nur als israelische, amerikanische etc. vorstellen, ebenso wie Lindblom die »präzeptorale« Gesellschaft nicht als generellen Begriff einer Gesellschaftsform entwickelte, sondern dabei an konkrete Einheiten wie China oder Kuba dachte.

Geradezu frappierend ist in diesem Zusammenhang das Versagen der »Kritischen Theorie«. Hier genügt festzuhalten, dass selbst die Hilfestellung dialektischen Denkens die Kritische Theorie nicht dazu führte, sich als Teil und Beobachter einer Gesellschaft zu sehen, die diese Möglichkeit der Selbstbeobachtung überhaupt erst hervorgebracht hatte und die deshalb vor jeder Transformation zuerst die Veränderung der Beobachter und der Selbstbeobachtung verlangte.

1989 und die in dieser Implosion manifest gewordene Gewalt der Globalisierung entziehen der Soziologie den Schleier der Ignoranz ihres Gesellschaftsbegriffs. Je deutlicher hervortritt, dass Gesellschaft in der Form des Nationalstaates bloß historisch Kontingentes bezeichnet und eine Phase der Gesellschaftsgeschichte umschreibt, die ebenso kontingente Fortsetzungen finden wird, desto dringlicher braucht die Soziologie einen Begriff von Gesellschaft, der auf Grundsätzlicheres zielt, nämlich auf die Bedingungen der Möglichkeit von Gesellschaft. Handfeste Empiriker sind von dieser Fragestellung selten beeindruckt, denn sie meinen ja zu sehen, dass Gesellschaft möglich ist, und das sollte genügen. Mit einer Tieferlegung des Gesellschaftsbegriffes sind beileibe nicht nur »theoretische« Fragen betroffen, sondern existentielle. Denn es geht um Art und Weisen des Beobachtens und damit um eine Kernfrage der Beziehung zur Welt. Es ist daher zu befürchten, dass unterschiedliche Gesellschaftsbegriffe nicht zum gelehrten Diskurs einladen, sondern das Gesetz der Missverständnisse evozieren, »das unvermeidlich die entzweit, die mit allzu verschiedenen Methoden dasselbe (und eben doch nicht dasselbe) Problem lösen sollen«.[150] Die soziologische Systemtheorie hat hier ein Angebot zu machen, und Niklas Luhmann hat an der Angebotslegung geduldig dreißig Jahre gearbeitet, mit hohen Kosten und mit ungewissem Ausgang.

Das Problem bislang ist, dass die Systemtheorie Lösungen nachspürt, wo andere nicht einmal ein Problem haben. Es scheint dieses stoische Beharren der Systemtheorie auf einem neuen Problem zu sein, das ihr den tief verstörten Zorn der Normalsoziologie eingebracht hat. Nur wenn man das verständnislose Entsetzen von Normalsoziologen begreift, das zum Beispiel immer dann durchschlägt, wenn sie glauben verstanden zu haben, dass die Systemtheorie ihnen »den Menschen« wegnehmen und aus der Gesellschaft eskamotieren will, kann man die Gewalt des Affektes begreifen, der systemtheoretischer Analyse entgegenschlägt. Welcher Affront gegen die Stellung des Menschen, von der Autopoiese sozialer Systeme zu sprechen! Welche Beleidigung der Würde des Menschen, zu behaupten, die Gesellschaft bestehe aus Kommunikationen und nicht aus Menschen! Gerade Soziologen als Fachleuten für alles Menschliche und Gesellschaftliche zugleich müssen die Problemstellungen der Systemtheorie als frivole Pathologisierungen vorkommen, als kalte Flirts mit zukünftigen Krankheiten der Gesellschaft, während doch jeder sehen kann, dass wir nicht einmal mit unseren jetzigen Deformationen zurechtkommen. Nur allzu gut sind deshalb die Gefühlsausbrüche solider Soziologen, etwa Vertreter von Rational Choice oder Handlungstheorie zu verstehen, die an die Vernünftigkeit des Gegenwärtigen ebenso glauben wie an die Vernunft des Menschen und die nur konsterniert darüber sein können, dass die Systemtheorie diesen Glaubenssätzen keine große Beachtung schenkt, weil sie andere Probleme hat. So teilt die Wahl der Probleme die Welt in Gerechte und Ungerechte, in Empiriker und Phantasten. Nur dass inzwischen unklar ist, wer auf welcher Seite der Welt steht. »Denn während die Wenigen, die heute bereits an den Krankheiten von morgen lei-

150 Sloterdijk 1998, S. 54.

den, die Erfindung einer zweiten Gesundheit auf ihre Tagesordnung gesetzt haben, leben die vielen noch, als wäre nichts geschehen, in erster Robustheit und vager Verstimmung vor sich hin, nicht selten in wütender Verständnislosigkeit gegen die Sorgen derer, die zum Operieren mit höheren Komplexitäten verurteilt sind.«[151]

Obwohl und weil Niklas Luhmann sich selbst von Anfang an zum Operieren mit höheren Komplexitäten verurteilt hat, nähert er sich der Gesellschaftstheorie im Modus der Langsamkeit. Ein gewaltiges Konvolut zur Gesellschaftstheorie, das seit Ende der 70er Jahre als Manuskript zugänglich ist, erreicht nie Buchform. Luhmann geht stattdessen Umwege und umkreist sein Objekt der Begierde in vielen Umrundungen. Bei jeder Umkreisung richtet sich der Blick des geduldigen Beobachters auf einen spezifischen Teil des Ganzen in der Architektur funktionaler Differenzierung der Gesellschaft. Statt einer Gesellschaftstheorie schreibt er Theorien gesellschaftlicher Funktionssysteme und erprobt an Religion, Liebe, Recht, Wirtschaft, Erziehung, Wissenschaft, Kunst, Massenmedien und einigen anderen Bereichen die Tragfähigkeit seines diagnostischen Instrumentariums. Jeder Zirkel des Beobachters rekonstruiert mit dem spezifischen Teilsystem der Gesellschaft zugleich die Gesellschaft selbst als Einheit des Differenzierten, was wenig überraschend ist, und er rekonstruiert zugleich den Beobachter als Bestandteil des Gegenstandes der Beobachtung, was große Überraschungen hervorrufen kann. Bei jedem neuen Zirkel um seinen Gegenstand sieht der Beobachter mit der Gesellschaft und durch sie hindurch sich selbst als Beobachter, der nun zugleich den Beobachter beobachtet und so prototypisch das rekursive Netzwerk von Beobachtungen realisiert, das anstelle von Gott oder Metaphysik die Bildung sozialer Systeme konstituiert: »Die Metaphysik – das ist der Beobachter. Der real operierende Beobachter. Also der zu beobachtende Beobachter. Also der Beobachter beobachtende Beobachter. Also das rekursive Netzwerk des Beobachtens des Beobachtens. Also Kommunikation, und zwar tatsächlich stattfindende, wirkliche Kommunikation.«[152]

So kristallisiert sich das neue Problem heraus, das in der

151 Sloterdijk 1998, S. 54.
152 Luhmann 1993, S. 14.

Soziologie sonst niemand hat (wenngleich es in Philosophie, Theologie und anderen Reflexionswissenschaften natürlich bekannt ist) und das die Systemtheorie für ihre Beobachter aus der gleichen Zunft verdächtig macht: Was geschieht mit der Gesellschaft, wenn sie Beobachter enthält? In Übereinstimmung mit vielen anderen Disziplinen (Logik, Mathematik, Zweite Kybernetik, Quantenphysik, Embryologie etc.), die vor dem analogen Problem stehen, muss auch die Systemtheorie sich damit auseinander setzen, dass es zunächst nur eine Antwort auf die gestellte Frage gibt, nämlich: unbekannte, uneinsichtige und unbeweisbare, also paradoxe Konstituierung. Diese Antwort gibt aufrecht Denkenden natürlich zu denken, und die meisten weisen deshalb zur Sicherheit die ganze Frage zurück. Die wenigen, die schon an den Krankheiten von morgen leiden, müssen die erste Antwort weiter treiben und die Paradoxie entfalten. Wie ist eine Soziologie möglich, die eine Gesellschaft beschreibt, deren Teil sie ist? Welche Konsequenzen hat es für Gesellschaftstheorie, dass sie ein Teil ihres Gegenstandsbereiches ist, dessen Auflösungsvermögen und Reflexionsfähigkeit größer sind als diejenigen ihres Gegenstandes, obwohl sie Teil ihres Gegenstandes sind? Wie kann ein Teil des Ganzen reflektierter sein als das Ganze?

An diesem Punkt greift die traditionelle Geheimwaffe zur Entfaltung von Paradoxien, vor allem in Theologie und Philosophie, in neuer Form. Die alte Form ist Differenzierung, etwa des einen paradoxen Gottes in eine Dreiheit einiger Teile. Die neue Form ist Differenz, etwa die Unterscheidung zwischen zwei Seiten einer Form, die es einem Beobachter erlaubt, je nach Standort die Form selbst, die eine Seite und nach einigen Vorkehrungen sogar die andere Seite zu sehen. So lässt sich Gott vortrefflich entparadoxieren, wenn er als Teil der Form Gott/Teufel kommuniziert wird und nun auch einfache Menschen sich Gott (im Verhältnis zum Teufel) und den Teufel (im Verhältnis zu Gott) vorstellen können, jedenfalls solange sie nicht nach der Einheit dieser Differenz fragen. Jede Paradoxie lässt sich durch Unterscheidungen mürbe machen. Denn an jedem kritischen Punkt gibt es die Möglichkeit, weitere Unterscheidungen zu treffen oder gar, was noch verwirrender ist, durch eine transjunktive Operation[153] die voran-

153 Günther 1976.

gegangene Differenz in Frage zu stellen und durch eine andere zu ersetzen.

Luhmanns Entwicklung der Gesellschaftstheorie lässt sich verstehen als die Nutzung der fundamentalen Umstellung von einer Differenzierungstheorie der Gesellschaft (in den Traditionen von Adam Smith, Emile Durkheim und Georg Simmel) auf eine Differenzentheorie der Gesellschaft in der neuen und ungewohnten Tradition des Formenkalküls von George Spencer Brown. Für viele Beobachter ist diese Umstellung verwirrender, als sie sein müsste, weil sie nicht sehen, dass die als besonders anstößig empfundene Theorie der Autopoiese gar nicht die Hauptschuldige an Luhmanns Gesellschaftstheorie ist, sondern eher Zwischenstadium einer umfassenderen Metamorphose, deren vorläufige Kulmination in einem Kalkül der Beobachtung des Beobachters liegt.

Die Apotheose der Subjektphilosophie nach Kant bei Heidegger ist zugleich das Eingeständnis ihres Scheiterns. Es gibt keine »inter«subjektiv begründbaren Maximen der Besonderheit des Subjekts gegenüber dem Objekt, denn nur Objekte können Subjekte sein: »nämlich real operierende, Beobachtungen beobachtende Beobachter«.[154] Jedenfalls für eine nicht-triviale, das heißt nicht nur auf den Methodenkanon der empirischen Sozialforschung reduzierte Soziologie tritt an die Stelle des dekonstruierten Subjekts die Selbstfererenz jedes Beobachters und jeder Beobachtung, mithin jeder Kommunikation, mithin jedes sozialen Systems. Der »Explosivstoff Selbstreferenz«[155] sprengt die Einfalt der Beobachtung auf und entfaltet sie als unerschöpfliches Medium kontingenter Spiegelungen, dem nur durch die realen Zwänge der Systembildung Formen aufgeprägt werden.

Damit entfernt sich Luhmanns systemtheoretisches Denken von den groben Klötzen der nach-metaphysischen Gegenständlichkeit. Objekte sind nur Kristallisationen oder Konfirmationen im Fluss systemischer Operationen. Wer nur auf die Objekte schaut, beobachtet nicht falsch, aber er sieht nur die Bäume und nicht den Wald. Wenn alles im Fluss ist, dann kommt es für instruktives Beobachten weniger darauf an, die Objekte zu vermessen, die im Fluss so herumschwimmen, als

154 Luhmann 1993, S. 14.
155 Luhmann 1984, S. 656.

vielmehr die Bewegungsdynamik und die *undercurrents* des Flusses zu verstehen.

Selbstreferenz ist, wie Dialektik, eine Verschreibung für unendliche Komplikationen. Aber nur mit der Möglichkeit unendlicher Komplikationen kommt man der Komplexität real operierender Systeme auf die Spur. Das haben andere Denker vor Luhmann auch schon gewusst. Der Geniestreich Luhmanns besteht darin, die alte Idee der Selbstreferenz mit der neuen Idee der Form zu verknüpfen. In Anlehnung an das Formenkalkül von George Spencer Brown versteht Luhmann Form als die Einheit einer sprachlich stilisierten Differenz, welche der Beobachtung bestimmte, distinkte Richtungen weist. Es ist die Form als Form, welche der Beobachtung die Möglichkeit, man ist geneigt zu sagen: die Versuchung, mitgibt, auch die andere Seite der Form zu beobachten – und schon hat die Beobachtung zwei Möglichkeiten und muss also sehen, was sie tut: Sie muss sich als Operation selbst beobachten und sieht, dass sie unweigerlich selbstreferentiell operiert. Adam und Eva beobachten (to observe = einhalten!) das Verbot, vom Baum der Erkenntnis zu essen, aber gerade dieses Beobachten gibt ihnen die Möglichkeit, die Versuchung, auch die andere Seite zu sehen. Tatsächlich können sie der Versuchung gar nicht ausweichen, weil sie begonnen haben, zu beobachten. Die Grausamkeit ihres Gottes liegt deshalb gar nicht darin, ihnen eine fiktive Entscheidungsfreiheit gegeben zu haben, sondern darin, ihnen die Gabe der Beobachtung verliehen zu haben.

Für systemtheoretisches Denken genügen zwei Voraussetzungen für Gesellschaft: Beobachtung und Selbstreferenz. Das erste Gebot im Kanon der Systemtheorie heißt, du sollst dir ein Bild von dir machen. Wenn dies gelingt, sobald also Beobachtung Formen generiert, und es gelingt (nimmt man Götter, Engel, Teufel etc. aus dem Spiel) bislang wohl nur dem Menschen, dann führt Beobachtung unvermeidbar zu Kommunikation und Selbstreferenz unvermeidbar zur Systembildung. Beides zusammen ergibt Gesellschaft als operativ geschlossenen Zusammenhang von Kommunikationen, die sich aufeinander beziehen, also selbstreferentiell und rekursiv vernetzt sind. Genau dies ist Luhmanns Definition von Gesellschaft. Und natürlich macht diese Definition nur Sinn, wenn man dazu die theoretische Schwerarbeit zur Kenntnis nimmt, die in die Elaboration der Ideen von Beobachtung und Selbstreferenz als Grundbedingungen der Möglichkeit von Gesellschaft eingegangen ist.

Allerdings ist ein Gesellschaftsbegriff noch keine Gesellschaftstheorie. Der Zusammenhang zwischen diesen beiden Momenten ist gerade bei Luhmann nicht ohne weiteres zu durchschauen. Luhmanns Hauptsorge galt nicht der Gesellschaftstheorie, sondern der Entwicklung der Systemtheorie im Sinne einer allgemeinen Theorie sozialer Systeme. Im Verlauf des Ausbaus dieser Systemtheorie sah sich Luhmann zu grundlegenden Umstellungen in den begrifflichen und konzeptionellen Fundamenten der Soziologie veranlasst, die hier nur schematisch angedeutet werden sollen: von Struktur auf Prozess, von Handlung auf Kommunikation, von Individuum auf System, von Sicherheit auf Kontingenz, von Simplizität auf Komplexität, von Sprache auf Kommunikationsmedium, von Linearität auf Rekursivität, von Gefahr auf Risiko, von Reduktionismus auf Autopoiese, von Einheit auf Differenz. Im Zuge dieser und vieler anderer Umstellungen formte Luhmann mit der evolvierenden Architektur seiner Systemtheorie neue Grundbegriffe wie etwa Beobachtung, Kommunikation und Selbstreferenz, die seinen extremen Ansprüchen an Abstraktion und Generalisierung entsprechen und die deshalb als maßgefertigte Bausteine für alle Bereiche und Ebenen der Systemtheorie geeignet sind. Luhmanns Theoriedesign kennt drei, und nur drei, Ebenen sozialer Systeme: Interaktion, Organisation und Gesellschaft. Jeder grundbegriffliche Baustein musste also auf jeder dieser Ebenen nahtlos verwendbar und verfügbar sein, sollte er theoretischen Ansprüchen genügen.

Diese unbarmherzige Sorgfalt der begrifflichen Arbeit hatte den Vorteil, dass Luhmann irgendwann von der je singulären Rekonstruktion zur Serienproduktion übergehen konnte. Sein Repertoire an theoriearchitektonischer Erfahrung und maßgefertigten Bausteinen war ausreichend, um sich nahezu beliebigen Themen, Problemen und Funktionssystemen zuwenden und diese mit frappierender Rigorosität und Stringenz behandeln zu können. Sicherlich behandelte er die Wirtschaft nicht im Sinne der Ökonomen, Erziehung nicht im Sinne der Pädagogen, Religion nicht im Sinne der Theologen oder Gesellschaft nicht im Sinne der Soziologen. Vielmehr leistete er etwas viel Einschneidenderes: Er eröffnete inkongruente Perspektiven und konfrontierte die Fachdisziplinen mit der Differenz von immanenter oder traditionaler (»einheimischer«) und systemischer Beobachtungsstrategie und zog sich so oft genug die wütende Verständnislosigkeit derer zu, die zum Operieren mit höheren Komplexitäten sich noch nicht in der Lage sahen (Ausnahmen gibt es natürlich: für die juristische Dogmatik und Rechtstheorie;[156] für die Theologie;[157] für die Pädagogik,[158] für die Ökonomik,[159] für die Literaturwissenschaft,[160] für die Sportwissenschaft[161] und weitere Felder.)

Dieser vorrangige Zusammenhang zwischen allgemeiner systemischer Theoriearchitektur und den dafür brauchbaren Grundbegriffen bedeutet, dass für Luhmann die Grundlinien der Gesellschaftstheorie den Maßgaben der allgemeinen Theorie sozialer Systeme folgen, und nicht umgekehrt. Zwar ist Gesellschaft das umfassende, letzthinnige Sozialsystem, und ohne Zweifel spielen sich sowohl Soziologie wie Wissenschaft wie allgemeine Systemtheorie innerhalb dieser Gesellschaft ab. Aber systemtheoretisches Denken hat bestätigt, wie erwähnt, dass es möglich sein muss, dass Teile eines Ganzen höhere Reflexionskapazität erreichen als das Ganze. Damit ist erklärbar, dass eine allgemeine Theorie sozialer Systeme Reflektierteres zu den Bedingungen der Möglichkeit von Gesellschaft generiert als die Gesellschaft selbst. Wenn dies zutrifft, dann schafft sich die Gesellschaft in ihrer Wissenschaft, in der Soziologie und in der allgemeinen Systemtheorie Instanzen der Beobachtung von Gesellschaft, die mit höherem Auflösungsvermögen als die Gesellschaft selbst die Gesellschaft zu beschreiben in der Lage sind, obwohl und weil »es sich beim Gesellschaftssystem um ein sich selbst beschreibendes System handelt«.[162]

Aus diesem Grund folgt für Luhmann der Begriff von Gesellschaft zwingend aus der frappierend simpel erscheinenden Operation, das basale Element sozialer Systeme, nämlich

156 Teubner 1989.
157 Scholz 1982.
158 Luhmann und Schorr 1990.
159 Baecker 1988; Hutter 1998.
160 Schwanitz 1990; 1996.
161 Bette 1999.
162 Luhmann 1993, S. 18.

Kommunikation, auf die Ebene eines umfassenden Sozialsystems zu projizieren. Gesellschaft ist dann das System aller füreinander erreichbaren Kommunikationen, das umfassende Sozialsystem aller Kommunikationen. Gesellschaft ist dann heute zwingend Weltgesellschaft,[163] und es ist damit offenbar, dass die Insistenz der herkömmlichen Soziologie auf nationalstaatlich organisierten Gesellschaften nichts anderes darstellt als eine eher peinliche Verirrung der Begriffe und eine Verwirrung des Denkens durch die faktische Relevanz nationaler politischer Systeme.

Was aber sagt Luhmann zur Gesellschaftstheorie? Die Antwort auf diese Frage gibt er schließlich, nach rund vierzig Büchern Vorbereitung, auf den 1164 Seiten der »Gesellschaft der Gesellschaft«. Dabei wird, nach all den Grenzen, die Luhmann überschritten und unterwandert hat, niemand mehr eine Antwort erwarten, die einfach bleibt. Für die Gesellschaftstheorie ist schon der Ausgangspunkt kompliziert: Der Angelpunkt der Gesellschaftstheorie ist für Luhmann der Gesellschaftsbegriff. Seine Frage ist, wie man für die Architektur der Gesellschaftstheorie dem Sachverhalt Rechnung tragen kann, dass alle Kommunikation über Gesellschaft nicht nur in Gesellschaft stattfindet und Gesellschaft konstituiert, sondern zugleich von dieser Gesellschaft selbst erzeugt ist und als laufende Kommunikation Gesellschaft verändert wie jedes nichtnicht-obtrusive Beobachtungsinstrument seinen Beobachtungsgegenstand verändert. Und seine Antwort ist, dass man dies nur tun kann, indem »man festlegt, was der Begriff der Gesellschaft bezeichnen soll«.[164]

Man kann die Schock- und Abwehrreaktion der Profession auf Luhmann schon besser verstehen, wenn man genau betrachtet, was nun kommt. Denn Luhmann gibt dem Verlangen nach einem Gesellschaftsbegriff mit Nestwärme, der Sehnsucht der Soziologen nach Körperkontakt mit ihrer Gesellschaft, nicht nach. Im Gegenteil. Er forciert den »Übergang zu einem radikal antihumanistischen, einem radikal antiregionalistischen und einem radikal konstruktivistischen Gesellschaftsbegriff«.[165] Welche Basis gewinnt Luhmann damit für

163 Luhmann 1997, S. 78 ff, 145 ff.
164 Luhmann 1997, S. 34.
165 Luhmann 1997, S. 35.

eine Gesellschaftstheorie? Er gewinnt Distanz zwischen Mensch und Gesellschaft, er reorganisiert die Differenz von Staat und Gesellschaft, und er rekonstruiert die Einheit von Wissen und Nichtwissen als Auslöser für Kommunikation und mithin für Gesellschaft. Und er gewinnt damit Freiräume für komplexe Architekturen der Rekombination und »strukturellen Kopplung« der auf Distanz gehaltenen Seiten von Formen, deren Einheit gerade nicht Lösung ist, sondern Problem.

Dass eine Gesellschaft aus konkreten Menschen und den Beziehungen zwischen ihnen bestehe, muss so lange als selbstverständliche Alltagstheorie angesehen werden, wie eine soziologiespezifische Alternative dazu fehlt. Die gängigsten »soziologischen« Theorien wie Phänomenologie, Behaviorismus, Handlungstheorie, Rational choice und ähnliches kommen schmerzlos ohne eine solche Alternative aus. Die instruktive Schwäche dieser Theorien, ob Behaviorismus oder Handlungstheorie, ob Rational choice oder Spieltheorie ist doch, dass sie alles erklären können außer ihrem Scheitern an jedem nicht-trivialen Problem. Man stelle sich nur eine behavioristische oder spieltheoretische Gesellschaftstheorie vor. Niemand, der noch bei Sinnen ist, wird dies auch nur versuchen. Solche Theorien taugen zwar für die modellhafte Analyse kleinförmiger Konstellationen, wenn man bereit ist, alle Randbedingungen abzuschneiden, welche soziale Arrangements erst intransparent und komplex machen. Aber sie taugen kaum für die Rekonstruktion von Zusammenhängen wie etwa Organisationen oder Gesellschaften, deren Herausforderung genau darin liegt, dass es um die Bewahrung und Verarbeitung von Komplexitäten geht, für welche die genannten Theorien weder Vorstellungen noch geeignete Instrumentarien haben. Luhmann legt Wert auf das Argument, dass auch noch George Herbert Meads Objekttheorie und Talcott Parsons Theorie der Handlungssysteme auf eine individualistische Begründung der Soziologie nicht verzichten und deshalb zu einem Gesellschaftsbegriff sui generis nicht finden können.[166] Alle diese Theorien brauchen keine Soziologie. Sie kommen mit Psychologie und Sozialpsychologie aus, und einige dieser Theorien streben diese Reduktion gezielt an. Ge-

166 Luhmann 1997, S. 29 u. 86.

nau deshalb ist bis heute offen, was Soziologie als Soziologie ausmacht und wodurch Gesellschaftstheorie über eine Teilchentheorie des Sozialen hinausgelangen könnte.

Soziales, und damit Gesellschaft, ist weder vom Menschen noch vom Subjekt aus zu begreifen; »jedenfalls dann nicht, wenn man den Begriff ernst nimmt«.[167] Die historisch mit der Beobachtbarkeit der Differenz von Mensch und Gesellschaft korrelierende Flucht ins Subjekt nimmt in Laufe ihrer Geschichte ihrerseits sehr unterschiedliche Formen an, die Luhmann beschreibt[168] und die hier nicht wiederholt werden müssen. Aufschlussreich ist für den Stand der Dinge am Ende des letzten Jahrhunderts, das von Demokratie und Barbarei gleichermaßen gezeichnet ist, dass jedenfalls in der Soziologie auch nicht die Ahnung einer Verständigungsfähigkeit über Mensch, Gesellschaft und deren Beziehung gegeben ist. Wir wursteln vor uns hin, bauen Burgen aus Sand und warten auf die nächste Flut. Gewonnen hat der, dessen Burgen in den Medien fotografiert und beschrieben werden, denn auch die Wissenschaft lernt am Ausgang dieses Jahrhunderts, dass dort in den Medien die einzig reale Realität für kurze Zeit aufleuchtet,[169] um dann der nächsten medial geschaffenen Realität Platz zu machen.

Eine Gesellschaftstheorie, die darauf insistiert, dass die Gesellschaft nicht aus Menschen besteht, eröffnet überraschende Perspektiven. Wenn es für die Möglichkeit von Gesellschaft nicht auf einzelne, konkrete, individuelle Menschen ankommt, sondern auf die Fähigkeit von Menschen überhaupt, an Kommunikationen zu partizipieren, dann befreit sich die Gesellschaftstheorie von der historischen Hypothek, Gesellschaften als politisch delimitierte, territorial definierte Einheiten zu verstehen: »Humanistische und regionalistische (nationale) Gesellschaftsbegriffe sind theoretisch nicht mehr satisfaktionsfähig; sie überleben nur noch im Sprachgebrauch. ... Im Falle des menschbezogenen Gesellschaftsbegriffs wird zu viel eingeschlossen, im Falle des territorialen Gesellschaftsbegriffs zu wenig. In beiden Fällen könnte das Festhalten an derart unbrauchbaren Konzepten damit zusammenhän-

167 Luhmann 1997, S. 1030.
168 Luhmann 1997, S. 1016 ff.
169 Luhmann 1995a.

gen, dass man die Gesellschaft als etwas denken möchte, das man von außen beobachten kann.«[170]

Das Auseinandertreten von Staat und Gesellschaft, das Hegel vor bald zweihundert Jahren für die Staatsphilosophie aus der Eigendynamik der bürgerlichen Gesellschaft erschloss, hat auf die später sich ausbildende Soziologie wenig Eindruck gemacht. Zu nahe liegend scheint es bis heute zu sein, die soziologische Beobachtung an Grenzen zu orientieren, die als Staatsgrenzen eindeutig, einfach und einfältig genug sind, um die Frage nach hintergründigeren Grenzen und beunruhigenderenden Differenzen abzublocken. Sicherlich haben auch zwei von Nationalstaaten geführte Weltkriege und die von nationalstaatlich organisierten Blöcken getragene Ost-West-Konfrontation das ihrige dazu beigetragen, die Soziologie daran zu hindern, das Undenkbare zu denken und Gesellschaft als Einrichtung zu beschreiben, die als Einheit der Differenz ihrer Funktionssysteme gerade nicht an deren Parzellierungen als nationale politische Systeme, als Nationalökonomien, nationale Bildungs- oder Wissenschaftssysteme etc. gebunden ist, sondern sich grundlegenderen Grenzziehungen und Differenzen verdankt, die nur in einer »inkongruenten Perspektive« sichtbar werden, die nach Kenneth Burke zwar Marx für die Ökonomie, Nietzsche für die Philosophie und Freud für die Psychologie erreicht haben, bis Luhmann, wie man inzwischen sehen kann, aber niemand ernsthaft für die Soziologie.

Heute ist diese Frage entschieden. Nachdem allenthalben, wenn auch mit unterschiedlichen Kautelen, das Ende des Nationalstaates ausgerufen ist, nachdem mit Globalisierung, Digitalisierung, weltweiter Vernetzung und Interdependenz, globalen Kommunikationsinfrastrukturen, weltweiter Realtime-Berichterstattung und realer globaler Erreichbarkeit über eine Iridium-Nummer der souveräne Nationalstaat zum Erinnerungsstück eines vergangenen Jahrhunderts geworden ist, macht sich eine territorial delimitierte und denkende Soziologie nur noch lächerlich. Nationale Systembildungen leben als Binnendifferenzierungen des Weltsystems weiter, wie dies auch für lokale und regionale Unterschiede gilt, aber in soziologischer Absicht von einer englischen oder kubanischen Gesellschaft zu reden, wäre so albern wie die Rede von einer

170 Luhmann 1997, S. 31 f.

Bielefelder oder einer Frankfurter Wissenschaft: »Regional differenzierbar in der Form von Staaten ist nur das politische System und mithin das Rechtssystem der modernen Gesellschaft. Alle anderen operieren unabhängig von Raumgrenzen.«[171]

3.2 Kommunikationsdesigns atopischer Gesellschaft

Man muss heute nicht mehr mit dem Scheiterhaufen rechnen, wenn man postuliert, die Gesellschaft bestehe nicht aus Menschen sondern aus Kommunikationen. Auch die Exterritorialisierung von Gesellschaft macht in der Soziologie Fortschritte, nachdem die beobachtbare Wirklichkeit weit vorausgeeilt ist und im Grunde keine plausible Alternative mehr zulässt. Im Nachvollzug des Bestehenden ist die Soziologie geübt. Grundlegende Schwierigkeiten macht aber nach wie vor die Idee, Kommunikationen seien die elementaren Operationen gesellschaftlicher Systembildung – und nicht Personen, Rollen, Handlungen, Transaktionen oder Ähnliches. Noch schwieriger dürfte es sein, die Vorstellung zu normalisieren, dass Kommunikation von der Differenz von Wissen und Nichtwissen getrieben ist und deshalb Strategien des Umgangs mit Wissen und Nichtwissen der Kommunikation ganz bestimmte, gestaltete Formen aufprägen. Intentional gestaltete Formen sind Designs. Insofern entstehen mit der Konfirmierung von Wissensmanagement und dem korrelierenden Management systemischer Risiken in der Wissensgesellschaft[172] jenseits der bislang gepflegten Formen von Alltags- und Fachkommunikationen und jenseits der von Habermas beschriebenen strategischen Kommunikation (»strategisches Handeln«) der Individuen[173] systemische Kommunikationsdesigns, die weniger auf den bislang vorherrschenden Ressourcen Macht, Geld und Solidarität gründen, dafür aber stärker auf der Ressource Wissen.[174] Kommunikationsbegriff und Kommunikationstheorie kommen damit in eine ziemlich ungewohnte (und

171 Luhmann 1997, S. 166.
172 Willke 1998b, S. 353 ff.
173 Habermas 1981, Bd.1, S. 384 ff.
174 Willke 1998a.

noch auszuführende) Nähe zur Wissenstheorie und zur Steuerungstheorie.

Die Überzeugungskraft dieser Idee hängt entscheidend daran, inwieweit es gelingt, den Begriff der Kommunikation gesellschaftsadäquat zu entfalten und ihn aus der Trivialisierung durch eine technizistische Telefontheorie der Kommunikation einerseits, aus der Verharmlosung durch eine Konsenstheorie der Kommunikation andererseits zu befreien. Luhmann hat eine dreistellige Architektur des Kommunikationsbegriffs vorgeschlagen, die er in Auseinandersetzung und Abgrenzung von Vorschlägen von Karl Bühler, John Austin, Edmund Husserl und Jacques Derrida gewinnt. Er versteht Kommunikation als »dreistelligen Selektionsprozeß«,[175] der zustande kommt, wenn eine Information vorliegt, die (medial vermittelte) Mitteilung dieser Information und das Verstehen (nicht: Akzeptieren) der Mitteilung beim Kommunikationspartner (»Kommunikant Alter«) gelingen und rekursiv zusammenspielen: »Dass Verstehen ein unerlässliches Moment des Zustandekommens von Kommunikation ist, hat für das Gesamtverständnis von Kommunikation eine sehr weit tragende Bedeutung. Daraus folgt nämlich, dass Kommunikation nur als selbstreferentieller Prozess möglich ist. ... Begreift man Kommunikation als Synthese dreier Selektionen, als Einheit aus Information, Mitteilung und Verstehen, so ist die Kommunikation realisiert, wenn und soweit das Verstehen zustande kommt.«[176]

Gegenüber den Datentheorien der frühen »Kommunikationswissenschaften«, Shannon, Weaver, Wiener u. a., ist diese beziehungsreiche Definition soziologisch so attraktiv, dass sie auf breiter Front in die Sozialwissenschaften diffundiert, auch wenn ihre Implikationen oft nicht mit thematisiert werden. Sie überwindet die Sender-Empfänger-Metaphorik und nimmt die dem Konstruktivismus zugrunde liegende Kernidee der Rekonstruktion von Bedeutung in den Köpfen der Kommunikanten ernst. Kommunikation transportiert nicht fertige Bedeutungselemente, sondern medial dekomponierte Signalsequenzen, die im mentalen System nach dessen Regeln, Kriterien

175 Luhmann 1984, S. 194.
176 Luhmann 1984, S. 198 u. 203. Hervorhebung im Original.

und Erfahrungen zu Bedeutungen (»Verstehen«) aufbereitet werden.

Wichtiger noch als die begriffliche Konstruktion ist die Antwort auf die Frage, welches Problem Kommunikation löst oder, noch deutlicher, welche evolutionären Möglichkeiten medial vermittelte, symbolisch abstrahierte Kommunikation eröffnet. Luhmanns eher überraschende Antwort ist: Kommunikation setzt an der Differenz von Wissen und Nichtwissen an. Sie kristallisiert an einem Bedarf, eine Situation des Nichtwissens schneller zu entschärfen als durch evolutionäres Lernen. Verstehen wird relevant und zum evolutionären Vorteil, wenn Einsichten von Ego Alter mitgeteilt und von Alter verstanden werden können, so dass Alter nicht selbst die der Einsicht zugrunde liegende extensive, evolutionär vermittelte, Geschichte durchleben muss, sondern sich mit dem Surrogat intensiver, symbolischer vermittelter Lernerfahrung begnügen kann.

Allerdings ist diese Verdichtung des Lernprozesses sehr voraussetzungsvoll. Da in der Kommunikation nicht fertige Einsichten »transportiert« werden können, müssen die beteiligten mentalen Systeme zunächst das Lernen lernen und eine entsprechende kognitive Komplexität aufbauen. Erst diese systemintern aufgebaute Eigenkomplexität erlaubt es Alter, aus den mitgeteilten Informationen selbst entsprechende Einsichten über »Verstehen« zu rekonstruieren. Die zweite Voraussetzung dafür ist die koevolutionäre Ausbildung von Sprache als Medium der Mitteilung. Beide Bedingungen der Möglichkeit von Kommunikation setzen zugleich unterschiedliche Restriktionen, die im Laufe der weiteren Evolution und Gesellschaftsgeschichte vor allem zur Ausbildung von symbolisch generalisierten Steuerungsmedien (»Erfolgsmedien«) als Steigerungsformen von Sprache führen und neue Formen und Niveaus der Verdichtung von »Verstehen« ermöglichen.

Die Bindung des Kommunikationsbegriffes an Verstehen bringt die Differenz von Wissen und Nichtwissen ins Spiel. Was Kommunikation vom Austausch (semantisch) nicht rekonstruierbarer Signale unterscheidet, ist das Prozessieren von Unterschieden, die einen Unterschied ausmachen, also die Nutzung relevanter Unterschiede, also die Beantwortung von Fragen, also ein Beitrag zur Lösung eines Problems. Nimmt man mit Gregory Bateson an, dass Kommunikation damit beginnt, dass der Unterschied zwischen Spiel und Ernst - etwa im Verhalten von Tieren – sehr schnell verlässlich geklärt wird, dann drängt sich der Zusammenhang von Kontingenzerweiterung und Lernbedarf als Logik der Evolution im Allgemeinen und als Logik der Gesellschaftsgeschichte im Besonderen auf. Kommunikation erweitert die Möglichkeiten sozialer Kooperation über koordinierte Arbeitsteilung hinaus in Richtung auf den Aufbau und die Nutzung eines kollektiven Gedächtnisses. Indem Sprache im Zusammenspiel mit Schrift die Produktion von Texten ermöglicht, können in Geschichten, Berichten, Beschreibungen etc. Erfahrungen konserviert und bei Bedarf reaktiviert werden. Das Symbolsystem der Sprache erlaubt es, personengebundene implizite Erfahrungen in explizite, von der konkreten Person abgelöste Erfahrungen zu transformieren, die andere nutzen können. Dieser Sprung von »langsamen«, an die Genome und Generationenfolgen gebundenen Lernfortschritten zu »schnellem«, kommunikativ dynamisiertem Lernen eröffnet kommunikativ konstituierten Sozialsystemen die Möglichkeit einer nahezu beliebig steigerbaren Verdichtung von Kommunikation und von Lernen.

Allerdings bringt diese Verdichtung auch eine entsprechende Häufung von misslingenden Kommunikationen und pathologischem Lernen[177] mit sich, welche die Differenz von Wissen und Nichtwissen von Personen auf die Gesellschaft selbst ausweitet und als Riskanz der Moderne auf Dauer stellt.[178] Damit gerät nach Luhmann auch die Rationalität von Gesellschaft aus den Fugen und Rationalität erscheint »nicht mehr als paradox, sie erscheint als unmöglich. ... Die gesellschaftliche Rationalität wird unter modernen Bedingungen im wortgenauen Sinne eine Utopie. Für sie gibt es keinen Standort in der Gesellschaft mehr.«[179]

Es ist diese gläserne Härte und Klarheit der Problemexposition, die Luhmanns Gesellschaftstheorie von konkurrierenden Unternehmen abhebt: Riskiertheit und A-Rationalität sind in die Fundamente einer Gesellschaft eingebaut, die sich Formen der Kommunikation verdankt, welche menschlichen Bedürf-

177 Argyris und Schön 1996.
178 Willke 1993b.
179 Luhmann 1997, S. 184 u. 186.

nissen und Hoffnungen entwachsen sind, weil sie den Logiken symbolischer Systeme folgen, die in Systemen der Metasymbolik beliebig steigerbar sind: Geld – Aktien – Derivate – Optionen – Derivate von Optionen etc. Die Operationsweise des globalen Finanzsystems ist keine Machination des Bösen, wie Habermas, Beck, Giddens und andere Freunde des Menschen an sich vermuten müssen, sondern Folge einer Steigerung symbolisch verdichteter Kommunikationsmuster, die ihrer eigenen Logik gehorchen, weil Sprache, Schrift und Medien der Kommunikation sich nun einmal von der Ebene des konkreten, einzelnen Menschen gelöst haben und in ihren Grammatiken Möglichkeiten eröffnen und steuern, die den Handlungs- und Erlebnishorizont des einzelnen Menschen sprengen.

»In dieser Situation ohne Anfang und Ende stellt sich die Aufgabe, die Theoriemittel möglichst deutlich zu explizieren und der Beobachtung auszusetzen. Theoriemittel sind vor allem die Begriffe. Begriffe sind Unterscheidungen. Unterscheidungen sind Anweisungen, die Grenzen zu überqueren.«[180] Schon die Differenz von Wissen und Nichtwissen weist weit über jede mögliche Evolutionstheorie hinaus. Denn Evolution weiß nichts von ihrem Nichtwissen. Für den vorausschauenden Menschen dagegen kommt mit der Konstruktion von Futurität auch ihre andere Seite, Unsicherheit, ins Spiel, und Handeln unter Unsicherheit wird zum Standardmodell des Handelns in nicht-trivialen, »unbekannten« Situationen. Lernen und die Akkumulation von erfahrungsbasiertem Wissen in den Genomen der Überlebenden verstehen wir seit Darwin als den Grundmechanismus einer Evolution, welche Lernen als optimierende Anpassung an Umweltbedingungen begreift, wobei die Anpassung dadurch zustande kommt, dass in der Generationenfolge diejenigen Genome überleben, die in der Gegenwart optimal an ihre gegenwärtige Umwelt angepasst sind.

Mit der Evolution von Sprache, der Ausbildung eigendynamischer Symbolsysteme und Medien der Kommunikation gelingt es der Evolution, ihre eigenen Begrenzungen zu überwinden und mit Zukunft eine Dimension zu entfalten, die nicht von Zufall und Notwendigkeit beherrscht ist, sondern welche die zusätzliche Option der Möglichkeit bietet. Die Modalität der Möglichkeit eröffnet den Raum für Steuerung, so-

180 Luhmann 1997, S. 1133.

bald Kontingenzen am Maßstab von Kriterien gewichtet und auf Vor-Stellungen, also auf Projektionen als künftige gewünschte Realitäten, bezogen werden. Steuerung als bewusste Gestaltung möglicher Zukünfte erweitert auch den Raum des Lernens in die Zukunft. Lernen ist nicht mehr an die langwierige Abfolge von Generationen gebunden. Vielmehr können über das körpergebundene implizite Wissen hinaus[181] in einem ersten Schritt »erfolgreiche« Praktiken und Einsichten in Sprache expliziert und in Symbolen dokumentiert werden. Dies erlaubt als symbolisch vermitteltes Lernen gegenüber evolutionärem Lernen eine radikale Steigerung des Lerntempos. In weiteren Schritten lässt sich die Qualität des symbolisch vermittelten Lernens durch Reflexivität und Reflexion steigern zu dem, was Gregory Bateson Lernen zweiter Ordnung und Deutero-Lernen genannt hat.

Die hier abzweigende Frage für die Gesellschaftstheorie lautet: Wie verändert sich Gesellschaft und wie lässt sie sich neu verstehen, wenn Lernen als Prozess und Wissen/Nichtwissen als Ergebnis dieses Prozesses nicht einfach passieren, sondern in strategischer Absicht dem Grundprozess der Kommunikation aufmoduliert werden? Immer schon ist Kommunikation, wie Luhmann betont, eine von Wissen/Nichtwissen getriebene Operation. Die Inhalte dieses Wissens beziehen sich mit der gesellschaftsgeschichtlichen Moderne zunehmend auf neues Wissen, das gegenüber dem »originalen«, alten, unvordenklichen Wissen die Überhand gewinnt und in dem eigens dafür ausdifferenzierten Funktionssystem der Wissenschaft als geltendes Wissen generiert wird.

Diese stabile Dynamik der Wissensordnung gerät gegenwärtig aus zwei Gründen ins Wanken. Zum einen expandiert die Generierung neuen relevanten Wissens aus dem Wissenschaftssystem heraus in alle denkbaren gesellschaftlichen Bereiche und vervielfältigt sich in »multiple centers of expertise«,[182] die operatives Wissen produzieren und verwalten und die somit in den gesellschaftlich umfassenden Prozess der Allokation und Dislozierung von Wissen eingreifen. Wissen wird von »Wahrheit« zu einer Ressource, die nicht mehr im gemächlichen Tempo des Wissenschaftssystems als Folge eines

181 Krämer 1998, S. 573.
182 Jasanoff 1990, S. 76.

zweckfrei gedachten Erkenntnisprozesses abfällt, sondern unter Bedingungen globaler Konkurrenz auf Umsetzung von Inventionen in Innovationen zielt. Zum anderen gewinnt, damit zusammenhängend, die strategische und operative Steuerung der Ressource Wissen als Wissensmanagement für die Reproduktion von Gesellschaften (und ihren Subsystemen) eine vergleichbare Bedeutung wie das Management von Arbeit und das Management von Kapital.

Die Wissensgesellschaft ist dabei, ihre Schatten einzuholen. Mit der Höherstufung von Produkten und Dienstleistungen zu wissensbasierten, professionellen Gütern verlieren die herkömmlichen Produktionsfaktoren (Land, Kapital, Arbeit) gegenüber der implizierten oder eingebauten Expertise dramatisch an Bedeutung und damit mutiert die moderne kapitalistische Ökonomie schrittweise zu einer post-kapitalistischen, wissensbasierten Produktionsform. Beide Elemente zusammen verändern das Gesicht der modernen Arbeits- und Wohlfahrtsgesellschaften grundlegend. Von einer Wissensgesellschaft oder einer wissensbasierten Gesellschaft lässt sich sprechen, wenn die Strukturen und Prozesse der materiellen und symbolischen Reproduktion einer Gesellschaft so von wissensabhängigen Operationen durchdrungen sind, dass Informationsverarbeitung, symbolische Analyse und Expertensysteme gegenüber anderen Faktoren der Reproduktion vorrangig werden. Auf der Seite der Ökonomie setzt dies voraus, dass drei Prozesse eine kritische Masse gewinnen und sich gegenseitig verstärken: zum einen die Ausbildung der lernenden, intelligenten Organisation, dann ein Strukturwandel der Arbeit von der tayloristisch geprägten Industriearbeit zur Wissensarbeit, und schließlich die Ubiquität intelligenter Produkte, die dadurch gekennzeichnet sind, dass ihr wesentlicher Wert in der eingebauten Intelligenz liegt.[183]

Nun schließen sich einige Kreise. Während Land und Arbeit als Produktivfaktoren die territoriale Begrenzung nationalstaatlicher Politik verstärken konnten, löst sich bereits das Kapital, wie Marx und Engels im Kommunistischen Manifest ausführten, aus dieser Verengung zunehmend heraus. Wissen dagegen war im Prinzip immer schon ein grenzenloses Medium, das sich trotz Patenten, Eigentumsrechten etc. im Zeit-

183 Willke 1998b.

alter globaler Kommunikationsinfrastrukturen nicht einmal mehr von absolutistischen Staaten eingrenzen lässt. Die Wissensbasierung von Gesellschaften und ihren Subsystemen bis hinein in die darin produzierten Güter verstärkt damit die Auflösung von Territorialität[184] und stellt die Fähigkeit von Gesellschaften zur Selbststeuerung vor neue Herausforderungen. Wenn Wissen zum dominanten Produktivfaktor und zu einer strategisch verwendbaren Ressource wird, dann wächst auch die Bedeutung von spezifischem und unspezifischem Nichtwissen und mithin der Raum möglicher Systemrisiken – heute, entgegen Beck, vor allem ablesbar an den Systemrisiken des globalen Finanzsystems.[185] Und schließlich: Wenn Kommunikation eine von Wissen/Nichtwissen getriebene Operation ist und Wissen zunehmend einem strategischen Management durch Gesellschaften, Organisationen und Personen unterliegt, was bleibt dann vom ebenso sympathischen wie hilflosen Mythos eines herrschaftsfreien Diskurses?

184 Sassen 1998.
185 Group of Thirty 1997.

3.3 Laterale Weltsysteme

Die soziologische Problematik der Bildung lateraler Weltsysteme liegt darin, dass die bislang nationalstaatlich verfassten Gesellschaften, vor allem als Arbeitsgesellschaften und Wohlfahrtsgesellschaften, durch die Herauslösung bestimmter Funktionssysteme aus dem (bislang) verfassungsrechtlich abgesicherten Kontext gesellschaftlicher Selbststeuerung in ihren Fundamenten erschüttert werden, während neue Formen der Restabilisierung noch nicht erkennbar sind. Insbesondere leistet der entstehende globale Kontext diese Restabilisierung (noch) nicht, weil auch nicht ansatzweise Kapazitäten der globalen Selbststeuerung institutionalisiert sind. Genau aus diesem Grund verfehlt der globale Kontext bislang noch die Qualität einer »Gesellschaft«.

Genau diese historisch singuläre Koinzidenz von Gesellschaftlichkeit und Territorialität zerbricht gegenwärtig in der »post-nationalen Konstellation«[186] einer vielschichtigen und keineswegs homogenen Auflösung nationalgesellschaftlicher Prärogative der Selbststeuerung. Ohne hier ins Detail gehen zu können, lässt sich doch festhalten, dass die etwas fruchtlose Debatte zwischen den Verkündern eines Endes des Nationalstaates[187] und den Verteidigern der Bedeutung nationaler Politik[188] allmählich differenzierteren Analysen Raum gibt, die den Verlust nationalstaatlicher Steuerungskompetenzen und Steuerungsfähigkeiten auf spezifische Faktoren der Ausbildung transnationaler Steuerungsregimes für ganz bestimmte Funktionssysteme zurückführen.

Jedenfalls fordern die sich bildenden lateralen Weltsysteme die territorial gebundenen, nationalstaatlich konstituierten modernen Gesellschaften genau in der Kompetenz heraus, die sie zu Gesellschaften macht: in der Souveränität ihrer Selbststeuerung. Nicht nur die Systemtheorie, sondern jede Gesellschaftstheorie bedarf angesichts dieser Entwicklungen eines möglichst differenzierten begrifflichen und konzeptuellen Instrumentariums, um nicht hoffnungslos den Entwicklungen hinterherzulaufen. Weder das Festhalten an der Begrifflichkeit

186 Habermas 1998.
187 Guéhenno 1995; Keohane 1995; Ohmae 1995; Tolchin 1996.
188 Economist 1995a; Hirst und Thompson 1996; Weiss 1998; Waltz 1999

des überkommenen Nationalstaates als Fokus der Gesellschaftstheorie noch die pauschale Rede von der Weltgesellschaft erfüllen diese Anforderungen.

Wenn die Fähigkeit zur Selbststeuerung einen so prominenten Platz in der Grundbegrifflichkeit von Gesellschaftstheorie erhält, dann ist es nur konsequent, der Frage der Steuerung gesteigerte Aufmerksamkeit zu schenken. Von der gesamten Anlage seiner Systemtheorie her stand Niklas Luhmann der Idee der Steuerung lange Zeit äußerst skeptisch gegenüber. Zu Recht! Denn die aus Technik, erster Kybernetik, Operations Research, Behaviorismus und ähnlichen Konzeptionen stammenden Trivialmodelle linearer Steuerung widersprachen grundlegend dem Operationsmodus komplexer Sozialsysteme. Systemtheoretisch zentrale Begriffe wie Eigendynamik, Eigenlogik, Nichtlinearität, Selbstreferenz, operative Geschlossenheit, Rekursivität, Beobachtung zweiter Ordnung oder Reflexion verweisen auf ein Verständnis komplexer Systeme, das gerade ihre Resistenz gegenüber allen Versuchen externer Steuerung hervorhebt und Luhmann dazu führte, Steuerung strikt auf die Möglichkeit der Selbststeuerung zu reduzieren.

Inzwischen ist auch hier ein differenzierterer Ansatz möglich und notwendig, ein Ansatz also, der kompliziertere Differenzen zulässt. Die zu sehr vereinfachende Gegenüberstellung von Selbststeuerung und Fremdsteuerung trägt nicht mehr, seit in Psychotherapie, Familientherapie, Organisationsberatung und zaghaft sogar in Entwicklungshilfe und politischer Intervention systemische Ansätze genutzt werden, um in reflektierter und respektvoller Weise in operativ geschlossene Systeme mit dem Ziel zu intervenieren, absichtsvoll und gezielt (wenngleich nicht zielsicher und berechenbar) Prozesse der Selbständerung und Selbststeuerung in Gang zu bringen.[189]

Das Problem der Steuerung wird erst deutlich, wenn es klar von der viel harmloseren und heute nahezu trivialen Idee der Selbstorganisation unterschieden wird. Selbstorganisation als Idee hat den unschätzbaren Vorteil, dass sie scheinbar nicht in den Geistes- und Sozialwissenschaften erfunden worden ist, sondern mit den Weihen naturwissenschaftlicher Präzision daherkommt.[190] Nachdem Gott als der große Organisator aus-

189 Mingers 1995; Simon 1993; Willke 1996b; Willke 1998c; Wimmer 1998.
190 Waldrop 1994.

gefallen war, haben Naturwissenschaftler die Natur selbst als deren eigenen Organisator entdeckt – und damit war die moderne Idee der Selbstorganisation geboren. Ich will diese Leistung keineswegs gering schätzen. Denn für natürliche und organische Systeme ist Selbstorganisation alles andere als selbstverständlich.

So sind etwa Ilya Prigogines Theorie »dissipativer Strukturen«,[191] Herman Hakens »Synergetik« und vor allem Manfred Eigens Theorie des »Hyperzyklus«[192] großartige naturwissenschaftliche Modellentwicklungen. Das Problem ist nur, dass die Übertragung dieser Modell auf soziale Systeme eher in die Irre führt als neue Erkenntnisse generiert. Denn dass soziale Systeme selbstorganisierend sind, das haben alle aufgeklärten Geister mit der Befreiung vom Dogma göttlicher Schöpfung gesehen. Wenn kein Gott da ist, wie noch für die antiken Griechen, der die gesellschaftliche Ordnung bestimmt, wer soll sie dann bestimmen, wenn nicht sie selbst. Selbstorganisation sozialer Ordnung war (nach der Aufklärung) also nie die Frage. Die Frage war vielmehr – und ist es noch heute –, wer in dieser Selbstorganisation des Sozialen mit welchen Gründen welche Rolle spielt. Und hier variieren die Antworten vom Rekurs auf bloße Evolution bis zur Illusion linearer Steuerung.

Grundlegender und schwieriger ist dagegen die Frage der Steuerung komplexer Sozialsysteme. Dies hängt damit zusammen, dass sich die Bedingungen für Steuerung geändert haben. Wenn keine externen Götter mehr da sind, die Menschen und Gesellschaften steuern, wer soll dann an deren Stelle treten? Auf diese Frage antwortet Machiavelli anders als Hobbes, John Locke anders als Saint-Simon, Rousseau anders als Hegel. Heute kommt die Einsicht hinzu, dass soziale Systeme aufgrund ihrer Eigenkomplexität und Intransparenz von außen nicht mehr durchdrungen und gesteuert werden können, ohne die Vorteile dieser hohen Eigenkomplexität zu gefährden. Für nicht-triviale Systeme lässt sich zeigen, dass nur zwei Formen systemadäquater Steuerung übrig bleiben: Kontextsteuerung als Form der externen Einflussnahme und Selbststeuerung als Form der internen Beeinflussung komplexer Systeme.[193]

191 Prigogine 1976.
192 Eigen und Schuster 1979.
193 Willke 1998.

Auf dem Feld der Steuerungstheorie werden in den kommenden Jahren entscheidende Auseinandersetzungen stattfinden. Mit dem Zusammenbruch des praktizierten Sozialismus haben auch theoretische Konzeptionen der zentralisierten Planung, der hierarchischen Fremdsteuerung, der direkten autoritären Beeinflussung ihre verbliebene Basis an Glaubwürdigkeit und Reputation verloren. Der u. a. von der Systemtheorie immer wieder monierte Widersinn einer Trivialisierung komplexer Sozialsysteme hat sich im Falle des Sozialismus auch durch eine immer repressivere Praxis nicht halten lassen; und er hat sich im Falle hierarchisch-zentralistischer Organisationen auch durch technologische Hilfsmittel nicht retten lassen. Dieses praktische Scheitern einer Theorie der Systemsteuerung wird nicht ohne Auswirkungen auf »westliche« Vorstellungen der Gesellschaftssteuerung durch Politik und der Organisationssteuerung durch Management bleiben. Phantasien der Machbarkeit, ja Erzwingbarkeit organisationaler Reformen und Restrukturierungen, die vor allem das wohlfahrtsstaatliche Denken noch prägen, werden weiter in die Defensive gedrängt werden. Die von oben verordnete Beglückung der Menschen durch Wohlfahrtsgesellschaft und benevolentes hierarchisches Management wird noch fragwürdiger werden.

Es ist dann nicht mehr so überraschend, dass ein wichtiger Teil der neueren Beratungs- und Managementliteratur von der Grunderfahrung ausgeht, dass vielschichtige Unternehmen nicht mehr in alter Weise hierarchisch oder zentralistisch oder direktiv gesteuert werden können. Tom Peters entdeckt das Kreative Chaos, James Quinn die lernende Organisation, Robert Reich den Wissensarbeiter und Peter Senge das systemische Denken als fünfte Disziplin – um nur einige Beispiele zu nennen. Aus all diesen Reflexionen lassen sich inzwischen gute Gründe dafür ableiten, warum das Problem der Systemsteuerung sich heute komplizierter stellt als in der üblichen Gegenüberstellung von Evolution und Planung.

Eine adäquate Steuerungstheorie kann die Übermacht der etablierten Theorien nur dann brechen, wenn sie begreiflich macht, weshalb Steuerung für den Fall nicht-trivialer Systeme eine eigenständige Problem- und Fragestellung ist. Es kommt darauf an, plausibel zu machen, dass sich eine Steuerungstheorie weder in der Begrifflichkeit der Planungstheorien noch in den Begriffen der Theorien naturwüchsiger Evolution fassen lässt, weil Steuerung weder auf externe Eingriffe noch auf interne Dynamiken allein reduziert werden kann. Das theoretische Kernproblem jeder Theorie der Steuerung ist deshalb die Frage nach den möglichen Formen der geordneten Verschränkung von operativer Geschlossenheit und externer Anregung. Erst nach dieser Komplizierung besteht eine Chance, die vorherrschende Verengung des Denkens auf die Form Plan/Markt oder Hierarchie/Selbstorganisation aufzubrechen.

Befreit man die Idee der Autopoiese von ihrem naturwissenschaftlichen Ballast, so bleiben als Kern die Komponenten Selbstreferenz und operative Geschlossenheit. Beides sind keine neuen Konzeptionen. Selbstreferenz war ein Thema in der Kommunikationstheorie seit der Entwicklung von Vorstellungen über Metakommunikation und über reflexive Mechanismen der Stabilisierung von Kommunikationsregeln. In dem Maße, wie die soziologische Systemtheorie Kommunikationen zum Kern der Konstituierung sozialer Systeme macht, wird deutlich, dass Systeme sich durch Bezug auf sich selbst konstituieren und stabilisieren. Selbstreferenz meint dabei die Operationsweise eines Systems, bei welcher die Reproduktion der Einheit des Systems die Bedingung der Möglichkeit von Umweltkontakten (Fremdreferenzen) abgibt. Das System selbst und die Kontinuierung seiner operativ geschlossenen Funktionsweise werden zum Maßstab für die Geeignetheit der Operationen des Systems. Die Umwelt bietet Möglichkeiten und setzt Restriktionen, welche je nur im Hinblick auf die Eigenarten der Operationsweise des Systems – also durch Selbstbezug – als solche erkennbar werden. Selbstreferenz bei nichttrivialen Systemen bedeutet deshalb einen durch die Gesetzmäßigkeiten der autonomen Operationsweise des Systems bestimmten Umweltbezug. Selbstreferenz schließt also Umweltkontakte nicht aus, sondern selegiert sie nach Regeln und Kriterien, welche nicht von außen, sondern vom System selbst vorgegeben werden.

Auf dieser Basis ist Kontextsteuerung nicht mehr als eine Aufforderung an ein operativ geschlossenes System, seine eigenen Möglichkeiten der Reflexion und Identitätsbildung auf neue Kontextparameter einzustellen. Dass ein System dieser

Aufforderung folgt, lässt sich von außen nicht erzwingen, es sei denn um den Preis der Trivialisierung, also der Zerstörung von Kontingenz und Autonomie. Die Gründe für Selbständerung müssen deshalb im System selbst liegen. Kontextsteuerung – ob als Therapie, Beratung, Pädagogik, Entwicklungshilfe oder Gesellschaftspolitik – hat deshalb nur dann Chancen, wenn das System selbst gute Gründe für Veränderung hat, wenn es einen eigenen perzipierten Leidensdruck hat.

Die Soziologie hat eine ganze Reihe ihrer wichtigsten wissenschaftlichen Errungenschaften dadurch erreicht, dass es ihr gelungen ist, eine mehr oder weniger adaptierte naturwissenschaftliche Evolutionstheorie für die Analyse und Erklärung gesellschaftsgeschichtlicher Prozesse und gesellschaftlicher Strukturformen zu nutzen. Ohne diese Leistung im Geringsten zu schmälern ist dennoch festzuhalten, dass für eine Theorie moderner Gesellschaften Evolutionstheorie nicht mehr ausreicht. So wie der Mensch über bloße Evolution hinaus evolviert ist und mit der Entdeckung von Zukunft, mit Projektion, Imagination und Strategiefähigkeit künftigen vorgestellten Ereignissen gegenwärtige Relevanz verleihen kann, was natürlicher Evolution definitiv versagt ist, so evolvieren moderne Gesellschaften in ihren auf Zukunft gerichteten Regelsystemen und ihren eigendynamischen Symbolsystemen der Kommunikation zu strategiefähigen und mithin zukunftsfähigen sozialen Systemen. Die Herausforderung für die Gesellschaftstheorie liegt demnach darin, sich in Fragen der Gesellschaftsdynamik von der Evolutionstheorie zu verabschieden und sich in einer gesellschaftsadäquaten Steuerungstheorie die Mittel zu verschaffen, sich auf die Höhe ihrer Zeit zu bringen.

Die Frage und die Problematik der Steuerung verstecken sich bislang allerdings etwas schamhaft hinter dem Begriff des governance regime (oder Steuerungsregime) der Genese lateraler Weltsysteme. Denn längst schon haben empirisch geneigte Sozialwissenschaftler – und hier auch bemerkenswert viele Sozialwissenschaftlerinnen wie vor allem Rosabeth Moss Kanter,[194] Saskja Sassen[195] oder Susan Strange[196] – bemerkt, dass

194 Kanter 1996.
195 Sassen 1994; 1998.
196 Strange 1995; 1996.

praktisch alle Funktionssysteme der traditionellen nationalstaatlich begrenzten Gesellschaft sich inzwischen transnational so eng verflechten, dass sie aus ihren »Muttergesellschaften« heraus zu globaler Relevanz heranwachsen. Arenen wie das Finanzsystem, globale Städte als Knoten globaler Transaktions- und Verkehrssysteme, organisiertes Verbrechen, Telekommunikationsinfrastrukturen, globale Versicherungsunternehmen, Wirtschaftsprüfungsgesellschaften, Anwaltsfirmen (»law firms«) und Beratungsunternehmen, transnationale Organisationen und Institutionen etwa in den Bereichen Handel (WTO), Sport (IOC), Standardisierung (IEEE, European Telecommunication Standardization Institute ETSI) oder Rechnungslegung (International Accounting Standards Committee IASC), global ausgreifende Universitätssysteme (vor allem im besonders lukrativen MBA-Ausbildungssegment), transnational operierende Seetransportkartelle, Rating-Agenturen, Medienkonzerne, Betreiber von Satellitennetzen, global agierende Informationsdienste wie Reuters und wohl bald auch global oder weltregional operierende Gesundheitskonzerne etc. sind nicht mehr die Ausnahme, sondern die Regel. Diese lateralen Weltsysteme entstehen nicht einfach irgendwie. Sie folgen einer Grammatik der Systembildung, die sich aus den unterschiedlichsten Absichten von »global players«, den nicht-intendierten Folgen und Folgenbeseitigungsfolgen dieser Absichten, den Systemdynamiken der betroffenen Funktionssysteme, dem »regulierende(n) Eingreifen von Nationalstaaten in den Globalisierungsprozess«[197] und vielen anderen bekannten und unbekannten Steuerungseffekten zusammensetzt. Obwohl es in der Geschichte mehrere Schübe von Globalisierung gegeben hat, ist die gegenwärtige Form vor allem aufgrund der radikal neuen Kommunikationsinfrastrukturen und Technologien singulär und noch weitgehend unbegriffen: »For there is a fundamental difference between, on the one hand, the development of particular trade routes, and the global reach of the nineteenth-century empires, and, on the other hand, an international order involving the conjuncture of: a global system of production and exchange which is beyond the control of any single nation-state (even the most powerful); extensive networks of transnatio-

197 Sassen 1998, S. 345 f.

nal interaction and communication which transcend national societies and evade most forms of national regulation; the power and activities of a vast array of international regimes and organizations, many of which reduce the scope for action of even leading states; and the internationalization of security structures which limit the scope for the independent use of military force by states.«[198]

Wie immer sich die Genese lateraler Weltsysteme im Einzelnen vollzieht, wir wissen, dass der Prozess mit atemloser Dynamik läuft, und wir wissen, dass wir jedenfalls zu wenig über diese Dynamik wissen, um immanente Systemrisiken auch nur einigermaßen zu verstehen. Zu den bekannten Systemrisiken der demographischen Selbstgefährdung der Menschheit, ihrer ökologischen Selbstgefährdung, der wirtschaftlichen Ausbeutung der Dritten Welt durch die von der Ersten Welt gesetzten »terms of trade« und der nach wie vor virulenten Systemkrise kriegerischer Auseinandersetzungen kommen nun verstecktere Systemrisiken etwa der Operationsweise weltweiter Medienimperien, eines virenanfälligen Internets oder eines globalen Finanzsystems, das in seinen Modellen der Risikosteuerung so undurchschaubar geworden ist, dass selbst die Experten weitgehend ratlos sind: »Indeed, the global operations of major financial institutions and markets have outgrown the national accounting, legal and supervisory systems on which the safety and soundness of individual institutions and the financial system rely.«[199]

Um überhaupt wissen zu können, worüber wir reden, wenn wir von Weltgesellschaft, Globalisierung, Ende des Nationalstaates, Entterritorialisierung etc. reden, scheint es vordringlich zu sein, an konkreten Fällen weltweiter Systembildung Mechanismen der Selbststeuerung zu rekonstruieren. Die Erkundungsfrage ist: Nach welchen Steuerungsregimes oder governance regimes formen sich weltweite Operationskontexte für bestimmte Leistungen und unter welchen Bedingungen verdichten sich solche Kontexte zu lateralen Weltsystemen wie etwa zu einem Weltfinanzsystem, einem Weltwirtschafts- oder Welthandelssystem, einem Weltwissenschaftssystem oder einem weltweiten Mediensystem?

198 Held und McGrew 1993, S. 283.
199 Group of Thirty 1997, S. V.

Konkurrierende Überlegungen zum kollektiven Handeln und zur kollektiven Entscheidungsfindung (Systemtheorie, akteurszentrierter Institutionalismus, Neoinstitutionalismus) stimmen darin überein, dass kollektiv verbindliche Entscheidungen nur getroffen werden können, wenn für einen bestimmten Geltungsbereich, in der Regel ein konkretes Territorium, die Funktion der Politik ausdifferenziert und etabliert ist. Nach überwiegender Meinung ist diese Funktion für den Bereich globaler Entscheidungsfindung noch nicht etabliert, auch wenn für Teilfragen in globalen Institutionen wie UNO oder WTO annähernd verbindliche Entscheidungen getroffen werden und auch die Anfänge einer Weltinnenpolitik erkennbar sind.

Mit der Funktion der Politik konkurrieren auf globaler Ebene andere Formen der Entscheidungsfindung, vor allem die prototypischen Steuerungsregimes von Märkten und Netzwerken. (Mit dieser Verwendung wird der Regimebegriff aus seinem Ursprungskontext internationaler Beziehungen herausgelöst.[200] Allerdings ist ihm die Steuerungskomponente nicht fremd. »Steuerungsregime« verallgemeinert das Konzept und erweitert den Fokus von internationalen Beziehungen zu Inter-System-Beziehungen). Diese beiden Formen weisen gegenüber einer machtbasierten Politik die Besonderheit auf, dass sie nicht zwingend an territoriale Begrenzbarkeit gebunden sind, sondern atopisch, d. h. ohne festen Ortsbezug operieren können. Gewichtigere Besonderheiten kommen allerdings erst in den Blick, wenn nicht das eher triviale Kriterium der Verbindlichkeit im Vordergrund steht, sondern das vor allem systemtheoretisch kritischere und elaboriertere Kriterium der Bedingungen der Möglichkeit kollektiven Entscheidens in hoch komplexen Problemlagen. Für die Ebene der Nationalstaaten oder komplexer Organisationen sind hierzu unzählige Untersuchungen durchgeführt worden, die darin konvergieren, dass mit zunehmender Komplexität der Entscheidungsprobleme hierarchische, machtbasierte Steuerungsformen schnell überlastet sind und suboptimal arbeiten, während geldbasierte Märkte vor allem für dezentrale Entscheidungen über preisindizierte Individualgüter optimal arbeiten und Netzwerke besondere Stärken darin haben, vertrauens- und

200 Haas 1983; Keohane 1983.

wissensbasierte Entscheidungen über komplexe Kollektivgüter oder gemischte Güter in interdependenten Kontexten zu ermöglichen.

Ziemlich genau in Übereinstimmung mit diesen Ergebnissen lässt sich auf nationalstaatlicher Ebene in den letzten beiden Jahrzehnten in den entwickelten Demokratien, vor allem in Europa, im Bereich der Telekommunikationsinfrastrukturen (als klassischen Kollektivgütern: Post, Telegraphie, Telefon, »PTT«) eine Verschiebung von staatlichem Monopol und machtbasierter Kontrolle auf marktförmige und netzwerkförmige Steuerungsregimes beobachten.[201] Entstaatlichung und Deregulierung, Privatisierung und Marktöffnung haben längst neue Steuerungsregimes etabliert, oft in Misch- oder Hybridformen.[202]

Auf globaler Ebene, die hier Thema ist, erscheint die Lage undurchsichtiger und komplizierter. Auf der einen Seite hat sich das Internet als Prototyp eines ungeplanten, anarchischen, netzwerkförmigen Regimes der Selbststeuerung einer globalen Kommunikationsinfrastruktur mit völlig ungeahntem Erfolg etabliert (auch wenn die Anfänge als ARPA-Net alles andere als ungeplant waren). Auf der anderen Seite stehen massive machtbasierte, hegemonialstaatliche Prärogativen globaler Steuerung von Infrastrukturen vor allem durch die USA, zunehmend auch durch die EU. Diese Steuerungsversuche betreffen z. B. die Verteilung von Frequenzen, von orbitalen Stellplätzen für Satelliten, die Verteilung von Domains im Internet, der Regeln der Überwachung und Kontrolle der Nutzung der globalen Infrastrukturen und Ähnliches. Auf der dritten Seite schließlich stehen zumindest ebenso massive Versuche global auftretender korporativer Akteure, vor allem Konzerne und Konsortien, die erhebliche Ressourcen aufwenden, um die Regeln für die Etablierung und Nutzung globaler Infrastrukturen im Telekommunikationsbereich zu setzen.

In der Tradition von »internationalen Regimes« unterscheiden Marc Levy u. a.[203] die beiden Dimensionen Formalität (der

201 Nye 1997.

202 Beispielhafte Fallstudien zu den Bereichen Transport und Kommunikation bei Zacher und Sutton 1994 und zu den Bereichen Telekommunikation, Versicherungen, Wirtschaftsberatung und internationale Organisationen bei Strange 1996.

203 Levy u.a. 1995, S. 271 ff.

Beziehungen zwischen den Regime-Akteuren) und Konvergenz der Erwartungen dieser Akteure. Sie konstruieren daraus eine einfache Schematik von Regimes, die immerhin als Ausgangspunkt für die Analyse konkreter Ausprägungen dienen kann. Sie unterscheiden mit Oran Young Selbststeuerung, Verhandlung und Zwang (»self-generation, negotiation and imposition«) als Prozesse der Regimebildung und definieren auf dieser Grundlage ein internationales Regime als eine soziale Institution »consisting of agreed upon principles, norms, rules, procedures and programs that govern the interactions of actors in specific issue areas«.[204]

Ein von Ernest Wilson[205] entwickeltes Vier-Felder-Schema fasst mögliche Szenarios der Entwicklung von Steuerungsregimes übersichtlich zusammen. Er nutzt als Vergleichsmaßstäbe die Dimensionen des Grades der Konkurrenz zwischen den Akteuren und des Grades der Übereinstimmung über grundlegende »rules of the game«. Daraus ergibt sich folgendes Raster für Vergleiche und (idealtypische) Szenarien für Steuerungsregimes (siehe die folgende Tabelle 2).

Es ist möglich, dass sich für unterschiedliche Bereiche globaler Infrastrukturen unterschiedliche Regimes herausbilden. Für den Fall globaler Telekommunikationsnetze ist allerdings bereits jetzt erkennbar, dass sich eine Haupttrajektorie von Monopolen und regulierten Oligopolen zunächst zu chaotischen Märkten bewegt, um dann in einer reiferen Phase sich auf hybride Formen der Verbindung von Kooperation und Wettbewerb und der Verbindung von privaten und öffentlichen Akteuren in »private-public-partnerships« (PPPs) als Formbildungen in unterschiedlichen organisationalen Feldern[206] auszurichten.

Damit lösen sich die jeweiligen Regimes keineswegs in allseitiges Wohlgefallen auf und »Partnership« ist wohl in den meisten Fällen ein Euphemismus für nach wie vor wirksame Asymmetrien von Einflussfaktoren, über welche die beteiligten Partner verfügen. Dennoch ist der Unterschied zu den alten Staatsmonopolen und den von nationalen Akteuren dominierten internationalen Oligopolen frappierend.

204 Young 1995, S. 274.
205 Wilson 1998.
206 Scott 1994.

Tabelle 2: Szenarien für Steuerungsregimes

Dimension	agreement low	agreement high
competition high	free market chaos	competition and cooperation
competition low	monopoly and fused	regulated oligopoly

(Quelle: Wilson 1998, S. 30)

Das Ferment des Wettbewerbs spaltet die Einheitsfront paternalistischer Bevormundung und durchbricht die fürsorgliche Belagerung der Bürger durch nationalstaatliche Versorgungseinrichtungen. Nun rächt sich die souveräne Missachtung des Bürgers als Kunde. Und die unversehens gewonnene Freiheit als Kunde scheint so attraktiv zu sein, dass die Eigenschaft als Bürger einer bislang vorrangig nationalstaatlich organisierten Solidargemeinschaft in den Hintergrund tritt oder ganz irrelevant wird gegenüber der Möglichkeit, ohne Rücksicht auf Staatsgrenzen sich in atopischen Märkten zu bewegen. Sogar Gemeinden scheren aus den bislang staatlich sanktionierten regionalen Energieversorgungsmonopolen aus und beziehen billigeren Strom vom Nachbarland.

Der hinter diesen Beobachtungen aufscheinende Bedeutungsverlust politisch/staatlich regulierter Steuerungsregimes für das Management von Kollektivgütern wird zwischen konkurrierenden Lagern kontrovers diskutiert. Während »Globalisten« den traditionellen Mythos vom starken Staat dekonstruieren, wird von einer Gegenreformation besorgter Politikwissenschaftler der neue Mythos vom schwachen Staat seinerseits als bloße Konstruktion denunziert.[207] Beispielhaft hat Kenneth Waltz, der Altmeister der Analyse Internationaler Beziehungen, noch einmal bekräftigt, dass das zwanzigste Jahrhundert das Jahrhundert der Nationalstaaten war. Und: »The twenty-first will be too.«[208] Er leitet diese Überzeugung aus einer Sichtweise ab, wonach die Weltordnung nicht auf ökonomischen Interdependenzen beruht, sondern auf dem Machtpotential einiger hegemonialer Staaten. Waltz erkennt

207 Weiss 1998.
208 Waltz 1999, S. 4.

zwar an, dass zumindest die Kapitalmärkte inzwischen globale Märkte geworden sind, aber schon die Wirtschaft besteht für ihn vorrangig immer noch aus national orientierten Ökonomien, die in erster Linie für sich selbst produzieren und nur zu einem geringen Prozentsatz auf Export angewiesen sind. Er zitiert Paul Krugman mit der Aussage, dass beinahe 90% der Güter und Dienstleistungen der amerikanischen Wirtschaft für den Eigengebrauch produziert werden, und er schließt sich Linda Weiss mit der Berechnung an, wonach die drei stärksten Ökonomien der Welt, USA, Europa und Japan, weniger als 12% ihres BIP exportieren.[209]

Das Problem ist auch hier, dass Waltz nicht sieht, was er nicht sieht. Er ist so auf die dominante Rolle der Politik und ihr Verhältnis zur Ökonomie fixiert, dass ihm entgeht, wie weitgehend die neue Konstellation durch *weitere* relevante Systeme, Akteure und Regimes geprägt ist. Besonders sorgfältig hat Susan Strange diesen Aspekt herausgearbeitet. Sie spricht insgesamt von einer „diffusion of power in the world economy" und diagnostiziert im Besonderen neben der vertikalen Bewegung von Macht von vielen schwachen zu einigen starken Staaten eine wichtige *horizontale* oder laterale Bewegung von Macht von Staaten zu Märkten.[210] Diese Märkte sind von vielen Faktoren geprägt, besonders nachhaltig aber von neuen Technologien, die bezeichnenderweise bei Kenneth Waltz überhaupt nicht auftauchen. Ganz ähnlich wie Strange argumentiert James Rosenau. Er fasst seinen Einwand in eine kompakte Form: »The macro transformation involves the authority relationships between individuals and their collectivities, relationships that have led to the bifurcation of global structures into a state-centric world of states and a multi-centric world of diverse other kinds of collective agents.«[211]

Die Kontroverse zwischen Globalisten und Verfechtern des Nationalstaates hat den Vorteil, sich selbst aufzuheben, weil sie

209 Waltz 1999, S. 4.

210 Strange 1996, S. 44 ff.

211 Rosenau 1999, S. 1007. Er fährt dann fort: »Power is too disaggregated and feedback loops too pervasive, to assert that global affairs are now driven by the United States, or by globalization, or by capitalism, or by whatever grand scheme may seem most compelling. No, what drives the emergent epoch consists of complex dynamics which spring from numerous sources and cannot be traced to a singular origin.«

deutlich macht, dass diese publikumswirksame und simplifizierende Kontrastierung nicht trägt. Relevant dagegen ist die Frage, ob der unbestrittene Rückzug des Staates (Strange 1996) aus dem Management herkömmlicher Kollektivgüter durch selbstgewählte Deregulierung, Entstaatlichung und Privatisierung Lücken in der Versorgung mit Kollektivgütern schafft oder ob der Markt diese Aufgabe übernehmen kann oder ob sich neue Formen der Kombination von Selbstorganisation in Märkten und von Selbststeuerung in hybriden Regulierungsregimes entwickeln, welche diese Aufgabe übernehmen.

Und relevant ist die Frage, wie umfassend und wie dramatisch die Genese neuer Steuerungsregimes die wohlfahrtsstaatlichen Wälle zum Schutz von Schwachen und Unterprivilegierten einreißt und die Solidargemeinschaften der großen staatlichen Zwangssysteme der Sicherung und Versicherung zerbricht, ohne brauchbare Ersatzlösungen zu schaffen: »Es ist heute kaum mehr strittig, dass der Sozialstaat seine komparativen Vorteile weitgehend (Ausnahme: Arbeitslosenversicherung) verloren hat, wenn es darum geht, soziale Sicherheit herzustellen. Die Individuen können sich gegen die Wechselfälle des Lebens (Krankheit, Unfall, Pflegebedürftigkeit und Alter) im Durchschnitt kostengünstiger auf privaten Versicherungsmärkten absichern.«[212]

Diese Fundamentalfragen lassen sich weder mit neoliberaler Unverfrorenheit noch mit wohlfahrtstaatlicher Nostalgie klären. So verlockend diese großen Gesten sind, so unabdingbar bleibt die geduldige Arbeit an konkreten Fällen der Herausbildung transnationaler Steuerungsregimes, um beurteilen zu können, ob und inwieweit in einer atopischen Gesellschaft die Zwangsbeglückung der Bürger durch einen paternalistischen Wohlfahrtsstaat zwar unhaltbar wird, aber der »pursuit of happiness« nicht zum Privileg der beati et possedendi verkommt. Diesen Fallstudien wenden wir uns nun zu.

3.4 Fallstudie Weltfinanzsystem

Die Finanzmärkte der Welt sind zum Ende des zwanzigsten Jahrhunderts das Energiezentrum der Globalisierungsdyna-

212 Berthold 1996, S. 15.

mik. Sie sind die Avantgarde globaler Netzwerke, die nicht nur ohne Rücksicht auf territoriale Grenzen operieren, sondern die darüber hinaus aktiv die Relevanz von Territorialität zurückdrängen.[213] Dabei sind die Finanzmärkte ein Beispiel par excellence für die technologiegeleitete Globalisierung und die zunehmende internationale Verflechtung des politischen und ökonomischen Geschehens. Aus ordnungspolitischer Sicht ist in diesem Zusammenhang unübersehbar, dass entsprechende Funktions- und Souveränitätsdefizite der Nationalstaaten erhebliche Störpotentiale für die Realwirtschaft bergen.[214] So hat das komplexe, hoch organisierte und global vernetzte Marktgeschehen eine Eigendynamik entwickelt, die von außen kaum noch durchschaubar, geschweige denn kontrollierbar ist. Dies gilt in besonderem Maße für den Derivatenhandel auf den relativ neuen Zukunftsmärkten. Während die (über den Preismechanismus vermittelte) Ressourcenallokation durch die primären Finanzmärkte auf die Kapitalversorgung der Wirtschaft gerichtet ist, bezieht sich die Allokationsfunktion der Zukunftsmärkte auf die Finanzmärkte selbst. Wenn Wissen zunehmend die primäre Ressource technologischer und finanzieller Innovationen darstellt und damit Nicht-Wissen zum zentralen Risikofaktor avanciert, dann folgt, dass die Zukunftsmärkte nicht nur im Hinblick auf die Globalisierung und den Einsatz moderner Technologien am weitesten fortgeschritten sind, sondern dass sie als Avantgarde der Weltgesellschaft zugleich eine Etappe auf dem Weg zur Wissensgesellschaft[215] darstellen.

Der tiefgreifende und weitreichende Wandel, in dem sich die Finanzmärkte gegenwärtig befinden, lässt sich im Wesentlichen an den folgenden empirisch beobachtbaren Tendenzen festmachen:

1. Rasches Anwachsen der Finanzvolumina, dabei Expansion vor allem des Derivatenhandels – insofern handelt es sich hier im wahrsten Sinne des Wortes um einen Zukunftsmarkt: Seit Ende der 80er Jahre ist in diesem Bereich durchschnittlich ein jährliches Wachstum von 140% zu verzeichnen, wobei seit 1994 das Geschäft mit außerbörslichen (OTC) Produkten, d.h.

213 Ruggie 1993.
214 Strange 1996.
215 Willke 1998b.

Produkten, die von Banken und Wertpapierhäusern »over the counter« emittiert und vertrieben werden, besonders hohe Zuwächse aufweist.[216]

2. Absoluter und relativer Bedeutungszuwachs der Wertpapiermärkte für den internationalen Finanztransfer. Hinsichtlich des Volumens der internationalen Wertpapieremissionen zeigt sich dabei eine besondere Zunahme bei den Emissionen von Geschäftsbanken und sonstigen Finanzinstituten (z. B. Investmentbanken).

3. Parallel zu der Verlagerung der Kapitalströme von den direkten Krediten der Geschäftsbanken zu den verbrieften fungiblen Finanztiteln steigt der Anteil der transnational tätigen Investmentbanken sowie der Notenbanken zu Lasten der Geschäftsbanken.

Die Finanzmärkte verdichten sich damit seit einiger Zeit zu einem globalen Finanzsystem und damit zum Prototypus eines lateralen Weltsystems. In einer finanzwissenschaftlichen Perspektive spricht Robert C. Merton von einem Finanzsystem, weil inzwischen spezialisierte »Finanzinstitutionen« einen Zusammenhang von Akteuren, Märkten, institutionellen Schnittstellen und regulatorischen Praktiken geschaffen haben, welche die Formung eines globalen Finanzsystems vorantreiben.[217] In steuerungstheoretischer Sicht lässt sich dies präzisieren. Von einem globalen Finanzsystem soll dann gesprochen werden, wenn (1) die Märkte sich über leistungsfähige globale Kommunikationsinfrastrukturen zu rekursiven Netzwerken verbinden, welche eine eigenständige Logik vernetzter Interaktion generieren; wenn (2) die Märkte sich über transnationale Suprastrukturen der Selbststeuerung schrittweise aus der Abhängigkeit von nationalen Steuerungsregimes befreien; und wenn (3) die Finanzmärkte Kompetenzstrukturen in Form einer hoch elaborierten Wissensbasis aufbauen, welche zunehmend die Operationsweise des Finanzsystems charakterisieren.

(1) Am Anfang des neuen Jahrhunderts stellen vier globale Satellitentelekommunikationsnetze (Iridium, Globalstar, ICO, Odyssey) und rund 250.000 km Glasfaserkabel (einschließlich transozeanische Seekabel; bereits 1900 waren aller-

216 Zahlungsausgleich 1997, S. 133.

dings 340.000 km »einfaches« Kupferkabel verlegt, davon 70% in Besitz britischer Unternehmen) eine Kommunikationsinfrastruktur zur Verfügung, die globale synchrone Präsenz und Erreichbarkeit, Zuverlässigkeit und Redundanz der Transaktionsabläufe, eine von gegenwärtig maximal rund 1000 Gbit/sec kontinuierlich steigerbare Bandbreite und tendenziell gegen Null laufende Datenübertragungskosten ermöglichen. Hinzu kommen die drei Positionierungsnetze GPS (USA), Glonass (GUS) und Global Navigation Satellite System, GNSS, (EU) und weitere Spezialsatelliten wie etwa die Beobachtungssatelliten Ikonos, OrbView und QuickBird, die mit hoch empfindlichen Fernsensoren z. B. die Entwicklung von Siedlungsstrukturen verfolgen, Meeresverschmutzungen, Veränderungen von landwirtschaftlichen Nut- zungen oder Urwaldflächen aufspüren oder zur großräumigen Wetterbeobachtung eingesetzt werden.

Diese technologische Innovation forciert eine von territorialen Grenzen nahezu ganz unabhängige Reformulierung der Welt und von Welt, und sie betreibt die Emergenz atopischer Gesellschaft. Die Finanzmärkte reagieren auf diese neuen Möglichkeiten schneller und massiver als andere Bereiche, weil die auf diesen Märkten gehandelten Güter sich besonders leicht in digitale Form bringen lassen. Die »commodities« der Finanzmärkte können weitgehend mit Lichtgeschwindigkeit und ohne zusätzliche Transportwege, Transportmittel und Logistiken in »real time« und »online« ausgetauscht werden. Diese Möglichkeiten werden in einem nur noch schwer nachvollziehbaren Ausmaß tatsächlich und inzwischen völlig normalisiert genutzt. Im Devisenhandel wurden nach einer Erhebung der Bank für Internationalen Zahlungsausgleich (BIZ) in Basel schon 1997 täglich mehrere hundert Milliarden Dollar umgesetzt: London rd. 460, USA rd. 250, Japan rd. 160, Singapur rd. 105, Hongkong rd. 90, Schweiz rd. 90, Deutschland rd. 75, insgesamt weltweit täglich rd. 1.400 Milliarden Dollar. Ähnlich umfangreich ist der Handel mit Derivaten »over the counter« (OTC), der 1996 einen Umfang von rd. 34 Billionen Dollar erreichte.[218] Alle diese (und eine Unzahl weiterer) Daten sind seit Jahren bekannt, verbreitet und dennoch in ihrer

217 Merton 1995, S. 24 f.
218 Rettberg 1997.

Bedeutung selbst für Fachleute rätselhaft. Die traditionellen Börsen sehen sich der Konkurrenz und Überlagerung durch elektronische Börsen und Terminbörsen ausgesetzt, so der New York Stock Exchange der Konkurrenz des Nasdaq, der London Stock Exchange derjenigen des London International Financial Futures and Options Exchange (LIFFE), die Tokioter Börse der Tokyo International Financial Futures Exchange der deutsche IBIS-Handel der Konkurrenz von XETRA. Welche neuen Chancen, Risiken und Systemrisiken durch Globalisierung, Digitalisierung und Automatisierung der Finanzmärkte entstehen, steht weitgehend in den Sternen.[219]

Fraglich ist vor allem, welcher Logik oder welchen Logiken die vernetzten Operationen der globalen Finanzmärkte folgen. Man ist geneigt, die Finanzmärkte als Teil der Weltökonomie zu sehen und ihnen eine relativ geradlinige, »rationale« Logik ökonomischer Kalküle zu unterstellen. Dem steht entgegen, dass die Logik der Ökonomie auf dem Modell eines Marktes aufbaut, in dem sich aus dem Abgleich von Angebot und Nachfrage gegenständlicher und gegenwärtig verfügbarer Güter Preise bilden, die sich als gegenwärtige Zahlungen beobachten lassen. Aber schon in das Geschäft der Banken drängt sich als schwer kalkulierbarer Störenfried die Zeit in Form von Zukunft hinein. Weil für Banken (wie auch für Versicherungen) zukünftige Ereignisse und damit Erwartungen und damit Ungewissheiten und damit Risiken zur Geschäftsgrundlage werden, handeln Banken »mit Geld *und* mit Zeit«.[220] Da sich das Geschäft der Banken reflexiv auf Geld bezieht, sie also Geld für Geld kaufen und verkaufen, fehlt ihnen die Stufe der Bindung des Wertes des Geldes an den Gebrauchswert oder Tauschwert von Gütern. Stattdessen binden sie den Wert des Geldes an die risikoreichen Kategorien von Zahlungserwartungen und Zahlungsversprechungen: »Banken, die einen Kredit gewähren, kaufen Zahlungsunfähigkeit, und sie tun dies gegen den Erwerb von Zahlungsfähigkeit (Zinsen). Banken sind darauf spezialisiert, geliehenes Geld auszuleihen, also ihre Schulden mit Gewinn zu verkaufen. Durch Konditionierung von Fristen ermöglichen sie es allen anderen, also Einlegern und Kreditnehmern, Geld zu haben und zugleich nicht zu ha-

219 Hellwig 1998.
220 Baecker 1991, S. 13, Hervorhebung H. W.

ben. ... Der Inbegriff des Bankgeschäfts ist jedoch erst die Übernahme des Risikos der Fristentransformation, das heißt, die wichtigste Transformationsleistung erbringen die Banken in der zeitlichen Hinsicht des Managements und Ausgleichs der unterschiedlichen Fristigkeiten von Einlagen und Krediten.«[221]

Eine Steigerung dieser Logik der Banken kommt ins Spiel, seit die Geschäfte der Investmentbanken und der großen Investmentfonds viel stärker die Dynamik des Finanzkapitals bestimmen als die im Vergleich dazu geradezu hausbackene Tätigkeit der Geschäftsbanken. Investmentbanken setzen noch radikaler auf Zukunft und Risiko, weil sie nicht mehr mit Zahlungsversprechen handeln, sondern mit Wertschöpfungschancen (und den diesen korrespondierenden Wertvernichtungsrisiken). Die Wertschöpfung wird von Firmen und anderen Organisationen erwartet, die in wahrscheinlichen gegenwärtigen Zukunften wahrscheinliche Bedürfnisse von Kunden wahrscheinlich besser erfüllen als ihre Konkurrenten. Damit avanciert künftige Leistungsfähigkeit zur zentralen Ressource börsennotierter oder sonst wie gehandelter (potentiell zu kaufender oder zu verkaufender) Organisationen. Künftige Leistungsfähigkeit wird heute vor allem in den beiden generischen Kernkompetenzen der Lernfähigkeit und der Innovationskompetenz von Organisationen gemessen und beispielhaft im Begriff der »intangible assets« oder des »intellektuellen Kapitals« ausgedrückt, der die Differenz von Buchwert (»real assets«) und Börsenwert markiert.[222]

Damit entfernt sich die Logik der Finanzmärkte noch weiter von der auf »greifbare« Güter ausgerichteten Austauschlogik des Wirtschaftssystems. Schon die Erfindung des Geldes und die damit ermöglichte geldbasierte Wirtschaft verlagert gegenüber der an gegenwärtigem Konsum gebundenen Naturalwirtschaft eine Ausweitung des Zeithorizontes in die Zukunft[223] und macht künftige Bedürfnisbefriedigung zum Kriterium rationalen Wirtschaftens: »Geld ist der Triumph der Knappheit über die Gewalt.«[224] Noch radikaler verlangt die

221 Baecker 1991, S. 25 u. 28.
222 Steward 1997; Sveiby 1997, S. 5.
223 Hutter 1992.
224 Luhmann 1988, S. 253.

Reflexivität des Geldes im Finanzkapital, die Rudolf Hilferding als »Loslösung und Verselbständigung dieser Bewegung (hier: des Finanzkapitals) gegenüber der Bewegung des industriellen und kommerziellen Kapitals« bezeichnet,[225] mit einer auf Zukunft ausgerichteten Zeitlogik auch Beurteilungs- und Bewertungskriterien, die in der Lage sind, radikal futurisierte Chancen und Risiken handhabbar zu machen.

Dieser Zusammenhang erzeugt ein erstes grundlegendes Paradox der Operationslogik der Finanzmärkte: Sie sind in ihren Basisregeln radikal auf zukünftige Ereignisse ausgerichtet. Da wir Menschen die Zukunft nicht kennen können, müssen wir im Kontext der selbsterzeugten Zwänge der Finanzmärkte diese prinzipiell nicht behebbare Defizienz durch Wissen über mögliche und voraussichtliche Zukünfte abmildern. Finanzmärkte erzwingen die Veralltäglichung der Prophetie zu wissensbasierter Expertise über das Eintreten künftiger Ereignisse. Damit rückt Wissen in eine konstitutive Rolle als Bedingung der Möglichkeit professionalisierter Finanzmärkte. Die Logik des Wissens usurpiert gegenüber der Logik des Geldes ein Mitspracherecht in der Codierung der Operationsweise des Finanzsystems.

Ein zweites grundlegendes Paradox der Operationslogik der Finanzmärkte entfaltet sich auf der Grundlage globaler digitaler Datennetze in der Zeitdimension. Die Transaktionen der Finanzmärkte sind auf zukünftige Wertschöpfung der gehandelten Werte und ihrer Derivate ausgerichtet; sie verlangen deshalb wissensbasierte Einschätzungen der mittel- und langfristigen Wertentwicklungspotentiale. Die klassischen Instrumente und Methoden für diese Einschätzungen sind so gebaut, dass sie vergangene Leistungen beobachten und messen und von dieser Basislinie in die Zukunft extrapolieren. Insbesondere die Finanzindikatoren des klassischen »Accounting« und der herkömmlichen Wirtschaftsprüfung und Rechnungslegung messen vergangene Leistung und schließen daraus auf zukünftige Leistung. Daran ist nichts auszusetzen, solange Veränderungen von Märkten, Technologien und Gütern gemächlich, stetig und dekomponierbar ablaufen und die Klausel gültig ist, die herkömmliches Wirtschaften kennzeichnet: rebus sic stantibus. Wenn all dies aber nicht mehr gilt, wenn die

225 Hilferding 1973, S. 17.

Zukunft sich nicht mehr an die Vorgaben der Vergangenheit hält, sondern sich Märkte, Technologien, Güter und Akteursstrategien mit steigender Geschwindigkeit und wechselseitiger Abhängigkeit der Veränderungen zu komplexen dynamischen Systemen verknüpfen, dann ist die Vergangenheit kein guter Maßstab für zukünftige Leistungsfähigkeit.

Die resultierende Volatilität der Finanzmärkte zwingt die Marktakteure zu einer paradoxen Zeitstrategie. Sie müssen möglichst weit in eine unbekannte Zukunft blicken, weil sich erst dort die nun besonders wichtigen Faktoren der strategischen Führung, der Lernfähigkeit und Innovationskompetenz Wert schöpfender Organisationen auswirken werden. Zugleich zwingt sie der auf Sekunden geschrumpfte Zeithorizont digitalisierter, computerisierter und automatisierter Transaktionen in real time dazu, kleinste und kurzfristigste Differenzen für Geschäfte zu nutzen: »The new megabyte standard has been built to take advantage of minuscule changes in prices – not just the price of stocks and bonds but the price of anything that can be charted, bundled, and traded. It was created to make profits from shifts that in the past would imply have been ignored.«[226] Woran sollen Investoren, Analysten und Händler sich nun halten, an Jahre oder an Sekunden?

Die praktische Auflösung des Paradoxons ist zunächst verblüffend einfach. Sie vollzieht sich durch eine Differenzierung und organisationale Trennung der Rollen von Investoren einerseits, Analysten und Händlern andererseits oder von Investment und Handel – allerdings mit einer deutlichen Tendenz der Bewegung des Schwerpunktes von Prestige und Gewinn vom Investment zum Handel: »The ascendancy of trading means that finance has shifted its orientation from one of investing to one of transacting, a consequence of the ability of computers and telecommunications networks to effortlessly manipulate vast quantities of information and send it around the world.«[227] Praktisch umgesetzt werden diese neuen Möglichkeiten vor allem in zeitsensitiven Modellen komplexer Anlage- und Hedgingstrategien. So kaufen Händler beim »Scalping« Kontrakte und verkaufen diese oft innerhalb weniger Minuten zu einem höheren Preis. Beim »Spreading« werden

226 Kurtzman 1993, S. 39.
227 Kurtzman 1993, S. 25.

unterschiedliche, aber verwandte Kontrakte sogar gleichzeitig gekauft und verkauft, um Kursdifferenzen zu nutzen. Und die Form des »Arbitrage« nutzt räumliche Preisdifferenzen (unterschiedliche Preise an unterschiedlichen Orten) durch gleichzeitige Käufe und Verkäufe mit Hilfe gleichzeitiger elektronischer Präsenz an vielen Orten.[228]

Allerdings beschleicht inzwischen ganz unterschiedliche Beobachter der Verdacht, dass diese klinisch saubere Trennung das zugrunde liegende Problem nicht löst, sondern verschärft. Die Logik entgrenzter rekursiver Kommunikationsnetzwerke des Handels mit Aktien, Devisen und Derivaten, die mit Hilfe globaler Telekommunikationsinfrastrukturen tatsächlich die kontinuierliche Beobachtung aggregierter Indikatoren der laufenden Transaktionen zulassen, entfernt sich mit der wachsenden Eigendynamik dieses Sonderspiels von der Logik ökonomisch seriösen Investierens. Der »shareholder value« destruiert als neuer Räuberkapitalismus die Errungenschaft eines »stakeholder value«, eines auf kontinuierliche Periodenrendite ausgerichteten zivilisierten und auf Zukunftsfähigkeit reflektierten Kapitalismus. Schon lehnen langfristig denkende Banker, Investoren und Unternehmensführungen die Empfehlungen der Analysten und Händler, der »ahnungslosen Grünschnäbel«, ab. Andererseits haben seriöse (was immer das dann ist) Analysten und »Research«-Abteilungen von Investmentbanken einen kaum zu überschätzenden realen Einfluss auf Transaktionsentscheidungen von Investoren.

Die Trennung von Investment und Handel ist weder streng noch zwingend. Eine besonders auffällig gewordene Hybridform stellen die Hedgefonds dar, die sich seit Anfang der siebziger Jahre als private Investitionsgesellschaften und private Vermögensverwaltungen entwickelten, inzwischen aber auch von Finanzinstitutionen und den großen Pensionsfonds genutzt werden. Das Geschäft der Hedgefonds besteht im Kern darin, günstige Schulden aufzunehmen, um in Sicherheiten (»securities«) zu investieren. Sie nutzen zum einen das billige Geld regulärer Kredite und zum anderen die hoch getriebene »securitization« aller denkbaren Typen von Finanzrisiken in vielfältigen Formen von Derivaten, um auf einem schmalen Fundament von Investitionseinlagen gigantische Türme ver-

228 Rudolph 1997, S. 129.

schachtelter Risikotransformationsgeschäfte aufzubauen. 1990 gab es rund eintausend Hedgefonds mit einem Vermögen von etwa 50 Milliarden Dollar. 1998 gab es bereits dreitausend Fonds mit einem Vermögen von über 300 Milliarden Dollar.[229]

Festhalten lässt sich an diesem Punkt, dass die Entgrenzung der Finanzmärkte durch globale Telekommunikationsinfrastrukturen einen deutlichen Einfluss der Technologie auf die Logik der Operationsweise der Finanzmärkte aufzeigt. Je stärker sich diese Logik von derjenigen des Weltwirtschaftssystems entfernt, desto berechtigter erscheint es, von einem eigenständigen Weltfinanzsystem zu sprechen.[230] Das Wirtschaftssystem gründet auf geldbasierten Zahlungen für reale Güter, deren Herstellung die Produktionsfaktoren Land, Bodenschätze, Arbeit, Kapital und Wissen in unterschiedlichen Gewichtungen umfasst, für die aber jedenfalls Land - und damit Territorialität – unabdingbar ist. Das Finanzsystem dagegen löst sich vom Faktor der Territorialität und mutiert die übrigen Faktoren zu Wissensarbeit, Finanzkapital und Expertenwissen. Es forciert, wie ausgeführt, eine eigenständige Infrastruktur. In einem nächsten Schritt ist nun zu prüfen, ob die Finanzmärkte auch eigenständige Suprastrukturen hervortreiben.

(2) Suprastrukturen eines Systems bezeichnen die Formen der Steuerung, Führung und Leitung dieses Systems. Im Kern geht es um »governance regimes« oder Steuerungsregimes und damit um Modelle, Einrichtungen und Regelsysteme der Selbststeuerung eines Sozialsystems. Die Frage an die Finanzmärkte ist, ob sie inzwischen Suprastrukturen vor allem in Formen des Risikomanagements hervorgebracht haben, die Grundlage einer Selbststeuerung sein können. Erst wenn solche Fähigkeiten zur Selbststeuerung geschaffen sind, macht es nach unserer Begriffswahl Sinn, nicht nur von globalen Finanzmärkten, sondern auch von einem Weltfinanzsystem zu sprechen.

Immerhin ist nach der südostasiatischen Finanzkrise und spektakulären Fällen wie dem Zusammenbruch der Barings Bank oder des Long Term Capital Management Fonds (LTCM) Bewegung im Feld beobachtbar. Es schält sich heraus,

229 Financial Times vom 17./18. 10. 1998, S. 6.
230 Bryan und Farrell 1996.

dass die territorial gebundenen nationalstaatlichen Aufsichts- und Kontrolleinrichtungen, wie etwa das deutsche Bundesaufsichtsamt für den Wertpapierhandel oder die französische Commission des Opérations de Bourse, aber auch die amerikanische SEC (Securities and Exchange Commission) oder CFTC (Commodities Futures Trading Commission), bei transnational operierenden Märkten und Korporationen überfordert sind, während transnationale Organisationen der Aufsicht und Kontrolle, wie etwa die IOSCO in Montreal oder der Baseler Ausschuss, auch in den Bereichen, für die sie überhaupt eingerichtet sind, erst allmählich Einfluss und Wirkung zeigen.

Der größte Hedgefonds, Long Term Capital Management (LTCM), hatte 1998 ein Buchvermögen von 200 Milliarden Dollar. Im Herbst 98 drohte er als Folge der globalen Krise bankrott zu gehen. Sein »Tiger fund« mit rd. 20 Milliarden Dollar Vermögen verlor im Oktober 98 rd. 2 Milliarden Dollar. Sein »Jaguar fund« mit rd. 12 Milliarden Dollar Vermögen verlor an einem einzigen Tag 1,5 Milliarden. Sein »Soros hedge fund« verlor 2 Milliarden, so dass innerhalb kurzer Zeit ein Gesamtverlust des LTCM von über fünf Milliarden Dollar auflief. Der Fonds musste von der US-Federal Reserve gerettet werden. William McDonough, der Präsident der Reserve Bank begründete dies mit dem Argument: »LTCM posed unacceptable risks to the American economy.«[231]

Wenn ein einziger transnational operierender Investitionsfonds die stärkste Nationalökonomie der Welt ernsthaft in Verlegenheit bringen kann, dann scheint es um das Risikomanagement der Finanzmärkte und um die Selbststeuerungskompetenz des Weltfinanzsystems nicht gut bestellt zu sein. Im Zuge der sich seit den siebziger Jahren abzeichnenden Entwicklungen in Technologie, Politik und Recht hat auf den Finanzmärkten eine »finanzielle Revolution« stattgefunden, die zu einer dramatischen Steigerung der Komplexität und Riskanz der Finanzwirtschaft geführt hat. Globalisierung, Digitalisierung, Automatisierung, Securitization etc. sind Indizien einer innovativen Entwicklungsdynamik, welche sich durch eine Verschärfung des Wettbewerbs nationaler Ökonomien bei gleichzeitiger Erosion nationalstaatlicher Autonomie

231 Financial Times vom 17./18. 10.1998, S. 6.

kennzeichnet. Unter diesen Bedingungen beschränken sich Versuche der politischen Steuerung im Wesentlichen auf ein Wechselspiel von De-Regulierung und Re-Regulierung. Entsprechende Bemühungen zielen einerseits auf die Vermeidung von Wettbewerbsnachteilen der national oder regional konzipierten Wirtschaftsräume sowie andererseits auf die Vermeidung von Systemrisiken (»bank run«).

Von Seiten der Gesetzgeber wird in aller Regel übersehen, dass politische und ökonomische Zwänge im Sinne einer »regulatory dialectic«[232] zusammenwirken, d. h. politische Maßnahmen der Regulierung und ökonomische Strategien der Vermeidung von Regulierung sich in zyklischer Weise permanent aufeinander einstellen und wechselseitig verstärken. Will der Staat die evolutionären Vorteile der Autonomie der Finanzmärkte nicht verspielen und dem Risiko einer Überregulierung begegnen, müssen Formen von Suprastrukturen gefunden werden, welche weniger auf die Vermeidung als vielmehr auf den strategisch ausgerichteten Umgang mit Risiken zielen.

Die mit der massiven Verbreitung und Nutzung moderner Informations- und Kommunikationstechnologien einhergehenden Veränderungen des Finanzsystems stehen in einer engen Wechselbeziehung zu den Änderungen des wirtschaftlichen und regulatorischen Umfelds der internationalen Finanzmärkte. Lange Zeit waren die Finanzmärkte – mit Ausnahme der Devisenmärkte – klassische nationale Märkte, welche sich über die nationale Währung definierten und zudem in einem System fester Wechselkurse fixiert sowie durch verschiedene Regulierungen geschützt wurden. Diese Struktur wandelte sich vor allem nach dem Auslaufen des Bretton-Woods-Abkommens 1971 in den siebziger und achtziger Jahren grundlegend.[233] Mit der globalen Vernetzung der Märkte und dem Auftreten transnational operierender Unternehmen (TNCs) erfolgte seit den sechziger Jahren ein Abbau der Devisenkontrollen sowie in den achtziger Jahren die sukzessive Liberalisierung des Kapitalverkehrs. Dies beeinträchtigt die Steuerungsfähigkeit der Nationalstaaten tiefgreifend. Das

232 Kane 1981, S. 355.
233 Cerny 1994.

Entstehen globaler Wirtschaftsräume läutet das »Ende der Geographie«[234] und eine grundlegend veränderte Bedeutung von Territorialität ein.[235] Das nationalstaatliche Steuerungspotential wird von außen unterminiert und von innen fragmentiert. Der Staat verliert Möglichkeiten, die Konjunktur- und Wachstumspolitik an nationalen Prioritäten auszurichten, und er ist zugleich mit der Bedrohung durch eine regulatory arbitrage und einen regulatorischen Wettbewerb konfrontiert, indem Kapitalabflüsse ins Ausland unter Nutzung dortiger Standort- und Regulierungsvorteile drohen.

Mit Beginn der ordnungspolitischen Deregulierung und forciert durch die Liberalisierung des Kapitalverkehrs einerseits sowie den technologischen Fortschritt andererseits, setzte auf den Finanzmärkten zunehmend eine systeminterne Securitization des Finanztransfers ein. Ausgelöst wurde diese Entwicklung durch den Zusammenbruch des auf dem Bretton-Woods-Abkommen basierenden Systems fester Wechselkurse und die daran anschließende hohe Inflationsrate in den siebziger und achtziger Jahren. Bis dahin übernahm die Fixierung der Wechselkurse eine Art Versicherungsfunktion, deren Wegfall zu einem Anstieg der Volatilität und damit zu einem Bedürfnis der Marktteilnehmer nach Möglichkeiten privater Absicherung gegen Wechselkurs- und Zinsrisiken führte. Securitization und Futurization sind in diesem Sinne als Strategien zu verstehen, Risiken in eine handhabbare und handelbare Form zu bringen. Sie zielen somit auf eine Risikodistribution beim Transfer von Finanzkapital. Ohne den Einsatz entsprechender Instrumente ist gerade das Risikomanagement von Banken heute kaum mehr denkbar.[236] Dabei bezieht sich der durch die fortschreitenden Securitizationstendenzen des Finanzsystems bedingte Bedeutungszuwachs des Wertpapierhandels sowohl auf die Primärmärkte als auch auf die Sekundärmärkte in Form des Handels mit wertpapierunterlegten Derivaten.

Im Hinblick auf die Zukunftsmärkte wird die Risikoallokation, d. h. die Zerlegung und Distribution von Risiken, durch Absicherungsgeschäfte in Form von Termingeschäften ermög-

234 O'Brien 1992.
235 Sassen 1998.
236 Vollmer 1996, S. 724.

licht. Diese Futurisierung geschieht entweder durch den Transfer von Risiken an solche Marktteilnehmer, die diese gegen Zahlung einer Risikoprämie bewusst übernehmen, oder durch Risikodiversifikation, indem negativ korrelierende Positionen variiert und damit die Risiken der einen Position durch die Chancen einer entgegengesetzten kompensiert werden (Hedging). Im Gegensatz zur Direktfinanzierung über das traditionelle Instrument des Bankkredits ermöglicht die Wertpapierfinanzierung eine flexiblere Kombination von Kreditrisiko, Laufzeit etc. und bietet darüber hinaus den Vorteil, dass Wertpapiere bei erwarteten Kursverlusten am Primärmarkt veräußert und über die Sekundärmärkte zusätzlich gesichert werden können. Aus kompakten Risiken, wie Zins- oder Währungsrisiken, werden differenzierte, verschachtelte und komplexe Risikoarchitekturen, die es zwar auf der einen Seite erlauben, unterschiedliche Risikotypen auf unterschiedliche Risikoträger nach deren je unterschiedlichen Risikokalkülen zu verteilen, die aber auf der anderen Seite zunehmend undurchschaubare und unkalkulierbare Risikokaskaden und letztlich Systemrisiken schaffen.[237]

Die systeminterne Absicherung des Finanztransfers, d. h. der Handel von Risiken durch die »Konditionierung von Fristen«,[238] ist der Motor finanzieller Innovationen und verantwortlich für das Entstehen und die Expansion der Zukunftsmärkte. Sie bildet auf der einen Seite den Kulminationspunkt der die Finanzmärkte charakterisierenden expansiven und innovativen Entwicklungstendenzen und stellt auf der anderen Seite die zentrale Herausforderung an regulatorische Suprastrukturen des globalen Finanzsystems dar, wenn und soweit die nationalstaatlichen und internationalen Steuerungsregimes nicht mehr ausreichen. Mit der Komplizierung des Geschäfts mit Derivativen und einer Ausweitung des schwer kontrollierbaren »Over-the-counter«-Geschäfts sehen sich die Banken mit einer komplexen Risikostruktur konfrontiert: »The current business model of a global bank consists of three broad categories of risk. There is the direct position risk associated with market and credit portfolios. There is the operating leverage risk arising from volatility of demand and relative inflexi-

237 Hellwig 1998.
238 Baecker 1991, S. 25.

ble cost structures. And there is what we term operational control risk, by which we mean the potential for loss arising from breakdowns in our policies and controls that ensure the proper functioning of our people, systems and facilites.«[239]

Am deutlichsten sind die nationalen Behörden der Kreditwesen- und Bankenaufsicht in ihren Überwachungs- und Kontrollfunktionen überfordert. Sie kämpfen sowohl gegen die Komplizierung der Finanzierungsinstrumente und die mathematisch/statistische Extravaganz der Risikomodelle wie auch gegen die Auflösung nationalstaatlicher Begrenzungen der Finanztransaktionen vergeblich an. Mit der nachdrücklichen Hilfestellung internationaler Gremien und Vorgaben haben sie sich inzwischen zu einer bemerkenswerten Änderung ihrer Rolle und ihrer Strategien durchgerungen, die darauf hinausläuft, dass Aufsichts- und Kontrollinstanzen, etwa für Deutschland das Bundesaufsichtsamt für das Kreditwesen, die Banken nicht mehr direkt und im Detail kontrollieren, sondern in einem intelligenten Verfahren der Verschränkung von Selbststeuerung und Kontextsteuerung Mindestanforderungen und Mindeststandards setzen und dann in »Vor-Ort-Prüfungen« in eher diskursiver Form zu einer gemeinsam mit den Banken erarbeiteten Einschätzung der Risikostruktur und der Risikolage gelangen. In der Einschätzung eines Regulators: »Given the dynamic nature of the market, it becomes much more important for supervisors and auditors to ensure that risk-management systems are adequate and that risk is properly identified, measured, and controlled on an ongoing basis. This area of self-governance offers the greatest opportunity to reduce regulatory burdens while achieving the goals of supervision and regulation.«[240] Die Banken sind damit nicht »Opfer« einer hoheitlichen Kontrolle, welche dann eher zwangsläufig ein Interesse daran entwickeln, dieser (kostspieligen) Kontrolle auszuweichen, sondern sie sind eigenverantwortliche Akteure in einem Prozess, dessen Ziel eine kollektive Absicherung des Banken- und Finanzsystems gegen unverantwortliche Einzelrisiken oder gar Systemrisiken ist.[241]

Dieser jedenfalls für Deutschland grundsätzliche Regime-

239 Thieke 1997, S. 2.
240 Jordan 1996, S. 4.
241 Hentschel und Smith 1994.

wechsel ist weder den Banken noch den Aufsichtsbehörden leicht gefallen. Ermöglicht und gefördert wurde er durch die globale Dynamik des Finanzsystems, die den Banken und den nationalen Aufsichtsgremien zu entgleiten drohte. Nach einer Reihe spektakulärer Fehlspekulationen und Zusammenbrüche hatte bereits 1993 die »Group of Thirty«, ein privater Zusammenschluss global agierender Banken, eine stark beachtete Studie über Derivate und ihre Risiken herausgegeben und Empfehlungen für adäquate Geschäftsmodelle gegeben. Bereits ein Jahr später reagierte der quasi-öffentliche Baseler Ausschuss für Bankenaufsicht – als Teil der in Basel lokalisierten »Bank for International Settlements« (BIS oder BIZ für »Bank für internationalen Zahlungsausgleich«), in der die dreizehn wichtigsten Zentralbanken der Welt zusammengeschlossen sind – mit Empfehlungen für »risk management guidelines for derivatives« und im Oktober 1995 gab (in Deutschland) das Bundesaufsichtsamt für das Kreditwesen seine »Verlautbarungen über Mindestanforderungen an das Betreiben von Handelsgeschäften der Kreditinstitute« heraus, welche den Banken Leitlinien für eine koordinierte Selbststeuerung an die Hand gab.[242]

Beispielhaft sind an diesem Prozess die Elemente eines neuen globalen Steuerungsregimes im Finanzsystem erkennbar. In einem vielschichtigen Wechselspiel zwischen privaten, öffentlichen und quasi-öffentlichen Akteuren auf globaler, transnationaler, nationaler und lokaler Ebene bilden sich Mechanismen der geordneten Verschränkung von Kontextsteuerung und Selbststeuerung heraus, die kein einzelner Akteur beherrscht oder diktiert und die vor keinem Gericht verbindlich einklagbar sind. Dennoch erzwingt die geteilte Einsicht der relevanten Akteure in die Notwendigkeit einer Anpassung des Steuerungsregimes des globalen Finanzsystems an neue Bedingungen jenen Problemdruck, der eine kollektive Selbstbindung ermöglicht. Ein Beobachter der Entwicklung des Baseler Abkommens beschrieb dies so: »It is not the technicalities that are important here, but the recognition that the world's finance is no longer carried on by separate national banking systems dealing with each other at arms' length. It is dominated by

242 Reinicke 1998, S. 102 ff.; Strulik 1999, Kap. 3.2.

multinational institutions that will soon have grown entirely beyond the reach of country-by-country regulation, unless the world's regulators can get together to enforce these kinds of rules.«[243]

Die Anpassung der Suprastrukturen an die Risikoarchitektur des globalen Finanzsystems entfaltet sich gegenwärtig zu einem Modellfall für »global governance«, für »government with and without governments«,[244] mithin für die Genese hybrider Formen der Kooperation privater und öffentlicher Akteure in Feldern, in denen weder der Markt noch die Politik für sich allein angemessene Problemlösungen zustande bringen. Aber selbst in diesem fortgeschritteneren Fall gibt es keinen Anlass zu Euphorie. Zu beobachten sind tastende Versuche und ein Stochern im Nebel eines überwältigenden Nichtwissens über die chaotischen Dynamiken komplexer verschachtelter Systeme. Die Übereinstimmungen sind brüchig und die verbliebenen Zweifel groß: »It's a noble effort but the approach has fatal flaws. The G30 wants to marry industry selfregulation with government supervision in a manner that is unworkable« sagt zum Beispiel Bert Ely, selbst Mitglied der Group of Thirty, während Hal Scott von der Harvard Law School dagegenhält, die Arbeiten der G30 bedeuteten »a very important contribution to thinking about how we can improve the functioning of the international financial system without creating new bureaucratic standards and empowering unnecessarily new or even old international organizations«.[245]

Wolfgang Reinicke fasst seine Fallstudie zur Genese des Regulierungsregimes des globalen Finanzsystems in folgender Beurteilung zusammen: »In what many saw as a bold and even revolutionary move, regulators outsourced an important part of the regulatory process to the banks, taking advantage of the latter's superior capacity to assess risk, and thus reducing the information asymmetry, which by then had reached unacceptable levels.«[246] Immerhin scheint sich der Steuerungsansatz einer koordinierten Partnerschaft zwischen Öffentlichen und Privaten zu konsolidieren. Im Juni 1999 legte der Baseler Aus-

243 Reinicke 1998, S. 112 f.
244 Lütz 1997; Rhodes 1996.
245 Smalhout 1997.
246 Reinicke 1998, S. 122.

schuss ein weiteres Konsultationspapier (»A new capital adequacy framework«) zur wichtigen Frage der adäquaten Eigenkapitalausstattung der Banken vor. Es zielt übereinstimmend mit der bisherigen Linie darauf, den Expertise- und Informationsvorsprung der privaten Korporationen und Akteure noch stärker zu nutzen und die Rolle der Regulierungsinstanzen darauf zu beschränken, die Parameter der Kontextsteuerung zu setzen.

Der Aufbau neuer Institutionen der Kontextsteuerung vollzieht sich in der mehr oder weniger gelingenden Aufarbeitung von Katastrophen und nicht die Ideale einer gerechten Welt, sondern die Trauerarbeit über Milliardenverluste sind die treibenden Kräfte der Anpassung von Suprastrukturen.

3.5 Fallstudie Rating-Agenturen

Die neuen Formen des Zusammenspiels von Banken, Regulierungsbehörden und privaten Institutionen kommen nicht von ungefähr. Sie reflektieren tiefgreifende Veränderung der Funktion der Banken in den nationalen und transnationalen Finanzsystemen. Traditionellerweise übernehmen die Banken die Rolle des Mittelsmannes oder »Intermediärs« zwischen vielen vereinzelten Geldgebern (Sparern) und Geldsuchern (Kreditnehmern). Die Banken übernehmen die Entscheidung über Kreditvergaben und müssen im Regelfall für nicht zurückbezahlte Kredite das Risiko übernehmen, also einstehen. Die Kosten dieser Intermediatisierung – welche die Banken auf die Kreditzinsen aufschlagen – sind hoch, weil sie neben den sonstigen Transaktionskosten noch die Kosten der spezifischen Expertise umfassen, welche den Banken eine brauchbare Einschätzung ihrer Risiken ermöglicht.

Mit der Deregulierung, Ausweitung und Dynamisierung der Finanzmärkte in den 80er und 90er Jahren sehen sich die Banken einem massiven Prozess der »Desintermediatisierung« ausgesetzt. Damit ist gemeint, dass die Funktion der Banken als Mittelmänner zunehmend ausgespart und überflüssig wird, weil sich auf beiden Seiten des Kreditgeschäfts direktere, schnellere und kostengünstigere Alternativen entwickeln. So bringen Sparer, vor allem in den USA und zögerlicher auch in

Europa und Japan, ihr Geld nicht mehr für verhältnismäßig bescheidene Zinsen zur Bank, sondern sie investieren als Anleger in Fonds. Sie erwarten nicht mehr Sparzinsen, sondern Rendite für Kapitalinvestitionen. Das Anlagevermögen der unterschiedlichen Fonds (»mutual funds«), vor allem der Pensionsfonds, ist in den USA heute deutlich höher als dasjenige der Banken insgesamt. Es hat sich allein zwischen 1995 und 2000 von drei auf sechs Billionen (tausend Milliarden) Dollar verdoppelt.[247] Gleichzeitig stieg der Handel mit Finanzderivaten in unvorstellbar gewordene Größenordnungen: im Jahre 1996 von 27 Billionen Dollar auf 34 Billionen, davon rund 24 Billionen im besonders kritischen, weil bilanzunwirksamen, außerbörslichen »Over-the-counter«-Markt.[248]

Diese Desintermediatisierung setzt ihrerseits eine Dynamik in Gang, welche die nationalen und globalen Geld- und Finanzmärkte verflüssigt, indem sie die Fonds zu einer flexiblen, nervösen und rastlosen Suche nach optimalen Investitionsmöglichkeiten antreibt. Den in ihren Traditionen und Grundsätzen nach eher risikoaversen Banken standen beinahe über Nacht und ohne Vorwarnung eher risikofreudige Investitionsfonds, Hedgefonds etc. gegenüber und forderten die Banken in ihrem Kerngeschäft heraus. Inzwischen passen sich die Banken mit Nachdruck der neuen Situation an und sind selbst, wie oben beschrieben, mit ihren Investmentabteilungen und Investmentbanken als Finanzkonglomerate aktive Teile des globalen Finanzsystems. Sie verstärken damit den Zug zur Desintermediatisierung und »securitization«, zur Aufspreizung von Risiken durch Derivate und Hedging-Strategien.

Problematisch wird dabei das Risikomanagement der Banken. Konnten Sparer und Anleger bislang davon ausgehen, dass die Banken im eigenen Interesse nur überschaubare Risiken eingehen und dabei auf ihr gewachsenes »lokales« Wissen zurückgreifen können, so hat sich die Situation mit der Dominanz überregionaler und globaler Investmentfonds tiefgreifend geändert. Die Banken werden in einen Interessenkonflikt zwischen ihrem Eigeninteresse an riskanten Investitionsstrategien und dem Interesse ihrer Anleger an »Sicherheit« hineingezogen. Insbesondere die Investmentbanken und ihre Ana-

247 Capital 6/99, S. 276.

248 Das Parlament Nr. 36-37 vom 5.9. 1997, S. 3.

lysehäuser stehen in Gefahr, im eigenen Interesse an großen Kunden oder Emittenten deren Entwicklungspotential zu optimistisch einzuschätzen. Sogar die ganz Großen, Goldman Sachs und Merrill Lynch, mussten beispielsweise im Fall der US-Börseneinführung von SAP diesen Vorwurf hören. Pierre Drach, Chefanalyst der Frankfurter Independent Research sprach es aus: »Die großen Banken sind befangen.«[249] Wie oben in Kapitel 3.4 beschrieben, versuchen die Banken, diese Interessenkollision durch elaborierte Formen der Selbstkontrolle und Kontextsteuerung zu entschärfen. Dennoch bleibt die Frage, inwieweit sie zu uneigennützigen und distanzierten Einschätzungen in ihren Aktienanalysen und in ihrer eigenen Risikoexponierung in der Lage sind. Woher bekommen Investoren solche Einschätzungen, wenn sie selbst über die dafür erforderliche Expertise nicht verfügen und wenn sie den Banken als eigeninteressierten Akteuren nicht mehr hinreichend vertrauen?

Diese Frage bringt eine alte Institution in einer neuen Brisanz ins Spiel: die Rating-Agenturen. Die »credit-rating agencies« sind die im globalen Maßstab etablierten, faktisch offiziellen und anerkannten Einrichtungen der Bewertung der Kreditwürdigkeit (Bonität) von Organisationen, Institutionen und Ländern. Sie bilden die oberste, einflussreichste und problematischste Ebene der Finanzdienstleistungshierarchie. Das Rating-Geschäft wird von dem Duopol zweier amerikanischer Agenturen beherrscht, Moody's Investors Service (Moody's) und Standard & Poor's Ratings Group (S&P). Bemerkenswert ist, dass beide Weltmarktführer Informationskonzernen gehören: Moody's gehört Dun & Bradstreet, S&P ist ein Teil der Verlagsfirma McGraw-Hill. Auch noch die Plätze drei und vier sind von (deutlich kleineren) amerikanischen Firmen belegt: Fitch IBCA und Duff & Phelps Credit Ratings. Es ist damit das am stärksten oligopolisierte und konzentrierte Element des globalen Finanzsystems. Nur die drei Großen der globalen Investmentbanken, Morgan Stanley Dean Witter, Merrill Lynch und Goldman Sachs bilden ein ähnlich konzentriertes Oligopol innerhalb des Finanzsystems; und die vier großen Nachrichtenagenturen (Reuters, AP, UPI und AFP) ein entsprechendes Oligopol im Bereich globaler Pro-

249 managermagazin Juni 1999, S. 150.

duktion und Verbreitung von Nachrichten.

Jede der beiden großen Rating-Agenturen, Moody's und S&P, beurteilt eine Schuldensumme von etwa drei Billionen Dollar.[250] Gewöhnlich werden die Marktführer nur auf Antrag und Kosten der zu beurteilenden Firmen tätig. Moody's und (seit 1996) auch S&P fertigen aber je etwa 10% der Ratings als »öffentliche Information« oder »unsolicited rating« an.[251] In Deutschland waren Ratings jedenfalls für Emittenten bis 1991 nicht so dringlich, weil alle Emissionen einem staatlichen Genehmigungsvorbehalt unterlagen und Investoren daraus schlossen, dass genehmigte Emissionen »geprüft« waren und zumindest gewisse Mindestsicherheiten boten. Mit der Aufhebung dieser Genehmigungspflicht 1991 entstand ein »credibility gap«, das von Rating-Agenturen und den Researchhäusern der Investmentbanken ausgefüllt wird.

Rating ist ein global anerkanntes vergleichendes Instrument, welches nicht nur quantitative, sondern auch qualitative Daten nutzt, insbesondere Einschätzungen der Wettbewerbslage, der Ertragskraft, der Finanzstruktur, der Vermögenswerte, der Managementqualität (siehe dazu exemplarisch den Überblick in der Tabelle 3 im Anhang) und der strategischen Ausrichtung einer Organisation. Die Einstufung einer Organisation oder Einrichtung im Rating-System drückt die Einschätzung der Agenturen darüber aus, mit welcher Bonität und mit welchem Risiko ein Schuldner fähig sein wird, seine Verpflichtungen aus der Aufnahme von Fremdkapital (für die Laufzeit dieser Schulden) zu erfüllen. Das Rating kann sich auf sehr unterschiedliche Objekte beziehen, im Vordergrund stehen aber Schuldtitel und Anleihen (»Bond-Rating«), Aktien (»Stock-Rating«) sowie Geldinstitute und Geldmarktfonds.[252] Empirische Untersuchungen bestätigen, dass veränderte Ratings, also Abwertungen oder Aufwertungen, sich tatsächlich auf die Preise von Schuldverschreibungen und Aktien auswirken.[253]

Das Rating gibt damit Investoren eine expertisenbasierte Einschätzung des Risikos ihrer Anlageentscheidung in einer

250 Sinclair 1994, S. 453.
251 Everling 1999, S. 253.
252 Steiner 1992, S. 509.
253 Hand, Holthausen und Leftwich 1992.

Situation, in der Investoren immer weniger überblicken, geschweige denn beurteilen können, welche zukünftig zu erwartende Wertschöpfungskapazität die beurteilte Organisation gegenwärtig hat. Je niedriger das Rating, desto höher ist das Risiko für Investoren – und desto höher muss damit die Rendite sein, damit Investoren gewonnen werden können. Höhere Rendite aber heißt für den Schuldner höhere Kosten des Kredits. So bedeutet beispielsweise eine geringfügige Rating-Rückstufung um eine Stufe für eine Bank mit einer Bilanzsumme von 300 Millionen Schweizer Franken (unter der Annahme, dass 10% der Bilanzsumme exponiert und zu refinanzieren sind) zusätzliche Zinskosten von 15 Mio Franken.[254] Dies bedeutet, dass die Qualität des Ratings etwa für ein auf Kredite angewiesenes Unternehmen direkt und spürbar die Kapitalkosten beeinflusst. Bei vielen institutionellen Anlegern wie Pensionsfonds, Versicherungen und Banken ist ein Rating einer bestimmten Güte sogar Voraussetzung für eine positive Anlageentscheidung. Je stärker sich Unternehmen, Institutionen, Regionen und ganze Länder auf den globalen Finanzmärkten im Wettbewerb untereinander um Anlagekapital bemühen, desto stärker sind sie auf möglichst positive Ratings angewiesen, um ihre Kapitalkosten zu optimieren. Hieraus erwächst den wenigen global agierenden Rating-Agenturen ein bislang noch wenig begriffener und noch weniger problematisierter Einfluss auf globale Ströme von Investitionsentscheidungen.

Ratings haben (in einem gewissen Gegensatz zu Investment und Analyse) eine relativ langfristige Perspektive, weil ihr Hauptkriterium die Kreditwürdigkeit der bewerteten Einheit ist. Sie zielen deshalb auf »fundamental analysis«, d.h. die makro-ökonomische Einbettung und das Potential der evaluierten Firma oder Institution. Durch eine kontinuierliche Aktualisierung der Evaluationen kumulieren Ratingfirmen eine einzigartige Expertise.

Rating institutionalisiert einen spezifischen Typus der »knowledge structure« (im Sinne von Susan Strange) als ein Expertensystem, welches »determines what knowledge is discovered, how it is stored, and who communicates it by what means to whom and on what terms«.[255] Es geht um Wissen, das Inve-

254 Zoller 1996.
255 Strange 1988, S 117.

storen wie Anlage- und Pensionsfonds oder Investmentbanken, aber auch Leasing-Gesellschaften, Factoring-Instituten, Kapital- und Unternehmensbeteiligungsgesellschaften etc.[256] erlaubt, ohne aufwendige eigene Expertise (und entsprechende Transaktionskosten) sich einigermaßen verlässlich in einem Feld zu bewegen, welches durch hohe Unsicherheit und einen entsprechend hohen Bedarf an spezifischem Wissen charakterisiert ist.

Merkmale des Expertensystems des Ratings sind eine Ausrichtung auf amerikanische Standards für Managementqualität,[257] Unternehmensstrategien und Finanzstruktur, Messung an Kriterien, die teils veröffentlicht und teils geheim sind, sowie eine Sichtweise, welche der Tendenz nach den »shareholder value« gegenüber einem sozial verantwortlichen und kreativen Unternehmertum bevorzugt. Völlig ungerührt von dieser Kritik dominiert ein enges Oligopol von Firmen das globale Rating. Sie werden dies so lange tun, wie sie über relevantere und überzeugendere Expertisen verfügen als jede andere Einrichtung der Evaluation ökonomischer Performanz. Auch wenn die beiden Großen der Branche seit einigen Jahren in vielen Ländern der Welt Niederlassungen gegründet haben, um regionale Spezialisierungen zu fördern, so gilt immer noch uneingeschränkt: »New York remains the analytical core, where rating expertise is defined and reinforced.«[258]

Dies hängt vor allem damit zusammen, dass Rating für amerikanische Konzerne zur Routine geworden ist, während europäische und asiatische Firmen sich nur langsam mit den damit verbundenen Kosten und Prozeduren anfreunden. Gegenwärtig werden in den USA etwa achttausend, in Deutschland nur zweihundert Unternehmen mit einem Rating evaluiert. Moody's verlangt einen Prozentsatz von 0,01 % des Emissionwertes, während S&P Kosten auf der Basis der aufgewendeten Zeit berechnet. Bereits Ende der 80er Jahre kostete das Rating einer großen Firma rd. 250.000 DM und jährlich 50.000 Folgekosten für laufende Überprüfungen.[259] Für 1994

256 Gündling und Everling 1994, S. 727.
257 Hoffmann 1991, S. 54 ff.
258 Sinclair 1994, S. 453.
259 Hoffmann 1991, S. 74.
260 Gründling und Everling 1994, S. 729.

schätzen Gündling/Everling die Ratinggebühren (für große Firmen) auf bis zu 125 000 Dollar.[260] Inzwischen lassen sich auch Länder (wie Hessen oder Sachsen-Anhalt; letzteres Land erhielt für 1997 ein S&R-Rating von AA-), Regionen (wie die Toskana) oder Städte (wie Philadelphia, New York oder Tokio) durch ein Rating evaluieren, um durch ein günstiges Rating als attraktiver Emittent zu erscheinen. So decken die Bundesländer im Durchschnitt nur 19% ihres Kreditbedarfes durch Anleihen ab, während diese Finanzierungsform für Sachsen-Anhalt die bemerkenswerte Höhe von 65% erreicht – und damit eine Innovation in der Strategie der Länderfinanzierung andeutet.[261]

Zunehmend werden auch z. B. in Deutschland die wichtigsten Firmen relevanter Branchen regelmäßig evaluiert. So bewertet Moody's seit 1998 sieben der großen deutschen Versicherungskonzerne, und auch S&P hat bereits 1997 den Versicherungssektor bewertet (und nur eine Firma, die Allianz Versicherung, mit der Höchstnote AAA ausgezeichnet). Bemerkenswert ist, dass seit 1999 die Global players jedenfalls in Deutschland Konkurrenz bekommen haben, indem sich in Köln die Assekurata Assekuranz Rating-Agentur GmbH speziell für das Feld der Versicherungen gebildet hat. Dies scheint kein Einzelfall zu sein, und es deutet darauf hin, dass das Feld der Rating-Agenturen in Bewegung kommt. So startete Mitte 1999 die Deutsche Ausgleichsbank nach Anstoß durch das hessische Wirtschaftsministerium eine Rating-Agentur speziell für mittelständische Unternehmen. Die Agentur begann mit nur zwölf Analysten und wollte schon 1999 etwa ein Dutzend Unternehmen vor allem aus den Bereichen Hochtechnologie, Medien und Chemie/Pharma analysieren. Attraktiv ist die Agentur für mittelständische Betriebe, weil die Kosten eines Ratings mit rd. dreißig- bis fünfzigtausend DM deutlich unter den Kosten eines Ratings durch die Großen ausmachen.[262] Zuvor schon hatte im März 1999, angestoßen vom bayerischen Wirtschafsministerium, die U.R.A Unternehmens-Rating-Agentur AG in München ihre Arbeit aufgenommen. Ihre Preise liegen, je nach Größe des bewerteten Betrie-

261 Schackmann-Fallis 1999.
262 FAZ Nr. 22 v. 27. 1. 1999, S. 23.
263 Süddeutsche Zeitung Nr. 58 v. 11. 3. 1999, S. 26.

bes, zwischen achtzehn und sechsunddreißigtausend DM.[263]

Ein Rating-Prozess basiert auf einem kontinuierlichen und engen Kontakt zwischen Unternehmen und Rating-Agentur, der in den jährlichen »Review Meetings« kulminiert. Die Rating-Agenturen erhalten routinemäßig auch vertrauliche Informationen, weil die Firmen auf eine langfristige und vertrauliche Zusammenarbeit angewiesen sind. »Die führenden Rating-Agenturen erwarten, dass von den Emittenten unaufgefordert Terminvorschläge unterbreitet, die notwendigen Informationen aufbereitet und die erforderlichen Vorbereitungen getroffen werden, ohne dass es dazu eines speziellen Hinweises von Mitarbeitern der Agenturen bedarf.«[264] Darüber hinaus verfolgen die Agenturen, ähnlich wie Investmentbanken und ihre Researchabteilungen oder wie globale Beratungsunternehmen, kontinuierlich alle Entwicklungen, die auf die künftige Ertragsfähigkeit »ihrer« Unternehmen oder Einrichtungen Einfluss haben könnten.

Zum Beispiel haben Moody's und S&P früh die Kriterien des Baseler Akkordes vom Juli 1988 für die Eigenkapitalausstattung (und weitere »Gesundheits«-Kriterien) für internationale Banken übernommen und ihrerseits mit diesen Kriterien die Rating-Prozesse für Finanzinstitute im Allgemeinen angereichert. Dies wiederum ließ vielen Banken und Banksystemen, die gar nicht Mitglieder des Baseler Akkordes sind, gar keine andere Wahl, als sich ebenfalls diesen Kriterien unterzuordnen: Australien, Finnland, Neuseeland, Norwegen, Österreich, Portugal, Spanien, Türkei, Hongkong, China und Singapur folgten.[265] Inzwischen hat sich über diese Wechselwirkungen praktisch ein globaler Standard der Beurteilung der Bonität von Banken herausgebildet. Das Zusammenspiel der Hauptakteure – die dreizehn Zentralbanken des Baseler Ausschusses, die vier großen Rating-Agenturen und die über ihre Refinanzierungsbedarfe im globalen Finanzsystem eingebundenen übrigen Banken und Bankensysteme – wurde von keinem Überakteur geplant oder gesteuert. Vielmehr resultieren die Merkmale eines Steuerungsregimes aus der losen Kopplung eines Netzwerkes von Akteuren, die durchaus ihre eigenen Strategien verfolgen, diese aber in die Operationslogik des

264 Everling 1999, S. 255.
265 Genschel und Plümper 1997, S. 4.

globalen Finanzsystems einpassen müssen. Obwohl eine große Zahl außergewöhnlich einflussreicher Akteure die Formierung des Steuerungsregimes mitgestaltet, ist das Regime insgesamt nicht das Produkt strategisch-rationalen Handelns, sondern Ergebnis einer Verbindung von evolutionären Dynamiken und Operationslogiken großer Funktionssysteme einerseits und intentional-rationaler Strategien steuerungsfähiger Systeme andererseits. Völlig zu Recht leitet Thomas Friedmann hieraus »the most basic truth about globalization« ab: *»No one is in charge«*.[266]

Das entstehende Regime ist eine hybride Verschmelzung von Evolution und Steuerung. Es ergibt sich weder ganz unbeeinflussbar aus den Zufällen evolutionärer (ökonomischer, politischer, sozialer , technologischer etc.) Bewegungen oder geschichtlicher Wirkgesetze, noch ist es autoritativ »gemacht« wie das Gesetz eines handlungsfähigen souveränen Staates. Seine Besonderheit liegt genau darin, dass sich aus der lose gekoppelten, kompetitiven Kooperation und kooperativen Konkurrenz vieler Akteure ein globales Regime herausbildet, obwohl es keine souveräne globale Instanz der Systemsteuerung gibt.

Ein Beispiel dafür ist die Wirkung der bereits erwähnten Vorschläge des Baseler Ausschusses zum Eigenkapital der Kreditinstitute auf die Wettbewerbssituation von Banken einerseits, auf die Bedeutung des Ratings von Banken andererseits. Bereits jetzt müssen Kreditinstitute ihre »Risikoaktiva« mit acht Prozent haftendem Eigenkapital unterlegen, was deutliche Kosten verursacht. Dabei werden die Kredite an Private mit hundert Prozent, die meisten Kredite an öffentliche Hände aber nur mit zwanzig Prozent berechnet – offenbar, weil die Kreditrisiken entsprechend unterschiedlich einzuschätzen sind. Diesen Grundsatz forciert nun der Baseler Ausschuss, indem er eine Klassifizierung oder ein Rating der von einem Kreditinstitut eingegangen Kreditrisiken vorschlägt. Ein adäquates internes Rating ist aber schwierig und aufwendig, weil es elaborierte Risikomodelle voraussetzt, über die nur die großen (»sophisticated banks«) Institute verfügen. Ein externes Rating ist ebenso schwierig und würde darüber hinaus die Monopolstellung der vier Großen weiter zementieren.

266 Friedmann 1999, zit. bei Waltz 1999, S. 2. Hervorhebung im Orignial.

Vorläufig bleibt offen, wie die Vorschläge des Baseler Ausschusses unter Einbeziehung von Ratingverfahren umgesetzt werden könnten,[267] deutlich ist aber bereits jetzt, dass kein einzelner Akteur die Genese des sich entfaltenden Regimes beherrscht. Ganz im Gegenteil entwickelt sich ein gekoppeltes, vielschichtiges Zusammenspiel ganz unterschiedlicher Akteure, welches die Genese des globalen Steuerungsregimes vorantreibt.

Ein deutliches Indiz dafür ist das Zusammenspiel zwischen den erwähnten BIZ-Eigenkapitalvorschlägen, den Reaktionen der Investitionsbanken und der darin implizierten Rolle der Rating-Agenturen. Die Vorschläge des BIZ entfalten bereits als bloße Vorschläge eine Dynamik der Einschätzung differentieller Kreditrisiken, welche die Banken dazu zwingt, gegenüber ihren (großen) Kunden ihre Risikomodelle und Risikoportfolios durchsichtig zu machen. Erzwungen wird dies faktisch durch die großen Rating-Agenturen, welche die Kriterien der BIZ in ihre Ratingverfahren übernehmen und auf dieser Grundlage zu unterschiedlichen Bonitäten der Banken kommen – und zugleich mit der Schaffung dieses neuen Marktes für Rating die Entstehung weiterer weltregionaler und nationaler Rating-Agenturen hervorrufen. Für die Investmentbanken geht es darum, »das komplette Systemrisiko der Banken in den Griff zu bekommen«.[268]

Die Einsicht des pànta rhei sagt, dass alles im Fluss ist und diese Veränderung das einzig Bleibende und Unveränderliche sei. Erst die Evolutionstheorie überbietet dieses Paradox und postuliert, dass das Dual von Veränderung und Anpassung die ewig gleiche Spirale evolutionärer Dynamik antreibe, in welcher das besser Angepasste der Feind des gut Angepassten sei. Im Grundmodell der Evolution verändern sich für bestehende Systeme aufgrund zufälliger Variationen Bedingungen und Komponenten ihrer Umwelten. Die Systeme, z. B. Organismen, produzieren ihrerseits zufällig endogen Variationen ihrer genetischen Ausstattung und schaffen als Genpopulation einen variety pool viabler Varianten, die nun am Maßstab der je gegebenen Umweltkonstellation auf optimale Passung selektiert wird.

Aus der frappierenden Eleganz und Plausibilität des Evo-

267 Zeitler 1999.
268 Bräuer 1999, S. 29.

lutionsmodells haben viele Denker, Neo-Liberale und andere Verkünder des reinen Marktes eingeschlossen, gefolgert, dass Evolution als Erklärungsmodell für Veränderung ausreiche. Sie übersehen dabei, dass mit der Sprach- und Symbolfähigkeit des Menschen die Evolution ihrerseits evolviert ist zu einer reflexiven Form, welche entscheidende Beschränkungen organischer Evolution durchbrochen hat. Die reflexive Form der Evolution ist Steuerung. Während Evolution als gegenwärtige Anpassung an je gegebene Bedingungen nur auf vergangene Ereignisse reagieren kann, also keine Zukunft kennt und absolut keiner teleologischen Logik verpflichtet sein kann, kommt mit der Fähigkeit des Menschen zur Vorstellung, zur Projektion und Planung eine neue Qualität ins Spiel. Menschen – und in Symbiose mit ihnen auch soziale Systeme – können qua Projektion in die Zukunft hinausgreifen und aus zukünftig vorgestellten Realitäten (zukünftigen Gegenwarten) gegenwärtige Konsequenzen ableiten. Genau dies ist der Kern jeder Steuerung: die Ausrichtung gegenwärtigen Handelns auf künftig gewünschte oder vorgestellte Zustände.

Die Menschheit hat Jahrtausende gebraucht, um dieses die Evolution überschreitende Potential ungeschützt wahrzunehmen und zu nutzen. Bis zur Renaissance und zum Zeitalter der Aufklärung galt unverrückbar, dass nur Götter Projekte haben und die Menschen bestenfalls die Ausführenden göttlicher Pläne sein konnten. Die Idee der Machbarkeit der Welt durch menschliches Handeln selbst bricht mit der Gewalt umfassender Revolutionen über die Menschheit herein und tatsächlich braucht es schließlich die amerikanische und die französische Revolution, um das Zeitalter säkularer, menschengemachter Projekte zu eröffnen. Bezeichnenderweise sind die meisten dieser Projekte mit hohen Kosten immer wieder gescheitert. Immerhin aber sind mit der Positivierung des Rechts, der Idee der Volkssouveränität (»We, the people ...«) und dem Programm der Perfektibilität des Menschen durch Erziehung die Grundpfeiler einer faktischen Machbarkeit der Welt eingerammt.

Heute, zum Beginn des neuen Jahrhunderts, haben die überwältigenden Erfolge der »Projektemacher« in Naturwissenschaften, Politik und Unternehmen bei der Erschaffung künstlicher, menschengemachter Welten ein unerwartetes, komplementäres Problem erzeugt, das wir erst wahrzunehmen beginnen. Der Glaube an Machbarkeit und Kontrollierbarkeit wächst sich zu einem Phantasma der Steuerbarkeit aus, welches blind geworden ist für die Grenzen der Steuerung komplexer Systeme. So haben wir die perplexe Situation, dass eine radikalisierte Praxis sich aufgrund punktueller Erfolge eine grenzenlose Machbarkeit einredet, gleichzeitig aber eine radikalisierte Markttheorie aufgrund punktueller Evidenzen jede Steuerbarkeit komplexer Systeme pauschal verwirft, während das kleine Fähnlein der Besonnenen, wie immer, zwischen allen Stühlen hochmütiger Bedenkenlosigkeit auf dem niedrigen Schemel reflektierter Praxis sitzt und die undankbare Aufgabe übernehmen muss, die Höhenflüge der Selbstgewissheit auf den harten Boden praktisch relevanter und theoretisch begründbarer Balancen zurückzuholen.

Eine erste Bedingung der Möglichkeit, hybride Steuerungsregimes zu verstehen, ist deshalb ein adäquates Verständnis des Zusammenspiels von Evolution und Steuerung bei der Erzeugung globaler oder weltregionaler Steuerungsregimes. Die Organisationstheorie selbst spiegelt diese Spannung, indem sie Angebote für alle Alternativen bereithält (siehe Tabelle 4). Manager und Berater haben sich allerdings aus verständlichen Gründen auf die Seite »starker« Führung geschlagen. Sie übersehen dabei, dass auch erfolgreiche und starke Unternehmen in Kontexten und Umwelten operieren, die sie nicht kontrollieren können und über die sie keine Gestaltungsmacht besitzen. Kein Unternehmen, sieht man von kurzen Phasen eines Monopols oder eines Quasimonopols ab, beherrscht den Markt insgesamt oder seine Kunden oder seine Zulieferer, schon gar nicht seine Konkurrenten. Das ist nicht neu. Neu ist, dass mit der zunehmenden Bedeutung von Wissen als Ressource und Produktivfaktor sich eine kritische Komponente für den Erfolg von Organisationen nachdrücklich der direkten Beherrschbarkeit entzieht und damit das Modell der Machbarkeit durch Manager oder der Steuerbarkeit durch Berater, Analysten oder Evaluatoren untergräbt.

Dass es notwendig ist, das Zusammenspiel von evolutionärer Dynamik und zielgerichteter Steuerung neu zu kalibrieren, zeigen vor allem »verteilte« Systeme wie dezentralisierte Konzerne, Netzwerke, Kooperationsverbünde, strategische Allianzen und insbesondere globale Steuerungsregimes, die ohne kollektiv verbindliche Entscheidungsfähigkeit und -kompetenz auskommen müssen.

Tabelle 4: Modelle des *locus of control* und der Steuerbarkeit

	Umwelttheorien der Organisation	Innenwelttheorien der Organisation	Systemtheorien der Organisation
Beispiele	Kontingenztheorie Ressourcen-Anhängigkeitstheorie	Entscheidungstheorien Führungstheorien	Enacted environment Populationsökologie Steuerungstheorie
locus of control	außen	innen	relational und komplex
Folgen für Steuerung	Umwelt steuert das System	»Starke« Führung steuert das System	Selbststeuerung und Kontextsteuerung

Beispielhaft sind Netzwerke dadurch charakterisiert, dass es niemanden gibt, der für das Ganze zuständig, verantwortlich und kompetent ist. Stattdessen ergibt sich der Nutzen eines Netzwerkes aus der selbstgesteuerten Kooperation autonomer Akteure, deren Autonomie gerade wesentliche Bedingung ihres eigenständigen Beitrages, ihrer Eigenmotivation und ihrer Kooperationsbereitschaft ist. Selbst noch in dezentralisierten Konzernen gibt die Zentrale genau deshalb Steuerungsansprüche und Kontrollkompetenzen an partiell autonome Teilsysteme wie selbständige Geschäftseinheiten oder Centers ab, weil sie sich einen höherrangigen Nutzen von der dadurch freigesetzten Motivations- und Innovationskraft verspricht.

Erst wenn man zugrunde legt, dass in der Genese hybrider globaler Steuerungsregimes Evolution und Steuerung zusammenspielen, mithin Komponenten nicht steuerbarer Systemdynamiken und Komponenten steuerbarer und gesteuerter Systemstrategien zusammenwirken, lassen sich sowohl Phantasmen globaler Steuerung und andere Fortsetzungen diverser Verschwörungstheorien fundiert zurückweisen, wie auch Phantastereien einer neoliberalen, umfassenden benevolenten Marktlogik, die das Gute irgendwie von selbst hervorbringe. Nicht einmal die übermächtigen global agierenden Rating-Agenturen beherrschen die Welt und können der Entwicklung des globalen Finanzsystems die Richtung vorgeben. Denn sie müssen sich als objektive und neutrale Sachwalter einer unbestechlichen Evaluierungslogik gerieren, um ihre einzige kritische Ressource – kompetenzbasiertes Prestige – nicht zu verspielen. Ebenso wenig wirkt sich eine ungesteuerte Marktlogik notwendigerweise wohlfahrtsfördernd aus, denn der Mensch lebt nicht vom Markt allein. Der Kollektivakteur, der diese beiden Lektionen, und damit die Grundlektion eines notwendigen Zusammenspiels evolutionärer und strategischer Komponenten der Systemgenese, nolens volens lernen musste, ist der herkömmliche Nationalstaat (verstanden als Kürzel für nationale Politiksysteme). Er hat unwiederbringlich Momente »alter« Steuerungskompetenzen an eine von ihm nicht mehr beherrschbare globale Dynamik verloren – und dennoch ist er als generalisierter Kollektivakteur bei weitem nicht ohne Einfluss. Das Ende des Staates ist noch lange nicht gekommen, aber ebenso klar ist seine klassische Souveränität eingegrenzt und durchbrochen von Zwängen der Vernetzung, Abstimmung und Selbstbescheidung, die ihn auf der Bühne globaler Dynamiken zum Mitspieler in dem weiten Ensemble einer teils selbstgesteuerten, teils chaotischen Gemeinschaftsproduktion machen. Peter Evans hat dieses Dilemma des Staates auf den Punkt gebracht:

»The kind of capacity necessary to make the state a dependable partner in a strategy of state-society synergy is already in scarce supply. Civic groups are correspondingly less likely to be attracted to strategies of mutual empowerment that involve state agencies. Legitimate disillusionment with the state's capacity to deliver, exacerbated by the pervasive antistate discourse of the Anglo-American global order, has solidified into a domestic political climate that makes engaging the state as an ally seem farfetched. Finally, and perhaps most important, private elites are likely to see a political threat in any form of state-society synergy that involves subordinate groups.«[269]

269 Evans 1997, S. 86.

Während für den Staat der Abstieg vom Olymp der Souveränität irreversibel eingeläutet ist, müssen andere Kollektivakteure ihren Durchgang durch die Schule der Bescheidenheit erst noch hinter sich bringen. Rating-Agenturen, Medienkonzerne, Investmentbanken, Beratungsfirmen, Nachrichtenagenturen oder High-Tech-Firmen mit globaler Reichweite leiden noch weitgehend unerkannt an einem aufgeblähten Ego, das aus der Expansion in die Freiräume einer Globalität erwachsen ist, die von den Nationalstaaten nicht mehr kolonisierbar ist. Aus dieser Situation zu schlussfolgern, dass mit dem Rückzug des Staates in eine ironische und supervisorische Rolle[270] das globale Spielfeld für die neuen Monopolisten frei sei, hieße zu verkennen, dass dieselbe Globalisierungsdynamik, welche die Nationalstaaten in ihre Grenzen verwiesen hat, auch die »global players« zur Raison bringen wird, die jetzt noch der Arroganz der Macht verfallen sind.

Die Raison, um die es geht, ist die Logik atopischer Vernetzung im Medium des Wissens und einer daraus folgenden Vernetzung des Wissens im atopischen Raum. Die Aufteilung der Welt in Reviere, Reiche und Regionen ist ein Spiel der Vergangenheit mit den Mitteln von gestern. »Wir haben das Land verlassen und sind zu Schiff gegangen!«, notierte Nietzsche vor langem schon zum Thema unendlicher Horizonte. »Wir haben die Brücke hinter uns, – mehr noch, wir haben das Land hinter uns abgebrochen!«[271] Darum geht es! Die atopische Gesellschaft muss sich in einer Welt ohne Land einrichten. Im Horizont des Atopischen verlieren sich die Stützpunkte erdschwerer Verlässlichkeit und gravitätischer Traditionen. Sie machen einer konnektivistischen Fluidität Platz, deren Muster und Gestalten kommunikativ konstituierte Figuren bilden und die als Verdichtungen von Kommunikationen sich ebenso schnell auflösen können, wie sie entstanden sind. Nun kommen die Stunden, in denen selbst die mächtigsten Akteure erkennen müssen, dass der Horizont des Atopischen unendlich ist »und dass es nichts Furchtbareres giebt, als Unendlichkeit« (Nietzsche, Die Fröhliche Wissenschaft, § 124).

Das einzige Medium, das auf Unendlichkeit vorbereitet ist, ist Wissen. Die tektonischen Verschiebungen der Relevanzen

270 Willke 1996a; 1997b.
271 Nietzsche 1954, Band 2, S. 125.

der Steuerungsmedien von Macht zu Geld zu Wissen spiegeln das lange sich vorbereitende Aufbrechen der atopischen Gesellschaft wider. Noch können die neuen Platzhalter globaler Macht glauben, sie könnten ihr Schicksal auf Kurs zwingen, indem sie verwegen auf das Medium Wissen setzen und ihre singuläre Expertise einsetzen wie die Konquistadoren ihre Schwerter. Tatsächlich geben ihnen die Ausgänge der ersten Scharmützel Recht, denn die Eingeborenen, die an die Unantastbarkeit ihres endogenen Wissens geglaubt haben, geben sich geschlagen. Zu bestechend ist der imperiale Jargon unüberwindlicher Modellrechnungen und professionell konzipierter Übernahmestrategien. Aber die Tiefenströmungen einer nicht vorausgesehenen Komplikation sammeln bereits Momentum an. Sie sind dadurch in Bewegung gebracht, dass Wissen als Waffe nur beim ersten Streich wirkt, weil es bei der Berührung des Gegners diesen zugleich mit dem Gegengift impft. Wer überlegenes Wissen als Waffe einsetzt, macht sich verwundbar, weil er dem Gegner Zugang zu seiner Expertise verschafft. Aus diesem Grunde passt die Operationslogik des Mediums Wissen nicht in die Traditionen der Eroberungsmedien Macht und Geld. Ähnlich wie Musik oder Liebe eignet sich Wissen nicht für den Aufbau von Imperien, sondern, jedenfalls in seiner Eigenlogik, für die Dissimulation von Differenzen. In der realen Welt ist das nicht so einfach, wie der Fall der Liebe zeigt, denn dort spielen unterschiedliche Medienlogiken nicht ganz trennscharf ineinander, und auch Wissen kommt aus einer alten Tradition der Affinität zu Macht und Geld. Aber je klarer Wissen den gesellschaftlichen Primat der Steuerungsmedien übernimmt, desto unbedenklicher und vernachlässigbarer werden Beimischungen von machtbasierten und geldbasierten Transaktionen in den Kommunikationen der Wissensgesellschaft.

Allerdings muss man ernst nehmen, dass Wissen als Medium auf Unendlichkeit eingerichtet ist. Produktion von und Bedarf an neuem Wissen können nicht mehr aufhören, seit es zukünftiges Wissen – genauer: Wissen um gegenwärtige und zukünftige Zukünfte – ist, auf das es ankommt. Denn Zukunft kann nicht nur, wie Luhmann gezeigt hat, nicht beginnen,[272] sie kann auch nicht aufhören. Damit schafft neues Wissen perma-

272 Luhmann 1976.

nent die Differenzen, die generalisiertes Wissen dissimuliert. Der Wissensprozess wird zu einer unendlichen Wellenbewegung, deren Strings zunächst von Gott, heute von den Leidenschaften und Interessen der Menschen angetrieben, morgen aber möglicherweise auch von sich selbst gespeist werden. Jedenfalls bietet die Wissensbasierung von Transaktionen, solange Menschen und soziale Systeme im Spiel sind, mit der Sub-Differenz von neuem und altem Wissen genügend Raum für Profilierung und Profit, um auch von phantasielosen Akteuren ernst genommen zu werden. Aber das Spiel um Profilierung und Profit wird komplizierter, weil Wissen als Ressource schwieriger zu beherrschen scheint als Macht oder Geld.

»Damit tritt ein objektiver Grund für Ungleichzeitigkeiten im Mentalitätshaushalt moderner Gesellschaften ans Licht: Während die einen, wie durch ein Verzögerungswunder, noch an ein objektives ordnendes Sein glauben können, haben die anderen schon begonnen, zu verstehen, dass sie zu eigenen Konstruktionen von Ordnung verdammt sind.«[273] Dieses Zitat zeigt, wie sich die Umwälzungen wiederholen. Bei Sloterdijk, der sich hier um die Restabilisierung der Welt nach ihrer Dezentrierung durch Kopernikus und Bruno bemüht, gehen an dieser Stelle die Theologen und die Designer kommen. So einfach haben wir es nicht mehr, aber auch die »global players« der Gegenwart sind als Wissensdesigner zu eigenen Konstruktionen von Ordnung verdammt. Denn sie betreiben, ob strategisch intendiert oder nicht, nachhaltig die Auflösung der alten Ordnungen von Macht und Geld, und sie verhelfen den Nationalstaaten als bislang beherrschenden Kollektivakteuren zu exzentrischen Existenzen ohne Aussicht auf Rückkehr in die Mitte des Geschehens. Was aber sind ihre eigenen Konstruktionen von Ordnung?

Zunächst ist zu konstatieren, dass die Konstrukteure der neuen Ordnung definitiv keine philosophischen Geister mehr sind, die sich bemühen, das Ganze im Auge zu haben. Wenn sie Visionen haben, dann richten sich diese auf ein durchgerechnetes Mehr-von-demselben, auf ein möglichst kühnes Modell inkrementalen Zuwachses, auf eine rückhaltlose Verteidigung des Freiraums für rationale Egoismen. Nicht zufällig sind dies die Visionen der Krämerseelen, die in der Auflösung der

273 Sloterdijk 1999, S. 589.

mittelalterlichen Ordnung den Markt erträumt haben. Die Mandevillesche Bienenfabel gilt zu Recht als Apotheose dieser Visionen, indem sie den Gesamtnutzen beobachtet, der hinter dem Rücken der Akteure aus dem Zusammenspiel der vielen verteilten Egoismen resultiert. Die Genese des Weltmarktes folgt dieser Logik uneigentlicher Absichten provinzieller Akteure, die sich Globalität nur als Ausweitung ihrer jeweiligen Enklave vorstellen können. Aber das genügt. Denn hinter dem Rücken dieser Akteure vollzieht sich eine technologiegestützte Vernetzung, die erstaunliche, nichtintendierte Resultate erzeugt.

Wie beim Markt ist es die Vernetzung, welche die neue Ordnung konstruiert. Schon auf dem Markt des Adam Smith beobachten die Anbieter und Nachfrager aus den Augenwinkeln jeweils andere Anbieter und Nachfrager und spinnen so ein Netz rekursiver Beobachtungen, welches als Netz Systemeigenschaften des Marktes hervortreibt, die aus den Eigenschaften der individuellen Akteure nicht mehr zu erklären sind. Die unsichtbare Hand oder die Natur muss deshalb als Erklärung herhalten: »Die am Markt angebotene Menge einer Ware passt sich *ganz von selbst* der wirksamen Nachfrage an. ... Alles Erwerbsstreben, Grundlage des jährlichen Angebots an Waren, passt sich auf solche Weise ganz natürlich der effektiven Nachfrage an. Es zielt *ganz zwangsläufig* darauf hin, stets nur so viel auf den Markt zu bringen, wie ausreichen wird, diese Nachfrage, und nicht mehr als diese, zu decken.«[274] Die hervorstechende Systemeigenschaft des Marktes ist eine Intelligenz der Preisbildung, welche die Intelligenzen der einzelnen Anbieter und Nachfrager um Größenordnungen übersteigt: »dumb parts, properly connected, yield smart results«.[275]

Dieser Netzwerkeffekt, der Adam Smiths unsichtbare Hand operationalisiert, ist skalierbar, sobald man seine Operationslogik durchschaut. Diese Logik widerspricht diametral den Konstruktionsprinzipien der alten Ordnungen, welche die Potenz einer Einheit aus der Summe der Potenzen ihrer einzelnen Elemente ableiteten, insbesondere aus der überhöhten Potenz ihrer Spitzenelemente, der Individuen an der Spitze des Systems. Die Operationslogik von Netzwerken stellt

274 Smith 1990, S. 50 f., Hervorhebungen H. W.
275 Kelly 1997, S. 3.

diese Weltsicht auf den Kopf – nicht in der bloßen Umkehr naiver Maschinenstürmer der Hierarchie, sondern viel grundsätzlicher. Sie verlegt die Potenz eines Systems in die Art und Weise der Relationierung der Elemente, in die Qualität der Verknüpfungen, in die Intelligenz der Musterbildungen. Völlig unvorhergesehen kommt damit zum Vorschein, dass es möglich ist, durch unterschiedliche Qualitäten der Verknüpfung aus denselben Elementen ganz unterschiedlich potente Systeme zu konstruieren.[276] Soll sich die Potenz in Intelligenz ausdrücken, so ist die Intelligenz der Elemente weitgehend vernachlässigbar. Entscheidend ist die Intelligenz der Verknüpfung und Musterbildung.

Ohne dass Adam Smith diese Operationslogik der Vernetzung durchschaut hätte (»ganz von selbst«, »ganz natürlich«, »ganz zwangsläufig«), konnte er doch den Markt als Effekt der Vernetzung von Beobachtungen plausibel beschreiben und so die Intelligenz eines Systems feiern, welches der Intelligenz merkantilistischer Interventionssysteme mitsamt ihren Monarchen, Ratgebern und Strategen haushoch überlegen ist. Analog dazu hat Charles Lindblom »Die Intelligenz der Demokratie«[277] als Potenz eines Systems der wechselseitigen Anpassung beschrieben, welches mit überaus durchschnittlichen Elementen auskommt, weil die Systemintelligenz in der Art und Weise der Verknüpfung der Elemente liegt. Tatsächlich lässt sich unter dem Aspekt systemischer Intelligenz die moderne politische Demokratie als ein System verstehen, das auf der Seite der Personen zwar mit durchschnittlichen Darstellern auskommt, auf der Seite der Organisation aber in seinen Regelsystemen – Verfassungen, Gesetze, Prozessordnungen, Wahlgesetze etc. – eine ganz bemerkenswerte organisationale Intelligenz entfaltet hat, die in Jahrhunderten kontinuierlichen institutionellen Lernens gewachsen ist.[278]

Betrachtet man das globale Finanzsystem einschließlich der Rating-Agenturen in dieser Perspektive der emergenten Effekte der Vernetzung, so formt sich ein neues Bild. Hier reift ein »intelligentes« System im strengen Sinne heran, welches sowohl auf der Seite der involvierten Akteure wie auch auf der

276 Minsky 1988, S. 25 ff.
277 Lindblom 1965.
278 Willke 1997a.

Seite der handelnden Systeme und ihrer Netzwerke massive Prämien auf Intelligenz und Wissensbasierung setzt und deshalb in der Tat dabei ist, die herkömmliche Ordnung der Ökonomie in eine neue Ordnung der Wissensökonomie zu transformieren. So entfaltet sich eine neue Ordnung, wenngleich wiederum zum großen Teil hinter dem Rücken der Akteure. Die Basis dieser Ökonomie ist atopische Vernetzung und die Vernetzung von Wissen im atopischen Raum. Dass Unternehmen unter globalem Konkurrenz- und Kostendruck sich von der Bindung an bestimmte Orte befreien wollen und auf ein generalisiertes Irgendwo setzen, bis hin zur aktiv betriebenen Virtualisierung, überrascht heute niemand mehr. Grundlegende Komponenten der dafür erforderlichen globalen Kommunikationsinfrastruktur sind, wie beschrieben, bereits vorhanden, und die entsprechenden Transaktionskosten, einschließlich der Kosten des Vertriebs wissensbasierter Produkte, tendieren gegen Null. Überraschen könnte dagegen noch (für eine gewisse Übergangszeit), dass selbst ein IG-Metall-Vorstand davon spricht, dass das Zeitalter »ortsunabhängiger Arbeitsformen« angebrochen ist, weil sich auch die Märkte für reale Waren und Dienstleistungen immer mehr wie Finanzmärkte verhalten: »Wie lange es allerdings dauern wird, bis sich ortsunabhängige Arbeitsformen durchsetzen werden, ist heute weniger eine Frage der technischen Möglichkeiten als vielmehr eine Frage der durch die tayloristische Fabrikkultur geprägten Wertvorstellungen und Karrieremuster im Management. Anstelle der Misstrauenskultur des Industriesystems setzt Informationsarbeit aufgeklärte Manager voraus, die einen Verzicht auf Anwesenheitspflichten nicht als Statusverlust empfinden und die einen Führungsstil praktizieren, in dem Anwesenheit nicht mehr mit Produktivität verwechselt wird.«[279] (In diesen Kontext passt, dass die deutschen Universitätsministerien genau diesen Moment abgewartet haben, um für Professoren Anwesenheitspflichten zu verordnen, weil sie Produktivität mit Anwesenheit verwechseln. Während sich die Waren- und Dienstleistungsökonomie in eine Wissensökonomie wandelt, bewegt sich die universitäre Wissenschaft zurück zur paternalistischen Geborgenheit tayloristischer Zwangsanstalten.)

279 Klotz 1999.

Wenn auch Arbeit beginnt, ortsunabhängig und im strengen Sinne atopisch zu werden, nachdem die Finanz- und Güterströme bereits jetzt globale Atopie erreicht haben und die massenmediale Vermittlung von Themen und Ereignissen globale Real-time-Präsenz täglich vor Augen führt und erfahrbar macht, dann wird es Ernst mit der Entterritorialisierung:

»Global space is placeless, distanceless and borderless – and in this sense supraterritorial. In global relations, people are connected with one another pretty much irrespective of their territorial position. To that extent they effectively do not have a territorial location, apart from the broad sense of being situated on the planet earth. Global relations thus form a non-, extra-, post-, supra-territorial aspect of the world system. In the global domain, territorial boundaries present no particular impediment and distance is covered in effectively no time.«[280]

Fokussiert auf die Ökonomie formuliert Manuel Castells im Rahmen seiner groß angelegten Studie zur »Netzwerkgesellschaft« denselben Gedanken als Paradigma der globalen Informationsökonomie: »The informational economy is global. A global economy is a historically new reality, distinct from a world economy. A world economy, that is an economy in which capital accumulation proceeds throughout the world, has existed in the West at least since the sixteenth century, as Fernand Braudel and Immanuel Wallterstein have taught us. A global economy is something different: it is an economy with the capacity to work as a unit in real time on a planetary scale.«[281]

Legt man diesen strengen Maßstab an, dann zeigt sich, dass entgegen Castells Annahme die seit langem bestehende Weltwirtschaft sich noch keineswegs zu einer globalen Ökonomie verdichtet hat, obwohl in den zurückliegenden drei Jahrzehnten dramatische Verbesserungen der Leistungsfähigkeit globaler Kommunikationsinfrastrukturen erreicht wurden. Denn die Waren- und Dienstleistungsökonomie hat sich eben noch nicht flächendeckend zur »informationellen Ökonomie« gemausert, sondern sie ist in vielen Teilen noch personal, materiell, lokal und trivial. In einigen wenigen Bereichen wird sich dies auch nicht ändern, etwa bei lokalen Frisörläden oder Gärtnereien, aber sie werden eben zu Relikten einer vergangenen

280 Scholte 1996, zit. in Brenner 1999, S. 60.
281 Castells 1996, S. 92, Hervorhebung im Original.

Zeit wie viele andere Sedimente der Evolution. In allen ihren Hauptelementen ist die Weltwirtschaft unterwegs zur Wissensökonomie, auch wenn sie dort noch nicht angekommen ist. Das globale Finanzsystem, welches im Gegensatz zur Warenökonomie tatsächlich jetzt schon global operiert, zeigt die Entwicklungsrichtung an und lässt auch einige der Probleme erahnen, die auf die bisherigen regionalen und nationalen Ökonomien zukommen, wenn sie sich zu einer globalen Ökonomie vernetzen. Beispielhaft lassen sich einige dieser Probleme an einer Institution der Weltwirtschaft aufzeigen, welche gegenwärtig wie keine andere die Konvulsionen der Transformation zur globalen Wirtschaft durchmacht und zugleich vorantreibt: die Welthandelsorganisation.

3.6 Der Fall WTO

Die Welthandelsorganisation (WHO; World Trade Organization: WTO) ist im Januar 1995 als eine Nachfolgeorganisation des GATT (General Agreement on Trade and Tariffs) gegründet worden. Das GATT hat sich in zwei Verhandlungsrunden – Geneva Round 1947 und Uruguay Round 1986-94) – zum Promotor der Liberalisierung des internationalen Handels entwickelt und bewirkt, dass die durchschnittlichen Handelszölle von 40% im Jahre 1940 auf 5% im Jahre 1986 gesunken sind. Die dritte Verhandlungsrunde, die im Jahre 2000 beginnen sollte, zielt durchaus realistisch darauf, im Grundsatz Handelszölle für Industriegüter ganz abzuschaffen. Der Regelungsbereich der WTO umfasst heute drei Materien: (1) den internationalen Warenhandel aufgrund des GATT 1994 und dessen zwölf Zusatzvereinbarungen, (2) den internationalen Handel mit Dienstleistungen aufgrund des GATS als Rahmenabkommen und (3), mit besonderer Bedeutung für die Zukunft, den internationalen Schutz des geistigen Eigentums aufgrund des TRIPS-Abkommens.

Die WTO besteht heute aus 139 Mitgliedsstaaten, die in Grundsatzfragen konsensuell nach dem Einstimmigkeitsprinzip entscheiden. Für die Frage der Genese globaler Suprastrukturen ist der Fall WTO vor allem aufgrund seiner Verfahren der Streitschlichtung (»Dispute Settlement Understanding«, DSU) aufschlussreich. Kommt es zwischen Mitgliedern der WTO über die Frage von Handelshemmnissen zu Streit, dann entscheiden in erster Instanz speziell eingerichtete Gremien von Experten, sogenannte »panels«. Die Entscheidung eines Panels kann vor einer Berufungsinstanz, dem »Appellate Body«, angefochten werden. Die Entscheidungen dieser Instanz sind endgültig.

Die WTO steht heute beispielhaft dafür, dass scheinbar entfernte und entrückte globale Institutionen direkte und spürbare Auswirkungen auf Organisationen und Akteure haben, welche dies zum Teil noch gar nicht wahrgenommen haben. Die Regeln und Regelungen der WTO wirken sich nicht nur auf große Unternehmen aus, sondern deutlich auch auf mittelständische Firmen, denn im internationalen Wirtschaftsverkehr außerhalb der EU gilt das Recht der WTO. Da inzwischen auch kleinere und mittlere Unternehmen (KMUs) etwa im Einkauf, im Vertrieb und in Fragen des geistigen Eigentums global denken müssen, und dies mit der weiteren Verbreitung von internetbasierten Transaktionen auch tatsächlich tun, sind sie von den Regelungen der WTO unmittelbar betroffen. Zwar können nicht Firmen, sondern nur Staaten Verfahren vor der WTO anstrengen, aber innerhalb der EU ist dieser Grundsatz faktisch mit der EU-Verordnung über Handelshemmnisse außer Kraft gesetzt. Denn danach können einzelne Unternehmen oder Verbände erreichen, dass die EU-Kommission bei Verstößen eines Drittstaates gegen WTO-Recht eine Untersuchung einleitet und mithin bei Verstößen erzwingen, dass die EU bei der WTO gegen einen Drittstaat ein Verfahren einleitet.[282]

Auch an diesem Beispiel erweist sich, dass faktische Globalisierung nicht nur durch geplante Strategien einzelner Akteure vorangetrieben wird, sondern stärker noch durch das von keinem einzelnen Akteur mehr beherrschte und beherrschbare Zusammenspiel ganz unterschiedlicher institutioneller Kontexte. Indem diese aufeinander verweisen und in ihren Regeln aufeinander Bezug nehmen, entstehen verflochtene institutionelle Tiefenstrukturen, die Entscheidungskalküle und Strategieoptionen neu gewichten. Für die Akteure auf der Oberfläche, etwa lokale Organisationen oder mittel-

282 Berrisch 1999.

ständische Firmen, entstehen neue und oft undurchschaute Abhängigkeiten *und* Handlungsoptionen, die in ihren Kosten/Nutzen radikal von der Expertise abhängen, mit den je geltenden Regelungen und den institutionellen Kontexten umgehen zu können.

Ein zentraler Streitpunkt in den Verhandlungen der zweiten Gatt-Runde über das Prozedere der Streitschlichtungsverfahren der WTO betraf die Frage, ob und unter welchen Bedingungen Sprüche der Panels vom Plenum zu übernehmen seien. Gegen eine automatische Übernahme sträubte sich vor allem die EU, weil sie befürchtete, dass dies nicht mit den internen Entscheidungsregeln der EU, vor allem der Kommission, zusammenpassen würde. Die USA hatten eher Bedenken gegen eine Einstimmigkeitsregel für die Übernahme, weil sie die darin implizierte Möglichkeit der Blockierung von Entscheidungen fürchteten. Letztlich einigte man sich nach einigen Jahren Verhandlung auf eine bemerkenswert phantasiereiche Lösung: Der WTO-Rat (»Council«) muss im Streitfall auf Antrag ein Panel einrichten, es sei denn, er weist dieses Verlangen einstimmig zurück (umgekehrtes Einstimmigkeitsprinzip) und man einigte sich auf einen weitgehenden Automatismus der Übernahme der Entscheidungen der Panels, allerdings wiederum mit der Einschränkung, dass diese mit einer einstimmigen Entscheidung des Rates zurückgewiesen werden können.[283] Auch für die Berufungsinstanz des Appellate Body ließ sich eine vergleichbare Regelung finden. Er besteht aus sieben Experten, von den jeweils drei einen Berufungsfall entscheiden, der von einer der Streitparteien vorgebracht wird. Die Berufungsinstanz ist, ähnlich wie etwa die deutschen Revisionsgerichte, auf die Überprüfung und Interpretation der Rechtsregeln beschränkt. Die Entscheidungen des Appellate Body sind bindend, es sei denn, der Rat weist sie einstimmig zurück.

Der Sinn dieser Verfahrensregel erschließt sich nicht auf den ersten Blick. Materiell ist sie nicht von großer Relevanz, weil eine einstimmige Zurückweisung in der Praxis kaum vorkommen dürfte und darüber hinaus eine grobe Desavouierung des Appellate Body darstellen würde. Dafür ist die symbolische Bedeutung der Regel umso gewichtiger. Sie gibt formal dem

283 Stiles 1995, S. 28 u. 32.

Souverän die letzte Entscheidungskompetenz zurück, nachdem er sie zuvor qua Verfahrensordnung an Experten abgegeben hat. Zum einen reflektiert die Regel, dass es keine brauchbare Alternative dazu gibt, in den hochkomplexen Problemkonstellationen des GATT-Rechts Fachexperten einzuschalten, um normatives Entscheiden mit einem kognitiven Entscheidungsstil zu unterlegen. Darin spiegelt sich die allgemeinere Umstellung von einem normativen auf einen kognitiven Entscheidungsstil in komplexen, wissensbasierten Entscheidungslagen auch in den entwickelten nationalen Rechtssystemen, die in immer weiteren Bereichen darauf angewiesen sind, Experten in den richterlichen Entscheidungsprozess einzubinden – ohne dass die Letztentscheidung den Richtern ganz aus den Händen genommen würde. Zum anderen macht die Regel deutlich, dass der Aufbau eines globalen Steuerungsregimes des Welthandels (als Avantgarde der Weltwirtschaft) das grundlegende Dilemma abzuarbeiten hat, dass die Nationalstaaten als verwundete Akteure, die wissen, dass sie Rückzugsgefechte kämpfen, sich trotzig und mit dem Stolz der Verlierer an ihre formalen Rechte klammern, um wenigstens im Feld der symbolischen Politik noch den Mythos ihrer Souveränität zu zelebrieren.

Die USA, die besonders unter diesem Syndrom einer gulliverischen Weltmacht leiden, von einem Heer von Zwergen mit Tausenden von Stricken an den Boden weltökonomischer Tatsachen angepflockt zu sein, haben ein ganzes Institutionenarrangement aufgebaut, um zumindest formal die Möglichkeit zu haben, Entscheidungen der WTO und ihrer Streitschlichtungseinrichtungen zurückzuweisen. Der Kongress schuf eine eigene »WTO Dispute Settlement Review Commission« mit fünf Richtern, welche Entscheidungen, die sich gegen die USA richten, darauf zu prüfen haben, »whether the panel exceeded its authority and acted outside the scope of the agreement«.[284] Allerdings ist dieser Aufwand eher bezeichnend dafür, wie unumgänglich eine Übergangszeit symbolischer Selbstvergewisserung der nationalen Politikakteure beim Eintritt in die Phase der Formierung globaler Regimes der Selbststeuerung ist, als charakteristisch dafür, dass sie sich mit Hilfskonstruktionen tatsächlich einer Einbindung in glo-

284 Stiles 1995, S. 39.

bale Kontexte entziehen könnten: »The reservations, taken together, represent little more in substance than a palliative for nativistic elements in Congress.«[285]

Hinter den Fragen nach Qualität und Folgen, Legitimität und Überzeugungskraft des Streitschlichtungsverfahrens steckt eines der kritischsten Probleme der Bedingungen der Möglichkeit von Global governance und damit der Viabilität globaler Suprastrukturen. Das Streitschlichtungsverfahren kompensiert das Fehlen einer globalen Judikative als Zweig eines politischen Systems, das in der Lage wäre, kollektiv verbindliche Entscheidungen zu fällen und durchzusetzen. Da es bislang solche Durchsetzungsmöglichkeiten im Welthandelssystem nicht gibt, bleibt nur die prekäre Konstruktion von Institutionen, die über plausible Verfahren eine im Prinzip freiwillige Selbstbindung der beteiligten und betroffenen Akteure erreichen. Zum Schwur kommt es dann, wenn es nicht mehr um eher belanglose Routineprobleme geht, sondern um grundsätzliche Interessenskonflikte.

Zwei solcher Konflikte stellen seit einigen Jahren die Mechanismen der Streitschlichtung der WTO auf eine Zerreißprobe. Bezeichnenderweise spielen beide Konflikte nicht zwischen Erster und Dritter Welt, sondern zwischen den beiden mächtigsten Handelsblöcken, den USA und der EU, und ebenso bezeichnend geht es in beiden Fällen um Agrarprodukte. Im eher kuriosen Fall des Bananenkonflikts kristallisiert sich der Streit nicht so sehr an inhaltlichen Fragen, sondern an dem möglicherweise brisanteren Problem der Auslegung von Verfahrensregeln des DSU. Im »Hormonstreit« steht die eher grundsätzliche Frage im Vordergrund, ob und unter welchen Bedingungen die USA Fleisch in die EU exportieren dürfen, das mit Wachstumshormonen behandelt wurde. Vereinfacht gesagt, macht die EU hier Gesundheitsbedenken geltend und bewertet den gesundheitlichen Schutz ihrer Bevölkerung vor möglichen Risiken höher als das Interesse an ungehindertem Handel, während sich die USA darauf berufen, dass wissenschaftlich geklärt sei, dass hormonbehandeltes Fleisch gesundheitlich unbedenklich sei. Der Hormonkonflikt ist die Spitze eines Eisbergs, der mit der allgemeineren Problematik genetisch manipulierter Nahrungsmittel auf die WTO zukommt.

285 Stiles 1995, S. 39.

Im Bananenkonflikt haben sich die beiden Parteien am 29. Januar 1999 nach wochenlangem Hin und Her zumindest darauf geeinigt, Konsultationen aufzunehmen, um eine gemeinsam tragbare und getragene Lösung zu erarbeiten. Weiter haben sie sich darauf verständigt, die Verfahrensregeln des DSU anzuerkennen, wobei ein zusätzlicher Schlichter die Höhe von Konzessionen und Ausgleichsstrafen festlegen soll.[286] Damit wurde eine weitere Beschädigung des Vertrauens der Mitgliederländer in den Konfliktlösungsmechanismus der WTO spät, aber noch nicht zu spät verhindert. Dennoch bleiben Zweifel, ob die Mitglieder, gerade auch die mächtigsten, sich zu einer positiven Koordination durchringen können, also zu einer Selbstbindung selbst dann, wenn eine Einigung kurzfristig den eigenen Interessen schadet und ein Ausgleich erst über den langfristigen Nutzen einer insgesamt gesteigerten Wohlfahrtsproduktion gelingt.[287] Immerhin gibt es die ersten nationalen Gerichtsentscheidungen innerhalb der EU, die auf der Grundlage von GATT-Regeln die geltende EU-Bananenmarktordnung für rechtswidrig halten (Finanzgericht Hamburg, Az. IV 132/99) und den Schiedssprüchen der WTO höheren Rang einräumen als der EU-Regelung. Sollten derartige Entscheidungen vor den Instanzgerichten, letztlich vor dem Bundesverfassungsgericht und dem Europäischen Gerichtshof Bestand haben, dann hätte sich definitiv ein »global law without a state«[288] etabliert.

Der Hormonkonflikt ist zukunftsträchtig und potentiell wegweisend, weil er die Chancen und Risiken der Verschiebung von Konfliktlösungsprozeduren von normativ-formalen auf kognitiv-wissenschaftliche Kriterien exponiert. Die beiden streitenden Parteien, die USA und die durch die Kommission vertretene EU, beteuern – insbesondere nach den Erfahrungen im Bananenstreit – einhellig, dass sie sich an die Verfahrensregeln der DSU halten wollen. Strittig ist dagegen eine inhaltliche Frage, die nur wissenschaftlich zu klären ist – was immer dann in einem solchen Kontext »wissenschaftlich« heißen kann. Zu klären ist, ob Fleisch, das von Tieren stammt, die mit Wachstumshormonen behandelt worden sind, für Men-

286 Zonnekeyn 1999, S. 31.
287 Scharpf 1993a.
288 Teubner 1997.

schen gesundheitsschädliche Auswirkungen hat oder nicht. Die WTO hat zunächst der EU formell aufgegeben, bis zum 13. Mai 1999 den Schiedssprüchen des Panels und des Appellate Body nachzukommen, auch wenn keine letzte wissenschaftliche Klärung der Fragen gelungen sei. Daraufhin hat die Kommission die Arena des Streits verlagert und eine Reihe von wissenschaftlichen Expertisen in Auftrag gegeben, um weitere Klärungen zu erreichen. Dabei war vorauszusehen, dass einige, aber nicht alle dieser Expertisen bis zum 13. Mai 99 fertig sein würden. Gleichzeitig hat die Kommission drei Optionen angeboten, um das Problem zu lösen: (1) Ausgleichszahlungen; (2) Ersetzung des Einfuhrverbotes durch eine zeitlich befristete Sperre bis zur wissenschaftlichen Klärung der Streitfrage; und (3) schließlich Aufhebung des Verbots mit der Bedingung, dass amerikanisches Fleisch gekennzeichnet wird. Die Amerikaner akzeptierten den dritten Vorschlag, allerdings mit der Einschränkung, dass die Kennzeichnung nur als »amerikanisches« Fleisch ausgeführt sein sollte, während die Europäer darauf bestanden, dass es als »hormonbehandeltes Fleisch« zu kennzeichnen sei. Auf diese Restfrage beschränkt sich nun der Streit.

Bereits die Vereinbarungen der Uruguay-Runde dehnten die vom GATT erfassten Regeln auf nicht-tarifliche Handelshemmnisse und »trade-related investment measures« sowie auf Dienstleistungen (»General agreement on trade in services«) aus. Damit ist der Beginn einer Liberalisierung in den wirtschaftlich und technologisch gewichtigen Bereichen Telekommunikationsdienstleistungen, Finanzdienstleistungen und Informationstechnologie gemacht.[289] Artikel 24 des GATT-Abkommens sorgt hierbei dafür, dass Liberalisierungen nicht auf einzelne Partnerschaften oder Blöcke beschränkt sind. Außerhalb der weiterhin möglichen Zollunionen oder Freihandelszonen gibt es mit der MFN-Klausel (»most-favoured nation«) eine Art Allgemeinverbindlichkeitserklärung der Aufhebung oder Reduzierung von Zoll- oder Importbarrieren auf alle WTO-Mitglieder, wenn solche Vereinbarungen mit nur einem Mitglied geschlossen wurden.

Im Vorfeld der neuen, dritten Verhandlungsrunde heizte sich die Auseinandersetzung um die Agenda der diese Runde

289 Ruggiero 1999, S. 17.

vorbereitenden und vorentscheidenden Ministerkonferenz der WTO in Seattle Ende 1999 auf, die dann allerdings in einem Fiasko endete. Kernfragen sind, wie weitgehend sich die Mitglieder verpflichten, die Liberalisierung der Agrar- und Dienstleistungssektoren voranzutreiben, welche Schutzregeln für Auslandsinvestitionen vereinbart werden sollen, welche Hilfsprogramme für die am wenigsten entwickelten Länder vorzusehen seien und welche globalen Regeln für den elektronischen Handel gelten sollen. Weit reichenden Dissens gibt es nach wie vor zu den Fragen, ob Umweltschutz und soziale und arbeitsrechtliche Mindeststandards zu den legitimen Aufgaben der WTO gehören oder ob sie außerhalb ihrer Zuständigkeit liegen sollen. Der erste Präsident der WTO, Renato Ruggiero, hatte eine klare Position: »The mandate of the WTO is trade. ... Clearly, the WTO cannot be expected to be the global policeman in every international dispute.«[290] Der neue Präsident wird es sich nicht so einfach machen können.

Erkennbar haben diese Streitfragen eine Rolle bei der Auseinandersetzung um einen Nachfolger für den 1999 ausgeschiedenen ersten WTO-Präsidenten gespielt. Die Entwicklungsländer wollten einen Nachfolger aus ihren Reihen durchsetzen, während die Länder der Ersten Welt den ehemaligen neuseeländischen Regierungschef Mike Moore favorisierten, der dann nach einer längeren und teilweise erbitterten Auseinandersetzung auch gewählt wurde. Damit verstärkt sich der Eindruck, dass die neue Dreifaltigkeit von Weltbank, IMF und WTO das Kernstück einer Suprastruktur globaler Gouvernanz ausmachen, in der die Liberalisierung des globalen Finanzsystems und des Welthandels den Machtverlust der Nationalstaaten zementiert.[291] Auch wenn dieser Eindruck im Großen und Ganzen zuträfe, bliebe die wichtigere Frage, welche Alternativen einer Welt offen stehen, die ohne Weltregierung und ohne verbindlich entscheidende globale Institutionen auskommen muss und dennoch ihr Schicksal nicht bloßer Evolution ausliefern möchte. Aus dem ungesteuerten Zusammenspiel von Evolution und Steuerung formen sich in der Überwindung hegemonialer internationaler Regimes[292] kom-

290 Ruggiero 1999, S. 19.
291 Eichengreen 1999.
292 Calleo 1987; Keohane 1984.

pliziertere und gewagtere Architekturen der Abstimmung divergierender Interessen im Kontext globaler Interdependenz. Posthegemoniale Regimes entstehen nach dem Ende der Ost-West-Konsolidierung, weil aus einer geordneten Kooperation von Konkurrenten nach Meinung einer ausreichenden Zahl von Akteuren ein Mehrwert entsteht, der ohne solche Regimes nicht zu haben ist. Bereits für die internationalen Regimes der achtziger Jahre konstatierte Robert Keohane: »Like imperfect markets, world politics is characterized by institutional deficiencies that inhibit mutually advantageous coordination.«[293]

Indem Steuerungsregimes ein Regelsystem für geordnete Kooperation und geordnete Verfahren der Konfliktlösung bereitstellen, schaffen sie zum einen eine Basis für die Kristallisation von Vertrauen als zentraler Ressource für die Stabilisierung von Netzwerken, in denen positive Koordination eine Chance hat. Zum zweiten schaffen sie die Bedingungen für die Möglichkeit eines gemeinsamen Nutzens, indem sie gegenüber Marktlösungen oder Ad-hoc-Koordinationen die Transaktionskosten umso mehr reduzieren, wie die Regeln zur Routine werden. Schließlich bieten sie den häufig unterschätzten oder gar ganz übersehenen Vorteil, dass sie institutionelles Lernen ermöglichen, indem die Genese und Revision der Regelsysteme Erfahrungen speichern, die aus der Praxis gemeinsamer Kooperation, Konkurrenz und Konfliktregulierung resultieren. Nicht zufällig haben auch die (nationalen) demokratischen Politiksysteme in ihrer zweihundertjährigen Lerngeschichte eine beachtliche institutionelle Intelligenz in der Koordination kollektiven Handelns und der zivilisierten Lösung von Konflikten akkumuliert, welche sie in die Lage versetzt hat, die beispiellose Wohlfahrtssteigerung moderner demokratischer Systeme zu unterfüttern. Es ist die Erwartung einer solchen Wohlfahrtssteigerung im globalen Maßstab ebenso wie der eklatante Mangel an Alternativen, welche die Genese globaler Steuerungsregimes vorantreibt.

Tatsächlich entsteht mit den neuen Steuerungsregimes ein neues, noch prekäres Machtgefüge, in dem die territorial begrenzten Nationalstaaten zwar noch eine gewichtige Rolle spielen, zunehmend aber globale Institutionen, Nichtregierungs-Organisationen, korporative »global players« und hy-

293 Keohane 1983, S. 151.

bride Regulierungsinstanzen die Nationalstaaten mit einem Netz von Vorentscheidungen, Entscheidungsprämissen, Entscheidungsoptionen und wissensbasierten Entscheidungskompetenzen überziehen, so dass die nationalen Politiksysteme sich mit dem »Kuss der Spinnenfrau« beglückt sehen und sich ebenso betört wie verstört ihrer Selbstentmachtung entgegensehnen.

4 Zyklopische Visionen

4.1 Die Häresie der Zyklopen

In ihrer naturwüchsigen Eigendynamik strebt die »postnationale Konstellation« dieses Jahrhunderts in einer Trajektorie der Globalisierung auf eine Herrschaft der Einäugigen zu. Einäugigkeit meint eine Ausprägung des Beobachtungsmodus sozialer Funktionssysteme, wonach sie die Fähigkeit verloren haben, ihren gesellschaftlichen Kontext als Bedingung ihrer eigenen Möglichkeit zu sehen. Wie Hegel hervorgehoben hat, beginnt die bürgerliche Gesellschaft ihre Karriere als der Bereich des generalisierten Egoismus, eingebettet zwischen dem allgemeinen Altruismus der absoluten Staatsidee und dem besonderen Altruismus der Familie. In der Bestimmung des Verhältnisses zwischen Bürger und bürgerlicher Gesellschaft nimmt Hegel in scharfsichtiger Präzision die Beschreibung des Verhältnisses zwischen Funktionssystemen und moderner Gesellschaft in der Form funktionaler Differenzierung vorweg: »In der bürgerlichen Gesellschaft ist jeder sich Zweck, alles andere ist ihm nichts.«[294] Genau in dieser Radikalität operieren die Funktionssysteme der modernen Gesellschaft – Ökonomie, Politik, Recht, Wissenschaft, Kunst, Gesundheit, Erziehung, Familie, Religion und inzwischen auch Sport, Sozialhilfe oder das Finanzsystem – in einer Operationslogik, nach welcher die je eigene Leitdifferenz und die Perfektionierung des in ihr formulierten Positivwertes den alleinigen Zweck des Systems definiert, alles andere ist ihm nichts. »Aber«, fährt Hegel fort, »ohne Beziehung auf andere kann er den Umfang seiner Zwecke nicht erreichen; diese anderen sind daher Mittel zum Zweck des Besonderen.«

In dieser weiteren Bestimmung des Verhältnisses von Teil und Ganzem greift Hegel die Beschreibung der Logik der Arbeitsteilung von Adam Smith auf und nimmt Durkheims Idee gesellschaftlicher Integration durch funktionale Interdependenz vorweg.[295] Er gibt damit einer Architektur der bür-

294 Hegel 1970, § 182, Zusatz.
295 Willke 1978.

gerlichen Gesellschaft Ausdruck, die bis heute die Stärke der Spezialisierung und funktionalen Differenzierung durch eine Einbindung moderiert, die sich, recht verstanden, nicht als erzwungene Unterwerfung der Funktionssysteme unter das Diktat der Einheit der Gesellschaft zeigt, sondern als Modus wechselseitiger Ermöglichung: »Aber der besondere Zweck gibt sich durch die Beziehung auf andere die Form der Allgemeinheit und befriedigt sich, indem er zugleich das Wohl des anderen mit befriedigt.«[296] Die Funktionssysteme operieren zwar strikt nach ihrer je eigenen Zwecksetzung, aber sie erbringen genau darin zugleich gesellschaftliche Leistungen, die notwendig sind als Vorbedingungen der Operationsfähigkeit aller anderen Funktionssysteme. So generiert die Wirtschaft allgemeine Zahlungsfähigkeit und in Steuern und Abgaben eine spezielle Zahlungsfähigkeit, welche die Politik in die Lage versetzt, zu operieren. Und so generiert die Politik kollektiv verbindliche Entscheidungen im Allgemeinen, welche als Institutionen des Kapitalismus im Besonderen (z. B. Rechtsfrieden, Eigentum und Vertragsfreiheit) die Marktökonomie in die Lage versetzt zu operieren. So ließen sich Funktionen und Leistungen aller Funktionssysteme moderner Gesellschaften als Verhältnisse interdependenter Bedingungen ihrer Möglichkeit darstellen, selbst noch, vermutlich, diejenigen von Religion und Liebe.[297]

Im Blickwinkel einer Einschätzung der Moderne liegt der historische Ruhm der Systeme differenzierter Zwecke darin, dass sie trotz ihrer furiosen und weltgeschichtlich frappierenden Leistungssteigerung durch Spezialisierung nicht sogleich der Hybris der Allmacht verfallen sind. Nicht dass sie nicht gefährdet gewesen wären! Von einem alles überwalzenden libertären Kapitalismus bis zum absoluten Gottesstaat, von Erziehungsdiktaturen bis zur Degeneration der Politik in totalitäre Vernichtungsmaschinen, von der Apotheose der Familie in der Moraldiktatur des radikalen Kommunitarismus bis zur Legitimität der Legalität in einer verabsolutierten Normenhierarchie haben die Funktionssysteme keine Übersteigerung ausgelassen. Aber die Demokratien der Moderne haben alle diese Pathologien der Absolutsetzung des Partikularen überwunden

296 Hegel 1970, § 182, Zusatz.
297 Luhmann 1982a; Luhmann 1982b; Scholz 1982.

und korrigiert und damit gegen jede drohende Trivialisierung die »Intelligenz der Demokratie« durchgesetzt. Die Funktionssysteme haben sich darauf eingelassen, von einer gesellschaftlichen Vernunft regiert zu werden, welche sie als die ihre erkennen konnten, weil durch sie das Wohl des Ganzen befördert worden ist. »Indem die Besonderheit an die Bedingung der Allgemeinheit gebunden ist, ist das Ganze der Boden der Vermittlung, wo alle Einzelheiten, alle Anlagen, alle Zufälligkeiten der Geburt und des Glücks sich frei machen, wo die Wellen aller Leidenschaft ausströmen, die nur durch die hineinscheinende Vernunft regiert werden. Die Besonderheit, beschränkt durch die Allgemeinheit, ist allein das Maß, wodurch jede Besonderheit ihr Wohl befördert.«[298]

Diese Hegelsche Gestalt gesellschaftlicher Verhältnisse ist nach zwei Jahrhunderten hartnäckigen Erfolgs alt geworden. Der Erfolg der Funktionssysteme hat sie auf einem Auge blind gemacht und sie als Einäugige in eine Globalisierungsdynamik hineingetrieben, welche ihnen das unwiderstehliche Angebot macht, die Rücksicht auf ihre Muttergesellschaften abzulegen. Nun sind sie dabei, als laterale Weltsysteme sich von den Zufälligkeiten ihrer Geburt aus den bürgerlichen Verhältnissen enger nationalstaatlich geformter Gesellschaften frei zu machen und ihr Glück in der ganzen Welt, der Welt als ganzer, zu suchen. Sie folgen den Wellen einer Leidenschaft des Globalen, welche denjenigen eine ubiquitäre Allmacht verspricht, die zuerst ankommen. Wer zu spät kommt, den bestraft die Geschichte der zukünftigen Globalisierung.

Die Häresie der Funktionssysteme kommt nicht ganz unprovoziert. Den nationalen Politiksystemen, die sich bislang als Hüter gesellschaftlicher Einheit verstehen, ist es immer wieder gelungen, die von Kolonialismus, expandierendem Welthandel und im 19. Jahrhundert durch Telegraphie und Unterwasserkabel sich bildenden globalen Infrastrukturen getragenen Globalisierungsschübe spätestens an dem Punkt abzubremsen, an dem ernsthafte Einbrüche der Souveränität der Nationalstaaten zu erwarten waren. Die einzige Ausnahme von Gewicht sind die supranationalen politischen Institutionen der EU, zu deren Gunsten die Mitgliedsstaaten tatsächlich Souveränitätsrechte aufgegeben haben. Selbst noch

298 Hegel 1970, § 182, Zusatz.

die Genese der EU und der andauernde Kampf etwa um eine einheitliche Währung oder gar um eine gemeinsame Sicherheitspolitik zeigen allerdings, wie tief verwurzelt die alten Vorbehalte sind.

Die Funktionssysteme, sogar Wirtschaft, Wissenschaft oder Kunst, haben sich bislang dieser Tyrannei der Abgrenzung untergeordnet, weil die nationalstaatlich verfassten Gesellschaften als regenerativer Kontext dichter und relevanter gewesen sind als transnationale Verflechtungen. Diese gesellschaftsgeschichtlich gewachsene Gewichtung gerät gegenwärtig aus der Balance, und sie hat sich in den exponierten Fällen des globalen Finanzsystems und des Welthandels bereits umgekehrt. Viele andere Bereiche wie Massenmedien, Telekommunikation, Tourismus, Versicherungen, Popkultur und Sport, zaghaft aber auch schon Gesundheit, Ausbildung und Kunst lösen sich aus der Umklammerung durch gesellschaftliche Kontexte. Diese Kontexte von Interdependenz haben bislang als unabdingbare Bedingungen der Möglichkeit der Reproduktion der Funktionssysteme gewirkt, sie scheinen sich aber in einer merkwürdigen Metamorphose in lähmende Restriktionen verwandelt zu haben.

Es ist nicht ohne weiteres zu sehen, was hinter dieser Metamorphose steckt. In einer differenzierungstheoretischen Sicht fällt auf, dass die radikalisierte Autonomie der Funktionssysteme nicht zu einer nachhaltigen Selbstschädigung geführt hat, weil die Teilsysteme eigene interne Reflexionskompetenz aufgebaut haben, die es ihnen ermöglicht, ihre eigene Zügellosigkeit etwa in der Produktion negativer Externalitäten als allgemeines Operationsprinzip zu sehen, dessen selbstzerstörerische Dynamik nur durch wechselseitige Selbstbindung und Selbstbeschränkung zu kompensieren ist. Referenzpunkt dieser systemisch induzierten Reflexion der Teile auf das Ganze war die Idee einer Gesellschaft, die aus den Zufälligkeiten ihrer Genese sich an einem bestimmten Territorium anbindet und sich in den Grenzen dieser Territorialität entfaltet, als könnte sie ohne dieses Außenskelett nicht überleben. Territoriale Delimitierung schien damit Basisbedingungen der Bildung viabler gesellschaftlicher Einheiten zu sein. So massiv hat diese Überzeugung Personen, Systeme und ihre Regelsysteme durchdrungen, dass in ihrem Namen geradezu routinemäßig und in äußerster Bedenkenlosigkeit selbstvernichtende Kriege geführt wurden – und werden.

Es gibt keinen Grund, die Relevanz von Territorialität geringzuschätzen. Auch Zyklopen brauchen zwischendurch ihre Höhle. Aber die erwähnte Metamorphose der Bedeutung territorialgesellschaftlicher Einbettung für die Selbstreproduktion der Funktionssysteme enthält einen Kern, der aus einer Auflösung besteht: der graduellen Auflösung einer primordialen Bodenhaftung aller Transaktionen und mithin aller materiellen Wertschöpfung. Als hätte die moderne Gesellschaft ihre Genese aus den Mythen der Physiokraten nie überwunden – immerhin wollte noch Adam Smith sein Hauptwerk ›Der Wohlstand der Nationen‹ François Quesnay widmen –, gilt bis heute der Boden als heilig und das Territorium als unabdingbarer Bezugspunkt gesellschaftlicher Relevanz. Aber dieser abgeleitete Mythos passt nicht mehr. Zu auffällig sind die Brüche und Ungereimtheiten, die sich aus der Überfremdung materieller Reproduktionsprozesse durch einen Überbau atopischer Symbolstrukturen ergeben. Solange die relevanten Symbole vornehmlich in Köpfen von Menschen residierten, fiel die schleichende Substitution materieller Reproduktion durch symbolische Rekonstruktion nur ausnahmsweise auf, etwa dann, wenn Paradigmen der Erzeugung von Sinn, des »sensemaking«,[299] sich nicht mehr auf territorialgesellschaftliche Rahmen beschränken ließen, sondern gerade die Überwindung dieser Restriktionen im Sinn hatten: Ideen der Menschenrechte, der Souveränität des Indivdiuums, der Schutzbedürftigkeit der natürlichen Umwelt, der Gleichberechtigung der Frau, der Selbsterzeugung systemischer Risiken etc. Seitdem durch Digitalisierung und Wissensbasierung (im Sinne von »embedded intelligence«) atopische Symbolstrukturen nicht mehr auf die Köpfe von Menschen beschränkt und auf die Köpfe ganz spezifischer Menschen angewiesen sind, sondern als elektronisch gespeicherte Programme mit Lichtgeschwindigkeit verfügbar sind und operativ werden können, zerbröckeln die Schutzmauern territorialer Selbsteinkreisung mit beängstigender Wucht und zunehmendem Getöse. Wenn die Mauern von Jericho unter dem Druck der Schallwellen einiger Trompeten zusammengebro-

299 Weick 1995.

chen sind, dann werden die Mauern der nationalstaatlichen Grenzen dem Druck der Schwingungen ungezählter Ströme gebündelter Elektronen nicht lange standhalten können.

Mit der Auflösung dieser Mauern und der Immaterialisierung der Transaktionen verliert Territorialität zwar nicht ihren Charme der Heimeligkeit, aber ihre Stellung als grundlegendes (!) Prinzip von Gesellschaft. Und die Frage ist dann natürlich, welche anderen konstituierenden Prinzipien an deren Stelle treten könnten. Niklas Luhmann hat, wie erwähnt, vorgeschlagen, radikal auf das Symbolsystem sprachlich vermittelter Kommunikation umzustellen und Gesellschaft als das Ensemble aller füreinander erreichbaren Kommunikationen, mithin Gesellschaft heute zwingend als Weltgesellschaft zu begreifen. Dieser Vorschlag ist so provozierend, weil er die Territorialität von Gesellschaft als die Krücke entlarvt, die einer ihrem Gegenstand nicht gewachsenen Soziologie erlaubt, sich an die Alltagstheorien politischer Praxis anzuhängen und sich die Mühe einer eigenständigen theoretischen Fundierung zu ersparen. Und er ist provokant, weil er das soziologische Grundbedürfnis nach zählbaren Einheiten enttäuscht und an die Stelle statistisch erfreulicher nationaler Differenzen die Zumutung einer atopischen Symbolkonstellation setzt, deren Grenzverläufe nur durch die mühsame Erschließung von Sinnarchitekturen lesbar werden.

Allerdings treibt Luhmanns Vorschlag die Konstitution von Gesellschaft auf eine Spitze, an der kein Platz für *gesellschaftliche* Differenzen und polyzentrische *gesellschaftliche* Architekturen des Sozialen bleibt. Auch wenn man, wie hier, anders konstruiert und für Gesellschaft die Fähigkeit zur Selbststeuerung verlangt, dann gilt es, die entscheidende Einsicht Luhmanns zu bewahren: dass zumindest heute Gesellschaft radikal »antiregionalistisch«[300] und antiterritorialistisch gedacht werde muss, will man der Soziologie den weiteren Umgang mit ihren Heimattheorien der Gesellschaft verwehren und sie nun endlich, zumindest als Theorie, auf Augenhöhe mit ihrem Gegenstand bringen. Die entscheidende Umstellung im Begriff der Gesellschaft zielt also darauf, ihre Reproduktion vom Erbe der Physiokraten, Merkantilisten und Absolutisten zu befreien und Gesellschaft als eine symbolisch sich konstituie-

300 Luhmann 1997, S. 35.

rende und über Symbolsysteme sich rekonstruierende Einheit zu begreifen. Dass dies selbst Soziologen nicht leicht fällt, liegt nicht zuletzt daran, dass wir auch noch hundert Jahre nach Durkheim und trotz Luhmann mit einer gesellschaftstheoretischen Begriffsapparatur arbeiten, die Gesellschaften als Staaten oder Territorien missversteht und Alternativen dazu wiederum nur in Begriffen der Zugehörigkeit von Menschen zu Orten zu formulieren weiß.

Mit Blick auf den Staat hat John Ruggie präzise das Dilemma formuliert, das in gleicher Weise auch für die Gesellschaft gilt: »There is an extraordinary impoverished mind-set at work here, one that is able to visualize long-term challenges to the system of states only in terms of entities that are institutionally substitutable for the state. Since global markets and transnationalized corporate structures (not to mention communication satellites) are not in the business of replacing states, they are assumed to entail no potential for fundamental international change, Q.E.D.«[301] Tatsächlich darf nach Meinung der Main-stream-Soziologie nur dann am Gesellschaftsbegriff etwas geändert werden, wenn Verortung und Ortbarkeit nicht verloren gehen. Globale Märkte, transnationale Vernetzungen und Kommunikationssatelliten sollen daran nichts ändern können, und auch die Tatsache, dass ein Gewerkschaftsvorstand von der Notwendigkeit ortsunabhängiger Arbeitsformen spricht, wird die langfristig erprobte Naivität einer territorialistischen Soziologie nicht erschüttern.

Aber Funktionssysteme lassen sich nicht so leicht täuschen. Spätestens seit der formalen Aufhebung der Restriktionen der Bretton-Woods-Abkommen wittern sie ihre Chance, der beengenden Einbindung in eine Gesellschaft zu entkommen, die sich in Praxis und Theorie als territoriale Einheit versteht, obwohl alle Welt sehen kann, dass territoriale Grenzen nur noch künstlich am Leben erhaltene normative Prätentionen der Politik sind. Immerhin erkennen die relevanten politischen Systeme dies Anfang der siebziger Jahre ausdrücklich an und schwenken um auf eine Liberalisierung und Deregulierung, die ihnen offenbar ökonomisch vorteilhaft und politisch unproblematisch erscheint. Tatsächlich geht diese Rechnung für den erstaunlich langen Zeitraum von fünfzehn bis zwanzig

301 Ruggie 1993, S. 143.

Jahren auf, und wohl erst die nicht vorhergesehene Umwälzung der globalen Konstellation durch den Zusammenbruch des Sozialismus ermutigt einige der Funktionssysteme zu einer Häresie, zu der sie durch die Liberalisierungen der Politik provoziert waren und zu der sie sich subliminal schon längst entschlossen hatten.

Die Paradoxie dieser Revolte erweist sich darin, dass die Politik gar keinen Widerstand leisten kann, weil sie sich weiterhin als Herrin des Verfahrens wähnt und von Entstaatlichung und Privatisierung schwärmt, wo tatsächlich Entgesellschaftlichung und Globalisierung stattfinden und beginnen, die Einheit falsch gedachter Gesellschaft zu zersetzen. Auf der Seite der Funktionssysteme sind die Konsequenzen der kampflosen Selbstentmachtung der Politik je nach Standpunkt des Beobachters entweder die stringente Entfaltung einer Logik der Globalisierung und der Genese lateraler Weltsysteme oder aber Beleg für eine perfide Logik des Misslingens der Rekonstituierung von Gesellschaft auf der Ebene globaler Relationen. Dem ersten Standpunkt wenden wir uns nun zu, der zweite wird uns im Schlussteil des Kapitels beschäftigen.

Die schöne Ordnung der Dinge im Rahmen einer funktional differenzierten modernen Gesellschaft hängt davon ab, ob die Funktionssysteme als Teile des Ganzen tatsächlich fähig sind, mit zwei Augen, also mit zwei Standpunkten, also perspektivisch zu beobachten, also aus der Parallaxe von Innensicht und Außensicht, Selbstbeobachtung und Fremdbeobachtung ein durch Differenzen angereichertes Bild ihrer Welt zu konstruieren. Diese Verdopplung ihrer Weltsicht ermöglicht eine Einstellung der Tiefenschärfe der Reflexion, die ihrerseits ermöglicht, den eigenen Standort durch Rückschluss genauer zu bestimmen. Zweiäugiges Beobachten hält die Funktionssysteme davon ab, sich selbst als unbedingt und die Welt als lineare Extension ihrer eigenen Operationslogik zu betrachten.

In funktional differenzierten Systemen ist diese Versuchung zur autologischen Sicht der Welt nicht von der Hand zu weisen, weil in der eingebauten Dynamik zu Leistungssteigerung und Perfektionierung zwar der evolutionäre Vorteil dieser Ordnungsform komplexer Systeme liegt, zugleich aber auch ein Zug zur autopoietischen Schließung der Welt auf Kosten der Kompatibilität mit allem anderen. Wenn die Funktionssysteme sich selbst und die Welt nur noch in Begriffen ihrer Leitdifferenzen sehen, dann steht die Kompossibilität des Ganzen auf dem Spiel. Allerdings wirkt das Gift der Autopoiese nur langsam und hintergründig. Lange noch nachdem ein System sich damit infiziert hat, gedeiht es prächtig, weil seine Teile eine frappierende Leistungssteigerung zeigen, wie bei einem sorgfältig geplanten Doping. Diese Leistungsexplosion macht nicht nur das jeweilige Teilsystem selbst süchtig, sondern auch alle anderen Teile, weil sie von dieser Expansion ihrerseits profitieren. Die Politik sieht das furiose Wachstum der Ökonomie mit Wohlgefallen, denn sie finanziert mit ihrem Anteil am Gewinn einen Wohlfahrtsstaat, der ihre Wähler in Trance versetzt. Die Ökonomie sieht die Ausweitung und Intensivierung von Erziehung mit Wohlgefallen, weil ihr Anteil am Erfolg, der mit verbesserter Allgemeinbildung und höheren Kompetenzen dabei abfällt, höhere Produktivität und höheren Gewinn verspricht. Das Gesundheitssystem sieht die Leistungssteigerung der Wissenschaft mit Wohlgefallen, weil sein Anteil am Zuwachs Möglichkeiten der Heilung verspricht, der seinen eigenen Ruhm vergrößert. So stabilisiert sich ein ausgeklügeltes System wechselseitiger Vorteilnahme und gegenseitiger Korruption, das sich für tugendhaft halten darf, solange die Zinsen bezahlt werden und die Wechsel nicht einzulösen sind. Es etabliert sich ein prächtiges Komplott wechselseitiger Aufreizung zur Höchstleistung, in dessen Vollzug die Teilsysteme zu hoch trainierten, kraftstrotzenden Zyklopen mutieren und niemandem auffällt, dass sich deren Gesichtsfeld zunehmend auf ihre eigene Logik verengt, bis schließlich die Einäugigkeit sich zum Ordnungsprinzip einer Systemarchitektur emporschwingt, die aufgrund ihrer differenzierten Leistungsfähigkeit von allen, insbesondere von denen, die noch nicht so weit sind, als Hypostasierung optimaler Evolution verstanden werden darf.

Vom Religionssystem hätte man erwarten können, dass es diesem Treiben nicht ewig nur zuschaut, obwohl es selbst am Tropf des süßen Gifts der Leistungssteigerung hängt. Und tatsächlich haben seine Vertreter routiniert gewarnt, aber da sie vor allem und jedem warnen, ist garantiert, dass niemand diese Warnungen mehr ernst nehmen muss. Dennoch verfügt das

Religionssystem mit *Moral* über eine Ressource, mit deren Hilfe die Gesellschaft zu einer Entziehungskur überredet und von der Notwendigkeit einer Rekalibrierung ihrer Prioritäten überzeugt werden könnte. Auch Odysseus, auf den wir noch zu sprechen kommen, unterstellt den Zyklopen erst einmal die Möglichkeit moralischer Kompetenz und will prüfen, ob sie wild, ungerecht und gewalttätig sind oder aber gastfreundlich zu Fremden und mit göttlichem Sinn ausgestattet (Vers 9.175-9.176). Als eine der schwächeren Immunreaktionen haben moderne Gesellschaften tatsächlich auf die Logik der Autopoiese mit Moral reagiert, zwar nicht aus den Beständen des Religionssystems, aber doch aus dem Fundus zivilreligiösen und zivilgesellschaftlichen Engagements. Insbesondere der amerikanische Kommunitarismus versammelt die Entrüstung aller anständig und lokalpatriotisch Denkenden gegen die Kälte einer Gesellschaft, die ihren Zusammenhang und ihre Moral an die Vergötzung des effektiven Funktionierens verloren hat. Kommunitaristen verlangen deshalb eine Wiedereinsetzung der Politik in den Stand republikanischer Unschuld und Allzuständigkeit und damit eine entsprechende Repolitisierung und Entdifferenzierung der Gesellschaft: »Heute bemühen sich die ›Kommunitaristen‹ in den Vereinigten Staaten, möglicherweise in Reaktion auf das politische Desaster der Linken in den späten sechziger Jahren, darum, Rousseaus Idealismus einen historischen Bezug zu verschaffen, indem sie auf die Anfänge der amerikanischen Republik verweisen und nach einer Erneuerung der bürgerlichen Tugend rufen. Sie verschreiben die Teilnahme an bürgerlichen Angelegenheiten als Gegenmittel zur Fragmentarisierung der heutigen Gesellschaft – denn diese Theoretiker sind, wie Rousseau, wenig geneigt, die Fragmente zu schätzen.«[302] Es bedarf keiner großen Argumentation, um zu erkennen, dass diese Art von romantisierendem Moralismus wenig geeignet ist, das Problem der »Fragmentierung«, der Hypertrophie der Teilsysteme durch hochgetriebene Leistungsanforderungen und -erwartungen, zu erkennen, geschweige denn zu lösen. Eher birgt dieses Gegenmittel die Gefahr, einen einfältigen Populismus zu schüren und mit den Grenzen der »Fragmente« auch die Rechte des Individuums auszuhebeln.

302 Walzer 1995, S. 47.

Tatsächlich verkennt diese Rekursion auf Moral, dass auch in der historischen Abfolge der Thematisierungen gesellschaftlicher Einheit, der Abfolge der »Selbst-Thematisierung des Gesellschaftssystems«,[303] nach dem Religionssystem die Politik mit der Ressource des Rechts und der Perfektionsidee der Gerechtigkeit[304] Vorgaben für die Einheit der Gesellschaft und damit für die Kompossibilität ihrer Funktionssysteme gemacht hat, die auf eine Unterordnung unter das Gemeinwohl, etwa in der generalisierten Form der Fairness, hinauslaufen. Allerdings wurde es auch für die demokratisch organisierte Politik mit zunehmender Komplexität der Gesellschaft schwieriger, kontingente Ausformungen des Gemeinwohls gegen den Vorwurf der Beliebigkeit oder, schlimmer noch, der Dominanz von Partialinteressen in Schutz zu nehmen. Denn unabwendbar reduzieren sich mit hoher Systemkomplexität die Möglichkeiten der Selbstlegitimierung der Politik darauf, durch faire Verfahrensregelungen eine prozedurale Rationalität und mit der Legitimation durch Verfahren[305] eine formale Fairness zu institutionalisieren, während die inhaltlichen Kriterien und Ausgestaltungen von der Expertise der spezialisierten Teilsysteme abhängen.

Das Ende der Brauchbarkeit des politischen Diskurses als Form der Bestimmung von Gemeinwohl oder Fairness markiert den Anfang der Entzauberung des Staates.[306] Die Politik rettet sich in den Ausbau eines Wohlfahrtsstaates, der immer mehr Details der Lebensführung der Bürger in immer anspruchsvollerer Einzelfallgerechtigkeit zu steuern beansprucht und damit genau das Gegenteil erreicht – eine Konfusion formaler Hypertrophie des Rechtssystems und materieller Inkompetenz der Politik. Faktisch steigen die Funktionssysteme aus dieser Form politischer Einheitsbildung in einem schleichenden Prozess zivilen Ungehorsams aus. Sie lassen es auf »Implementationsprobleme« und »Umsetzungsschwierigkeiten« ankommen und beobachten mit zunehmendem Selbstbewusstsein, wie die Waffen der Politik stumpf werden und eine zu einfach gebaute Normenarchitektur von

303 Luhmann 1975.
304 Rawls 1981.
305 Luhmann 1969.
306 Willke 1983.

Konditional- und Zweckprogrammen an höherer Komplexität scheitert. Die Funktionssysteme, die frühzeitig zum Operieren mit höheren Komplexitäten verurteilt waren, nutzten die Gunst der Stunde mit einer geschickten Doppelstrategie. Sie entzogen sich nachdrücklicher dem Zugriff der Politik, indem sie eigene Steuerungskompetenzen und Ansätze interner Steuerungsregimes aufbauten, und sie dienten sich in Konzertierten Aktionen, Runden Tischen und anderen Verhandlungssystemen der Politik als Partner in der Gestaltung politischer Steuerung an und legten genau damit offen, wie grundsätzlich die Politik ihre Fähigkeit souveräner Gestaltung gesellschaftlicher Einheit verloren hatte. »An zunehmender funktionaler Differenzierung zerbricht diese Form der Selbst-Thematisierung, bis schließlich heute die Einheit des Gesellschaftssystems sachlich kaum noch zu bestimmen ist, weil sie alles übergreift, was immer Menschen verbindet. Die Teilsystemperspektiven werden hochgradig autonom und damit unfähig, Gesellschaft als Ganzes zu repräsentieren. Auch der Versuch, einem ausgezeichneten Teilsystem, dem für Politik, dann dem für Wirtschaft, den gesellschaftlichen Primat und damit die Repräsentation des Ganzen zuzuweisen, vermag heute nicht mehr voll zu überzeugen.«[307]

Die Probleme der Politik sind nicht prinzipiell und nicht unheilbar. Ganz ohne Zweifel ist eine Steuerung auch hochkomplexer Systeme möglich, wenn entsprechend komplexe Steuerungsmodelle und -architekturen zur Verfügung stehen und eingesetzt werden. Den weitaus größten Teil ihrer Steuerungsprobleme haben die politischen Systeme moderner Wohlfahrtsstaaten selbst erzeugt, indem sie sukzessive einem doppelten Wahn der Machbarkeit und der Allzuständigkeit verfallen sind und sich so einer radikalen Selbstüberlastung und Selbstbehinderung ausgesetzt haben. Die restlichen Steuerungsprobleme haben ihre Ursache darin, dass die Politik auch nicht im Ansatz angemessene Modelle und Instrumente der Selbststeuerung nutzt, sondern sich nach wie vor der Illusion hingibt, mit gutem Willen und handwerklichem Geschick seien moderne Gesellschaften zu steuern.[308]

Diese Illusion ist inzwischen auch außerhalb der Politik

307 Luhmann 1975, S. 86.
308 Willke 1993a.

folgenreich, weil die Teilsysteme, die Gefallen am Operieren mit höheren Komplexitäten gefunden haben, sich nun dem Einflussfeld der Politik entziehen *müssen*, wenn sie dem von ihr ausstrahlenden Syndrom der Selbstlähmung entfliehen wollen. Tatsächlich entfliehen sie aus dem Feld nationalstaatlich begrenzter Politik in die Welt globaler Transaktionen und bauen mit einem verzweigten Netz von Stützpunkten und Relationen ihre Unabhängigkeit von nationalen Kontexten aus. So entsteht ein Teufelskreis der Selbstentmachtung für die Politik und zugleich ein »virtuous circle« der Autonomisierung für die extrovertierten Funktionssysteme. Bedeutsam ist, dass die Akteure des Finanzsystems, der Wirtschaft, der Massenmedien, der Kultur, selbst des Sports und manchmal sogar der Wissenschaft die Politik dort treffen können, wo es weh tut. Transnationale Unternehmen können durch ein phantasiereiches Arrangement ihrer Gewinne, Verluste und Schulden sich bestimmter nationaler Steuerlasten leicht und mit großer Wirkung entledigen – sie beeinträchtigen die Steuerhoheit der Politik. Globale Medienkonzerne beeinflussen nationale Politiken, ohne ihrerseits dem Einfluss derselben ausgesetzt zu sein – sie verändern die Regeln politischer »accountability«. Global aktive Finanzkonglomerate und Investoren können eine nationale Währung in die Knie zwingen und müssen unter den Folgen nicht selbst leiden, sondern sie machen damit hohe Gewinne – sie geben die Währungs- und Finanzhoheit nationaler politischer Akteure der Lächerlichkeit preis. Transnational organisiertes Verbrechen kann sich oft dem Zugriff nationaler Justizsysteme entziehen[309] und unterminiert so das Gewaltmonopol des Staates. Selbst das Wissenschaftssystem hat in einigen globalen Themen und Diskursen (Umwelt, Klimaveränderung, BSE, Artenvielfalt etc.) eine Verdichtung erreicht, die politische Akteure nicht ignorieren können und die es von national-politischen Förderprogrammen und Steuerungsabsichten stärker unabhängig macht.

Für die Politik sieht es schlecht aus. Für welches Gemeinwohl und welche Leistung will sie stehen, wenn ihr die Großkunden weglaufen und sogar die Laufkundschaft, die bislang für selbstverständlich genommenen Wähler, zunehmend einfach wegbleiben? Welche gesellschaftliche Funktion will sie

309 Strange 1996, S. 110 ff.

für sich reklamieren, wenn kollektiv verbindliche Entscheidungen immer weniger als klärende Wohltat aufgenommen und immer häufiger als problematische Einmischung in fremde Angelegenheiten wahrgenommen werden? Für welches Kollektiv will die Politik verbindlich entscheiden, wenn klar geschnittene Kollektive nicht mehr erkennbar sind und insbesondere die großen Solidargemeinschaften der wohlfahrtsstaatlichen Zwangsversicherungssysteme – Arbeitslosigkeit, Krankheit, Rente, Invalidität und Pflege – sich differenzieren und diversifizieren und gar nicht mehr zwingend darauf angewiesen sind, in *staatlicher* Regie und damit in *politischer* Verantwortung geführt zu werden. Die Systeme der Haftpflichtversicherung, etwa für Autounfälle, zeigen, dass Steuerungsmodelle mit einer extrem reduzierten politischen Kontextuierung und ansonsten privatwirtschaftlicher Selbststeuerung durchaus funktionieren können. Wenn heute in Kontinentaleuropa die Steuer- und Abgabenquote zwischen 40 und 50% liegt und der Sozialhaushalt der nationalen Budgets einen Anteil von rund 40% hat, dann hat sich die Politik in einer verqueren Pfadabhängigkeit mit einer Aufgabe zugeschüttet und politikunfähig gemacht, die aus heutiger Sicht ironischerweise gar keine genuin politische Aufgabe ist, weil sie, wie heute etwa Telekommunikation, Energieversorgung, Bahn oder Post, inhaltlich von Privaten übernommen werden kann und nur in der Gestaltung der Kontextparameter politischer Supervision bedarf.[310]

Die politische Klasse wird sich mit dieser staatstheoretischen Konzeption nur schwer anfreunden können, weil sie mit massiven »vested interests« in die herrschende Unordnung eingebunden ist, bis hinein in Aufsichtsräte, eine weit verzweigte illegale Parteienfinanzierung und privatwirtschaftlich gesponserte Ferienflüge. Das schließt Veränderung nicht aus, macht sie aber quälend langsam und mühsam, so dass zu befürchten ist, dass Interesse und Aufmerksamkeit des Publikums weiter nachlassen und die relevanten Akteure der Funktionssysteme noch ungehinderter nach Alternativen Ausschau halten. Immerhin wirft die Globalisierung für die nationalen Politiksysteme die mögliche Hilfestellung einer gesteigerten Vergleichbarkeit regulatorischer Regimes und mithin die

310 Willke 1997b.

Chance eines deregulatorischen Wettbewerbs an, wenn und soweit sie dieser Chance der Überprüfung von Staatsaufgaben[311] nicht durch bloße Negierung und Verweigerung ausweichen.

Damit ist keineswegs gesagt, dass der Prozess der Abkopplung der Funktionssysteme von ihren nationalen Kontexten und die Bildung lateraler Weltsysteme zwangsläufig und unproblematisch wären. Zu viele Geburtsfehler haften diesem Prozess als evolutionärer Dynamik insgesamt und als Strategie der Akteure der Funktionssysteme im Besonderen an, als dass eine brauchbare transnationale oder gar globale Konstellation zu erwarten wäre. Die Geburt der Weltgesellschaft aus dem Geist der Nationalstaaten emuliert eine Logik bornierter Reflexe der Revierabgrenzung auf einen Raum, der dieser Logik nicht mehr zugänglich ist, weil er als atopischer Raum die Ortlosigkeit zum Prinzip macht und deshalb andere Differenzen und andere Einheiten fordert. Diese Herkunft der Weltgesellschaft vererbt ihr das Problem eines gesellschaftlichen Umgangs mit Territorialität und Räumen, der auf der Hartleibigkeit und Greifbarkeit materieller Realien und Artefakte beruht und der ganz grundsätzlich erschüttert wird, wenn es nun immaterielle Ströme, »flows«[312] und virtuelle Konstellationen sind, die Realitäten ausmachen und strukturieren. Ob hier Ersatz nötig ist und, wenn ja, wie er beschafft werden könnte, steht noch ganz in den Sternen. Die fließende Umstellung von realem Handel mit realen Gütern auf den elektronischen Handel mit realen und elektronischen Gütern bricht sich eher nahtlos Bahn, so dass einige Bedrohungs- und Notstandsdiskurse bereits überflüssig geworden zu sein scheinen. Andererseits leisten selbst Wissensarbeiter ihrer Beförderung in den Hyperspace atopischer Verfügbarkeit zumindest hinhaltenden Widerstand. Sie reklamieren damit einen Bedarf an Restwärme und räumlicher Zuordnung, der offenbar bislang von der Matrix atopischer Vernetzung nicht kompensiert wird.

Die Morphologie entterritorialisierter Räume kann nicht ohne weiteres das Erbe einer Form von Gesellschaft abschütteln, die mit der Verteilung und Zuteilung von Orten elementare Verlässlichkeiten geschaffen hat. Sie ist mit Merkmalen ei-

311 Grimm 1997.
312 Castells 1996, S. 376 ff.

ner Genese behaftet, die Menschen als Bürger und Bürger als Bewohner konfiguriert, deren Wohnort zentraler Anknüpfungspunkt gesellschaftlicher Konstitution und Identität wird. Alle Zumutungen von Ortlosigkeit werden auf diesem Hintergrund zu Gefährdungen gesellschaftlicher Identität. Allerdings könnte es sein, dass gesellschaftliche Identität längst zum Mythos geworden ist und dieser Mythos just in dem Moment ein Scheinproblem erzeugt, in dem er von der Gesellschaftsgeschichte der Globalisierung eingeholt wird. Tatsächlich ist schwer zu sehen, von welcher Relevanz eine gesellschaftliche Identität sein könnte, der inzwischen die Gesellschaft weitgehend abhanden gekommen ist, weil Menschen seit einiger Zeit ihre Identität vorrangig in einer individualisierten personalen Integrität suchen und bestenfalls nachrangig in der flexiblen Zuordnung zu je relevanten Funktionssystemen – aber gerade nicht in der Gesellschaft *writ large*.

Möglicherweise sind deshalb die Voraussetzungen für eine atopische Rekonfiguration personaler Identität längst gegeben und warten nur darauf, wahrgenommen und genutzt zu werden. Da die alten Erzählungen von territorialer Gesellschaftlichkeit und gesellschaftlich konstituierter Identität gewohnheitsmäßig weiterlaufen, könnte es ein überraschendes Aha-Erlebnis werden, plötzlich feststellen zu müssen, dass die Gesellschaft, von der da die Rede ist, gar nicht mehr existiert und personale Identität sich längst andere Verwurzelungen gesucht hat. Die Frage von Robert Reich »Who is us?«[313] müsste dann neu gestellt und neu beantwortet werden.

Neil Brenner fasst die Momente der hier aufscheinenden Transformation kompakt zusammen:

»This image of global space as a ›placeless, distanceless, and borderless‹ realm is the geographical essence of deterritorialization approaches. From Castell's account of the ›space of flows‹, Jameson's theorization of ›postmodern hyperspace,‹ Ruggie's interpretation of the EU as the world's ›first postmodern political form‹ and Appadurai's concept of ›ethnospaces‹ to Ohmae's notion of a ›borderless world‹ and O'Brien's still more radical thesis of an ›end of geography‹, analyses of deterritorialization have generally been premised upon this basic conceptual opposition between the ›supra-territorial‹ or ›de-

313 Reich 1991, S. 301 ff.

territorialized‹ spaces in which globalization occurs and sub-global territories, localities, and places. … Under these circumstances, the image of global social space as a complex mosaic of superimposed and interpenetrating nodes, levels, scales, and morphologies has become more appropriate than the traditional Cartesian model of homogenous, interlinked blocks of territory associated with the modern interstate system.«[314]

Die evolutionären Verhaftungen einer möglichen Weltgesellschaft in den Traditionen der Ortsgebundenheit sind demnach zwar deutlich genug, aber doch eher peripher, weil funktionale Alternativen schon bereitstehen. Demgegenüber scheinen die Verhaftungen, die in den zentrifugalen Strategien der Funktionssysteme stecken, sowohl in ihrer Reichweite wie in ihrem Irrtumspotential gravierender zu sein. Die Funktionssysteme bewegen sich auf einer gesellschaftsgeschichtlichen Trajektorie, auf der sie noch im Rahmen operativer nationalstaatlicher Gesellschaften von einer sich selbst überfordernden, eher hilflosen Politik in eine folgenreiche Transformation gelockt worden sind. Sie haben sich aus der moralischen, rechtlichen oder sonst wie rationalen Einbindung in einen interdependenten gesellschaftlichen Kontext herausgewunden, halb hingezogen von der Morgenröte globaler Expansion, halb hingestoßen vom eigenen inneren Drang nach Eigenmächtigkeit und Autonomie, dem die Politik nichts entgegensetzen konnte. Die durchaus vorhandenen Ansätze zu interner Reflexion und kooperativem strategischen Handeln werden in dieser Transformation von einer monomanischen Logik der Expansion verdrängt, die bequem auf eine Fülle neoliberaler Rechtfertigungen dieser Strategie zurückgreifen kann. Aus den zweiäugigen Teilen eines Ganzen, das auf perspektivische Moderation ausgerichtet und angewiesen ist, werden in einer scheinbar nicht mehr kontrollierbaren Dynamik einäugige Zyklopen, von denen noch nicht feststeht, ob sie sich in eine göttliche Freiheit hineinentwickeln oder in ein luziferisches Zerstörungspotential.

Wenn wir uns nicht gerade einen Soziologen, aber doch einen Gesellschaftstheoretiker als späte Reinkarnationen des Odysseus vorstellen, dann lassen sich seiner ambivalenten rekursiven Suche nach Heimat und Ferne im Allgemeinen und

314 Brenner 1999, S. 61 u. S. 69.

seinen Erfahrungen mit den Zyklopen im Besonderen aufschlussreiche Hinweise entnehmen. Gesellschaftstheorie gleicht heute einer Odyssee der Suche nach einer Lokalisierung viabler Orte für das Selbst. Dieses Unterfangen ist komplizierter, als es auf den ersten Blick den Anschein hat, weil beide Seiten der Gleichung offen sind. Unklar ist, um welches »Selbst« es geht und was unter Bedingungen radikaler gesellschaftlicher Entgrenzung seine konstitutiven Merkmale sein könnten. Geht es Odysseus um das Selbst seiner Differenz zu allen anderen (will er sich in der Fremde finden) oder um das Selbst seiner Einheit mit seinen Gefährten (will er für seine Gefährten nach Hause zurückfinden) oder um das Selbst der Einheit der Differenz zwischen ihm und seinem *oikos* (will er sich in seiner Familie zurückfinden)? Unklar ist aber auch, was unter Bedingungen radikaler Entterritorialisierung viable Orte sein könnten. Geht es um reale Orte der Auseinandersetzung mit Menschen oder um imaginäre Orte der Auseinandersetzung mit Göttern oder um atopische, hybride Orte der Auseinandersetzung mit sich selbst? Und unklar ist schließlich, mit welchen Interferenzen eine Hybridisierung möglicher Identität und eine Atopisierung möglicher Lokalität in der Genese lateraler Weltsysteme zusammenspielen.

Für Odysseus bedeutet die Odyssee die Suche nach seiner »Seele« im Sinne einer – wie Richard Rudermann in einem bemerkenswerten Text herausarbeitet – fundamentalen Aufklärung durch die Befreiung der Seele aus nicht verschuldeten Abhängigkeiten, »the liberation of one's soul from the ›mythological‹ or ›social‹ world in which it is, at first, inevitably imbedded«.[315] Die Homerische Aufklärung lässt sich als eine Befreiung *zur* eigenen Seele, und gerade nicht, wie die moderne Aufklärung, als Befreiung *von* einer eigenen Seele verstehen. Setzen wir den Homerischen Begriff der Seele mit dem hier noch offenen Begriff des Selbst gleich, um den heutigen Zweideutigkeiten des Begriffs der Seele zu entgehen, dann wird deutlich, dass die aufklärerische Tat der Odyssee darin besteht, dem (heroischen) Menschen zu einem reflektierten Selbst (»consciousness, or sense of self-directedness«[316]) zu verhelfen, ihn aber gerade nicht von einem Selbst zu befreien,

315 Ruderman 1999, S. 140.
316 Ruderman 1999, S. 143.

sei es als selbstloses Element des Sozialen oder als selbstsüchtiger Hedonist der Postmoderne aufgefasst.

Geradezu erschütternd ist die Konsequenz, mit der Homer seinen Helden in dessen Projekt der Aufklärung scheitern lässt. Am Ende schreckt Odysseus vor dem Opfer der Aufklärung zurück, sein Zorn bleibt Sieger über seine Vernunft. »Odysseus fails to attain his goal not because it is impossible but because he is ultimately less rational than he supposes. He pulls back from the full implications of rationality because it would undermine his angry longing to defend what he believes he deserves. Homer, in the end, questions his need to do so.«[317] Ein Schlüsselerlebnis in der Fülle seiner Abenteuer ist für Odysseus das Zusammentreffen mit dem Zyklopen. Anstatt die Abwesenheit des Einäugigen zu nutzen und mit den geraubten Schätzen schnell zu verschwinden, provoziert Odysseus die Konfrontation, weil er herausfinden will, ob es den Göttern mit der Gerechtigkeit ernst ist oder nicht. Im Vertrauen auf die versprochene Hilfe Athenas wagt er den Gang in die Höhle – und wird bitter enttäuscht. Die Zyklopen sind nicht, was durchaus möglich wäre, gastfreundlich und »gottesfürchtig« , sondern sie entpuppen sich als gewalttätige Zerstörer, die sich über die Götter erheben und nicht durch Angst vor diesen im Zaum gehalten werden (9.276-9.277). Odysseus kann sich mit dem Rest seiner Gefährten nicht durch die Hilfe der Götter, sondern nur durch seine eigene Schläue und seinen Mut retten, den Zyklopen Polyphem zu blenden und ihm, an die Bäuche der Widder festgekrallt, zu entkommen.

In dieser Episode verliert Odysseus seinen Glauben an die Weisheit und Gerechtigkeit der Götter, und er gewinnt Vertrauen in seinen eigenen Verstand als überlegene Instanz seiner Befreiung und Aufklärung. Nun beginnt er, Verstand und Klugheit zu nutzen, um seine »Seele« zu gewinnen, und er begibt sich auf eine Reise weg von der Einbindung in den Zusammenhalt mit seinen Gefährten und hin zu einem individualistischen, selbstbezüglichen, aufgeklärten Selbst. Aber er hält nicht durch und scheitert letztlich an seinem Verlangen nach einem freien Willen, der auch die Freiheit einschließt, der eigenen Leidenschaft, *thymos*, nachzugeben und eine Gerechtigkeit zu verlangen, die nur die Götter geben können. So bindet

317 Ruderman 1999, S. 160.

das herrische Gebieten von Gerechtigkeit Odysseus an die Götter zurück und schließt ihn aus dem Kreis der Aufgeklärten aus.[318] Aber obwohl seine eigene Aufklärung scheitert, gelingt ihm mit seiner Odyssee ein heroischer Beitrag zur Aufklärung der Welt über den Zusammenhang zwischen Wissen und Nichtwissen, utopischer Suche und atopischem Finden, der Ungerechtigkeit der Teile und dem Sinn des Ganzen. Wenn die Lehre des Epos und Homers darin liegt, dass ein Scheitern der Aufklärung des Einzelnen, selbst als Helden, nicht die Aufklärung der Welt und des Publikums hindert, dann bleibt die Hoffnung, dass die Proliferation von Irrfahrten der Vernunft des Ganzen dient.

Es ließe sich nun trefflich darüber spekulieren, inwieweit Gesellschaftstheoretiker in ihrem eigenen Projekt der Aufklärung gescheitert sind, weil sie dem Hochmut nicht entsagen können, Modelle einer Gerechtigkeit der Gesellschaft zu postulieren und damit eine Verantwortung zu usurpieren, die ihnen nicht zusteht. Die Dialektik der Aufklärung schlägt so auf die Aufklärer zurück und lässt die Frage offen, wie nach der Verabschiedung der Götter eine gerechte Gesellschaft herzustellen sei und ob die Frage nach einer gerechten Gesellschaft überhaupt die richtige Frage sein kann. Die moralischen Verwüstungen und die Verwüstungen der Moral, die etwa die jugoslawischen Kriege hinterlassen haben, sollten nachdenklich machen.

Kommen wir zu den Zyklopen zurück. Odysseus prüft an ihnen ein Kernproblem seines Projekts, einen Weg durch den Irrgarten mythischer Verblendungen und göttlicher Irrationalitäten zu finden. Die Zyklopen könnten Götter sein, aber auch Monster. Sie sind einäugig wie mancher Gott, aber sie prahlen auch mit ihrer Gewalt und stellen sich über die Götter. »Wir Kyklopen kümmern uns nicht um Zeus mit der Ägis / Noch um die seligen Götter, da wir viel stärker als sie sind« (Vers 9.275-9.276). Wer sind sie wirklich? Um diese Frage aufzuklären, schreckt Odysseus vor erheblichen Risiken nicht zurück, aber er macht den Fehler jedes nicht aufgeklärten Nichtkonstruktivisten und trägt sein eigenes Problem an ein Objekt der Analyse heran, ohne zu sehen, dass er mit dieser verqueren Konstellation weder sein eigenes Problem lösen

318 Ruderman 1999, S. 154 f.

noch dem Objekt der Analyse gerecht werden kann. Immerhin hält sich Odysseus anfangs noch beide Optionen offen und erliegt nicht sofort einer Vergötterung oder Verteufelung der Zyklopen. Aber nachdem er und seine Männer ungefragt in die Höhle eindringen, bereits mit dem Vorsatz von Betrug und Diebstahl, projizieren sie ihre uneingestandene Barbarei in die Zyklopen, denen keine Chance bleibt, sich selbst zu erklären. Wer waren die Zyklopen wirklich?

Eine ähnliche Frage stellt sich heute dem Gesellschaftstheoretiker mit Blick auf die neuen Gestalten der post-nationalen Konstellation. Handelt es sich um eine kommunikativ geschlossene Weltgesellschaft, um vielfältige laterale Weltsysteme oder aber um Chimären, die den nationalstaatlichen Gesellschaften ihren Rang nicht streitig machen können? Jede Theorie arbeitet mit ihrem eigenen Beobachtungsinstrumentarium und sieht demgemäß das, was sie sehen kann. Aufklärung setzte dagegen voraus, diese Bedingung des Beobachtens zu erkennen und Vorsorge dafür zu tragen, dass der Gegenstand der Beobachtung nicht nur zur Sprache, sondern selbst zum Sprechen kommt. Welche Geschichte würden die Funktionssysteme, um die es geht, selbst erzählen? Welcher Logik von Autonomisierung, Expansion, Indifferenzierung und Restabilisierung folgen sie in der riskanten Herauslösung aus ihren Muttergesellschaften? Sicherlich kann sich keine solchermaßen fingierte Erzählung ganz von ihren eigenen Annahmen und Kategorien lösen. Aber schon der Versuch macht deutlich, dass jede Erzählung eine Fiktion eigener Art ist und die Qualität des Imaginären bemühen muss. Genau dies nun scheint einer gegenwärtigen Gesellschaftsgeschichte angemessen zu sein, die darin ihre Besonderheit hat, dass ihre scheinbar so realen nationalstaatlichen Gesellschaften sich als »imaginäre Institutionen«[319] erweisen, die dabei sind, sich zwischen den Mühlsteinen eines wild gewordenen Indivi ualismus einerseits und einer blindwütigen Globalisierung andererseits in ihre Bestandteil aufzulösen. Daran wäre nichts auszusetzen, wenn es gelänge, diese Bestandteile zu fassen zu bekommen. Aber auch hier das gleiche Bild. Jeder bekommt nur das zu fassen, was er sowieso schon kennt. Gleichwohl, fassen wir es an.

319 Castoriadis 1990.

4. 2 Die Erzählung der Zyklopen

In der Innensicht der Funktionssysteme gibt es reichlich Gründe für Klagen über fundamentale Ungerechtigkeiten. Seit ihrer Adelung als Träger des Prozesses der okzidentalen Rationalisierung durch Max Weber tragen sie die Verpflichtung zu einer Art freiwilliger Selbstverleugnung eines Teils ihrer Identität im Interesse einer Identifizierung mit dem Ganzen der Gesellschaft. Nicht dass ohne weiteres deutlich wäre, was dieses Ganze der Gesellschaft denn ausmache oder darstelle – gerade Max Weber hat sich gegen die Vorgaben von Marx und Durkheim, und selbst noch gegen die weit abgeschwächten von Simmel, hartnäckig geweigert, dieses Ganze zu beschreiben und als »Gesellschaft« zur Kenntnis zu nehmen.[320] Aber außer Frage stand und steht, dass die Funktionssysteme zu diesem Ganzen beitragen und Restriktionen ihrer »Eigengesetzlichkeiten« (Max Weber) hinnehmen müssen, um einen irgendwie gearteten Mehrwert der Kompatibilität untereinander und mit der Idee des Ganzen zu gewährleisten.

Seit ihrer Abnabelung aus dem Schoß der umfassenden mittelalterlichen Gesellschaft sind die Funktionssysteme, vor allem Politik, Ökonomie und Wissenschaft, dem Verdacht ausgesetzt, eine Erbschuld der *Trennung* auf sich geladen zu haben. Zwar war schon das mittelalterliche Reich nicht mehr der *oikos* der Klassik, aber über seine enge und sichtbare Verbindung zum Reich Gottes entledigte sich das Mittelalter der unlösbaren Aufgabe, das Gesellschaftliche seiner Gesellschaft zu bezeichnen. Die Frage nach dem Ganzen war immer schon beantwortet und konnte ihre Antwort nur in der Religion finden, so dass die Gesellschaft selbst dabei nicht in Verlegenheit kam. Umso schwieriger war die Situation für die allmählich sich entfaltenden Funktionssysteme, denn es war schwer vorstellbar, dass das Reich Gottes Provinzen für Wirtschaft, Wissenschaft oder Erziehung hatte oder dass die Engel unterschiedlichen Professionen nachgingen.

Eher schon lag nahe, auf die Funktionssysteme die Last einer Bedrückung abzuladen, die nur als postnatale Depression der Trennung bezeichnet werden kann. Als hätte die mittelalterliche Gesellschaft gespürt, dass sie eine Fortsetzung ihrer

320 Tyrell 1994.

Geschichte nur um den Preis der Zulassung von Differenzen haben könne, nur durch eine generative Grammatik der Differenzierung, moderierte sie ihren Widerstand gegen die Verselbständigung des Erkennens in der Wissenschaft, des Zahlens in der Ökonomie, des Entscheidens in der Politik, des Erziehens in den Schulen, allerdings nicht ohne schon vorher Schuldige in der Hinterhand zu haben. Die Gesellschaft »ist einerseits das Ganze und andererseits die Summe der Teile, deren Zusammenwirken jenen Mehrwert produziert, dem zufolge sie ein Ganzes sind. Zugleich wird verdeckt, dass es sich um eine Doppelbeschreibung handelt, und dies muss unsichtbar bleiben, weil anderenfalls die Paradoxie offen zu Tage träte. Erst die Mythologie der ›invisible hand‹ wird dies Problem direkt bezeichnen, aber dann mit einer Metapher, die selber paradox ist.«[321] Die Erfindung des Buchdrucks in der Mitte des 15. Jahrhunderts lockerte die Vorbehalte gegen Unterschiede, Abweichung und Dissens. Die kopernikanische Wende wenig später zerbrach die unvordenkliche kosmische Architektur einer Unterordnung der Erde unter die Bauprinzipien einer religiösen Ordnung mit einer klaren Spitze und einem eindeutigen Zentrum. Beide Momente eröffneten Spielräume für Experimente, Risiken und Eigenständigkeiten, die vorher undenkbar gewesen wären, und sie provozieren »die Autonomieprobleme der neuen Funktionssysteme, die sowohl den Essenzkosmos als auch die Moralcodierung des Mittelalters sprengen«.[322]

Der Eklat kam mit den Religionskriegen. Sie besiegelten die Vertreibung aus dem Paradies einer einheitlichen Gesellschaft in Übereinstimmung mit dem Reich Gottes, und sie hinterließen neben den sonstigen Ergebnissen gnadenloser Kriege einen Trümmerhaufen gesellschaftlicher Einheit, aus dem dann allerdings eine neue Art von Gesellschaft sich zusammenfügte.

Die Leitmetapher der Genese funktionaler Differenzierung ist deshalb keine andere als die des Sündenfalls und der Vertreibung aus dem Paradies. Nur ist in diesem Fall unklarer als sonst, wer gesündigt hatte und wer wohin vertrieben wurde. Aus der Sicht der Funktionssysteme waren und blieben sie die rechtmäßigen Bewohner des Paradieses, weil sie in Vollendung das Zentralgebot paradiesischer Verhältnisse verinnerlichten:

321 Luhmann 1997, S. 918.
322 Luhmann 1997, S. 963.

»draw a distinction«, bezeichne Unterschiede zwischen dir und anderen, um der Hybris der Unterschiedslosigkeit, der Versuchung der Vereinnahmung zu entgehen. Genau dies war die Strategie der Funktionssysteme. Aber sie mussten feststellen, dass es irgendeine geheimnisvolle Größe gab, die sich diesem Spiel verweigerte, die das Ganze für sich beanspruchte und in majestätischer Entrückung für sich reklamierte, differenzlos zu sein. Was tun? Sie aus dem Paradies verweisen oder selbst gehen? Die Funktionssysteme haben sich entschieden, zunächst zu bleiben und die Last der Unterschiede auf sich zu nehmen. Sie haben damit offen gelassen, ob die Gesellschaft als differenzlose Einheit sich in die Sphären der Imagination verabschiedet und als *deus absconditus* das Schicksal der Welt mit Indifferenz betrachtet oder aber die Strafexpedition durch das Jammertal der wirklichen Welt antritt, um im Schweiße ihres Angesichts, im banalen Betrieb einer täglichen Schinderei ums Überleben das Recht zu erwerben, wieder in den Kreis der Auserwählten aufgenommen zu werden.

Nun muss man wissen, dass es eine radikalere Negativität nicht geben kann als die, differenzlos zu sein. Eine differenzlose Einheit lässt keine Verzweigungen, keine Welten zu. Denn nur über Differenzen kommen Universen in Existenz: »The theme of this book is that a universe comes into being when a space is severed or taken apart.«[323] Eine differenzlose Einheit ist das »Schwarze Loch«, das alles in sich aufsaugt und seiner Existenzberechtigung beraubt. So sah sich auch Gott gezwungen, mit dem Teufel eine Differenz zu schaffen, die ein Universum ermöglicht. Der Gesellschaft als säkularem Gott ist dies nicht umstandslos gelungen. Spätestens hier erweist sich, dass heute die Soziologie das Geschäft der Philosophie mit übernehmen muss, weil die Philosophie sich auf Suchen begeben hat, die sich als irrelevant herausgestellt haben: »Klassische Philosophie ist die Zumutung, zu verstehen, dass die Mitte anderswo ist.«[324] Eben. Soziologie heute ist die Zumutung, zu verstehen, dass die Mitte *irgendwo* ist und das generalisierte Irgendwo zur kritischen Bedingung der Möglichkeit von Gesellschaft wird.

Wenn sie aber irgendwo ist und es nicht mehr darauf an-

323 Spencer Brown 1979, S. XXIX.
324 Sloterdijk 1999, S. 101.

kommt, wo, dann verliert die Mitte ihre differenzlose Einheit und mithin ihren Sinn. Dann hängt das Schicksal der Gesellschaft der Moderne an einem seidenen Faden. Gelänge es den Funktionssystemen, in ihren Differenzen sich auf eine virtuelle Einheit einzustellen, eine in der Kompatibilisierung der Differenzen selbst kreierte Einheit, dann wäre Gesellschaft obsolet und Max Weber hätte Recht. Gelänge dies den Funktionssystemen nicht, dann wären sie um ihrer eigenen Existenz willen gezwungen, sich mit einer Gesellschaft zu arrangieren, die sie nicht kennen und von der sie nicht wissen, ob sie überhaupt möglich ist.

Max Weber hat dieses Drama vorausgesehen. Er beschreibt die Funktionssysteme als Lebensordnungen, Wertordnungen oder Wertsphären mit einer in ihren Leitwerten oder Zwecken gegebenen unterschiedlichen Eigenlogik, je nachdem »in welcher Richtung sie rationalisiert wurden«.[325] Die Unterschiede, die hier aufbrechen und im Laufe der Gesellschaftsgeschichte sich zu operativer Geschlossenheit verhärten, bringen die Funktionssysteme in eine ambivalente Lage. Differenzierung und Spezialisierung steigern die Leistungsfähigkeit und Unersetzlichkeit der Teile um so nachhaltiger, je mehr diese sich zugleich von allen anderen in den Bedingungen ihrer Operationsfähigkeit abhängig machen. So könnte sich, wie Emile Durkheim spekuliert hat, eine vollkommene organische Ordnung ergeben, die auf der Einsicht in die unabdingbare wechselseitige Bedingtheit beruht. Demgegenüber betont Max Weber die andere Seite der Ambivalenz. Die Unterschiede in den Leitwerten der Funktionssysteme führen zu »Wertunverträglichkeiten« zwischen ihnen, damit zu einer Unvermittelbarkeit der Wertsphären und damit zwangsläufig zur Frage des Primats. Die Bifurkation kristallisiert demnach an derselben Frage, die bereits zur ersten Revolte im Paradies geführt hatte, zum »Kampf der Götter« um die Frage, wer für welche Differenz zuständig ist, wer Einmischungen verbieten darf und wer die zentrale Differenz, den Baum »in der Mitte des Gartens«, wie bereits das erste Buch Moses formuliert, für sich beanspruchen und vom Zugriff aller anderen ausnehmen kann.

Wieder ist es der Anspruch auf die Bestimmung der Mitte, auf differenzlose Einheit, der Kaskaden von Unterschieden in

325 Weber 1973, S. 20.

die Welt bringt und mit den Unterschieden Motive, Inhalte und Werte. »There can be no distinction without motive, and there can be no motive unless contents are seen to differ in value.«[326] Für Gott mag dieser Anspruch angehen, wenn er riskieren will, dass er sich dann mit den damit erzeugten Differenzen herumschlagen muss. Für die Gesellschaft, die ihre mittelalterliche Einheit zur Disposition stellt, um die Früchte der Spezialisierung und Leistungssteigerung einzufahren oder, neutraler gesprochen, um einer evolutionären Trajektorie der Gesellschaftsgeschichte zu folgen, sind die Risiken ebenso drastisch, aber mangels Vision unübersehbarer. Die Herausforderung dieser Gesellschaftstransformation ist die Zumutung, zu verstehen, dass die Mitte nicht mehr durch Gott besetzt ist und damit für die Gesellschaft außer Reichweite und außer Frage steht, sondern nun als Merkmal und Ort der Gesellschaft zu behandeln ist und mithin ein gesellschaftsintern zu regelndes Problem darstellt. Die frühe Moderne hat sich damit aus der Affäre gezogen, dass sie je nach Problemdichte einen wechselnden Primat eines, und eben nur eines, Funktionssystems zuließ, nach der Religion zunächst den Vorrang der Politik, dann den der Ökonomie und danach, wie Daniel Bell, Niklas Luhmann und andere annehmen, den Primat der Wissenschaft.[327]

Immer schon gab es erhebliche Probleme mit diesen seltsamen Nachfolgeregelungen um die Besetzung der Mitte, und nicht umsonst hat Max Weber diese Linie des Verstehens der Moderne deutlich abgelehnt – allerdings das Problem damit auch nicht gelöst. Tatsächlich gibt es keine guten Erklärungen dafür, wie ein Funktionssystem die Mitte der Gesellschaft besetzen können soll, wenn es unzweifelhaft in seinen Operationsbedingungen von allen anderen Teilen abhängt. Nach dieser Logik dürfte sich ein Gott auch dann noch als differenzlose Einheit exponieren, wenn er in den Bedingungen seiner Möglichkeit von den Engeln, Menschen und Teufeln abhinge. Die Funktionssysteme selbst haben dieser Art von Naivität oder Logik nie viel abgewinnen können. Ihr Tagesgeschäft dreht sich darum, die unendlichen Komplizierungen der laufend notwendigen Abstimmungen mit fremden Logiken abzuar-

326 Spencer Brown 1979, S. 1.
327 Bell 1976; Luhmann 1975, S. 91 ff.

beiten und auf der Ebene von Operationsprogrammen die Anschlussstellen für Fremdreferenzen einzubauen, die eine minimale Sensibilität für die Kompossibilität des Ganzen verbürgt. Diese bemerkenswerte Leistung ist vielfach beschrieben worden, zuletzt in den Abstimmungsprozeduren des Neokorporatismus, den Verflechtungen eines »imbedded liberalism« oder den ökonomisch-juristischen Institutionen des Kapitalismus. Immer geht es um »credible commitments«[328] der Teile für die Ordnung des Ganzen. Immer geht es um eine Hellsichtigkeit der differenzierten Subsysteme für die Notwendigkeit der Abdunkelung des Ganzen, und immer geht es darum, den in eine bestimmte Freiheit entlassenen Abkömmlingen das Gefühl für ihre Schuld an der Abtrennung wachzuhalten. Diese hochgetriebenen Anforderungen zwingen die Funktionssysteme zu perspektivischem Beobachten und machen sie zu Prototypen des zweiäugigen Operierens. Bis zu dem Punkt, an dem der Verdacht aufkeimt, dass die Gesellschaft, für die sie ihre Potentialitäten zügeln und moderieren, gar nicht vorhanden ist, weil sie immer schon nur die Chimäre einer notwendigen fingierten Einheit war.

Die Paradoxie des Verlustes der Einheit durch die Einheit der Differenzen schaukelt sich auf zur Perfidie einer nur noch imaginierten Mitte. Nun erweist sich aus der Sicht der Funktionssysteme, dass sie einige Jahrhunderte möglicherweise umsonst gelitten und einer Gesellschaft die Stange gehalten haben, die sich in die Sphären bloßer kommunikativer Erreichbarkeit aufgelöst hat. Die kollektive Selbstillusionierung einer Gesellschaft und ihrer Funktionssysteme durch eine varianten- und einfallsreiche Ideologie des Nationalen beginnt sich im kalten Blick der Entterritorialisierung aufzulösen. Nun müssen die Teile selbst schauen, wo sie bleiben. Sie müssen selbst dafür sorgen, dass sie nicht auch in den Strudel der Auflösung mitgerissen werden. Sie müssen sich in einer Welt zurechtfinden, deren Mitte nicht nur anderswo ist, als angenommen, sondern im atopischen Irgendwo verschwimmt.

Damit geraten die Fundamente der etablierten gesellschaftlichen Ordnung ins Wanken. An die Stelle der fingierten Einheit der Differenzen tritt die Differenz möglicher Einheiten, und es wird zur Kardinalfrage der neuen Ordnung, ob sie sich

328 Williamson 1985, S. 163 ff.

wiederum auf Einheit gründen muss oder ob die Gesellschaftsgeschichte darauf hinauslaufen kann, diese Hypothese endgültig zu verwerfen. In dieser bodenlosen Desillusionierung bleibt den Funktionssystemen kaum eine andere Wahl, als sich auf ihre Stärken zu besinnen. Ihre Stärke ist die Monomanie ihrer Leitdifferenzen, die Unerbittlichkeit ihrer Zwecke, die Singularität ihrer Kompetenzen. Wenn sie nun vollends darauf setzen und sich aus den Einbindungen in die falsche Fiktion eines Ganzen der Gesellschaft befreien, dann sind sie auf dem Weg zur Entfaltung lateraler Weltsysteme, wie sie oben beschrieben worden sind.

Aus der Sicht der Funktionssysteme sind die bisherigen Selbstbindungen nur noch Belege für eine naive Vasallentreue oder Schlimmeres. Bei der Aufarbeitung ihrer Irreführung müssen sie zwangsläufig zu dem Schluss kommen, dass sie sich mit der Gabe der Zweiäugigkeit selbst geschwächt und in ihren Möglichkeiten überflüssigerweise eingeschränkt haben. Es ist geradezu mit Händen zu greifen, dass hier ein Zorn der Enttäuschung aufwallt, der allen Loslösungen eigen ist, die sich gegen einen für übermächtig gehaltenen Ursprung wenden. Es ist dieser unbändige aufgestaute Zorn, der die Funktionssysteme in die Einäugigkeit treibt. Wie verstoßene Söhne der Götter morphieren sie in die Gestalt von Zyklopen, in eine Gestalt also, die ihre Einäugigkeit nicht als Mangel, sondern als Stärke begreift.

Ihre langen Lehrjahre haben die Funktionssysteme mit einem scharfen Verstand ausgestattet, im Wortsinne mit einer »systemischen Intelligenz«,[329] die ihnen gebietet, sich vorzusehen. Sie sehen sich vor, indem sie ihre eigenen Visionen möglicher Welten entwickeln, mit der entfesselten Monomanie der Einäugigen, um sich in den Opportunitätsstrukturen der Welt einzurichten. Die vom Joch der nationalstaatlich fingierten Gesellschaften befreite Welt bietet den neuen Zyklopen reichlich Gelegenheit für Beutezüge. »Der Gesellschaft fette Beute«[330] steht nun jedem offen, der entschlossen genug zugreift. Während für eine schier endlose Zeit der Raum das Maß aller Dinge war, ist nun Raum bedeutungslos und Zeit die knappe Ressource. Die Einäugigkeit der Zyklopen macht anschaulich, dass sie auf den Raum keine Rücksicht mehr nehmen müssen.

329 Willke 1997a.
330 Hutter und Teubner 1994.

Raum reduziert sich auf ein äquidistantes Kontinuum gleichrangiger Optionen, die ihre Bedeutung nicht mehr durch die Differenzen ihrer Verteilung, sondern durch das Gleichmaß ihrer Zugänglichkeit erhalten. Dem Einäugigen ist jeder Ort gleich. Seine Visionen muss er nicht mehr an die lähmende Schwere der Orte binden, sie können sich vielmehr dem Glanz entterritorialisierter und entmaterialisierter Virtualität zuwenden. So rächen sich die Funktionssysteme an einer Gesellschaft, die ihre Virtualität hinter einer Latenz versteckt hat, die sich nun als Täuschungsmanöver entpuppt.

In dieser Geschichte der Funktionssysteme liegt begründet, dass sie den Verlockungen und Sirenengesängen von Globalisierung, Digitalisierung, Virtualisierung und Wissensbasierung nicht nur nicht widerstehen können, sondern sich im Gegenteil in einer zornigen Radikalität ihr ausliefern. Sie folgen dabei eilig zusammengezimmerten Visionen einer globalen Ordnung unter Prämissen der Monomanie. Wir haben in den Fallstudien und am Beispiel der WTO einige Linien dieser Logik nachgezeichnet. Sie zeigen die Tragödie einer Trennung, die Übersteigerung braucht, um loszukommen. Sie zeigt auch die Vorwehen einer Geburt der Globalisierung aus dem Geist nationalstaatlicher Gesellschaften, denen es nicht gelungen ist, ihre Position in der Mitte zu halten. Erst nachdem Odysseus den Zyklopen provoziert und dieser die Hälfte seiner Gefährten gefressen hat, besinnt er sich auf seine eigene Vision. Dies verheißt für die gegenwärtige Zukunft der Globalisierung nichts Gutes. Es sei denn, irgendein Beobachter würde aus der Geschichte des Odysseus Konsequenzen ziehen und den Visionen der Zyklopen Optionen entgegen setzen, welche die Prozesse der Globalisierung und die Entfaltung der Weltgesellschaft in andere Richtungen weisen könnten.

Festzuhalten ist, dass dabei immer noch ungeklärt ist, ob nicht die Visionen der lateralen Weltsysteme die angemesseneren und weitsichtigeren sind. Es könnte sein, dass sie nur aus der engen Perspektive der Nationalgesellschaften als gewalttätige Barbaren erscheinen, die ohne reflexiv aufgeklärten Sinn und Verstand operieren. Es wäre möglich, dass es die lateralen Weltsysteme sind, die jedenfalls *in nuce* eine Rationalität ausbilden, die atopischer Gesellschaft angemessen ist, während die retardierenden Nationalgesellschaften immer noch der

Verblendung einer höheren Vernunft verfallen sind. Es ist denkbar, dass Odysseus den Zyklopen blendet, um seine eigene Blindheit nicht wahrnehmen zu müssen. Und es ist nicht ausgeschlossen, dass die Ausbreitung lateraler Weltsysteme zumindest einige der Plagen wie Fremdenhass, Chauvinismus, Nationalismus, Diktatur und Krieg, welche die Nationalstaaten über die Menschheit gebracht haben, deshalb obsolet macht, weil sich derart bornierte Verengungen nicht rechnen.

Immerhin können die lateralen Weltsysteme gewichtige Werte für sich ins Feld führen: Autonomie, Effizienz, Entgrenzung, Weltläufigkeit, die Exklusion ideologischer Verbrämung und die weltweite Inklusion funktionsspezifisch relevanter Ereignisse. Sie können darauf verweisen, dass etwa durch die Globalisierung des Finanzsystems und die dadurch forcierte internationale Vergleichbarkeit einige nationalgesellschaftliche Regimes bloßgestellt wurden, die weniger als verantwortliche Politiksysteme handelten denn als gewissenlose Kreditbetrüger oder gar als organisierte Räuberbanden. Sie können für sich in Anspruch nehmen, allein durch international geltende Regeln für Wirtschafts- und Handelsbeziehungen Konflikte in einen leidlich rationalen Modus vivendi überführt zu haben, die früher mehrfach zu Kriegen zwischen Nationen geführt haben. All dies ließe sich anführen, aber es würde nur die Oberfläche der neuen Konstellation streifen.

Häretischer an der Vision der Weltsysteme ist die implizierte Behauptung, es ließe sich eine Weltordnung, ein globales Steuerungsregime etablieren ohne Rückgriff auf die Nationalgesellschaften und ohne Umweg über die Prätention einer gesellschaftlichen Einheit. Es ist schwer abzustreiten, dass die Idee einer säkularen Einheit von Gesellschaft durch die mit diesen Gesellschaften selbst in die Welt gekommenen regionalen und nationalen Differenzen erzwungen worden ist und darin einen Beispielsfall für die Lösung eines selbstgenerierten Problems abgibt. Erst mit den Nationalgesellschaften entstand ein Bedarf für eine systematische und organisierte Abgrenzung und Grenzübertretung, der über gelegentliche dynastische Expansionen und Raubzüge hinausging. Dieser Bedarf legitimierte seinerseits den Zwang zu einer Einheit, die im Interesse des Ganzen alle nur erdenklichen Einschränkungen für Personen, Organisationen und Funktionssysteme zuließ.

Demgegenüber verleiht die Entgrenzung, welche die lateralen Weltsysteme im Zuge ihrer Globalisierungsarbeit vorantreiben, eine »Lizenz für morphologische Indifferenz«[331] in dem Sinne, dass die Zufälle territorialer Abgrenzung und Zuordnung nicht mehr als Differenzen gelten können, die ernsthaft zur Einschränkung der Bewegungsfreiheit und der Freiheit von Transaktionen zwischen Personen und Organisationen vorgebracht werden können. Letztlich zwingt die fortschreitende Entfaltung lateraler Weltsysteme dazu, eine Kosten-Nutzen-Rechnung der Erzwingung von territorialen Begrenzungen aufzumachen, die in der fingierten Einheit nationalstaatlicher Gesellschaften gründen.

Noch häretischer an der Vision der Weltsysteme ist die bislang eher latent gehaltene Option, die von der Systemtheorie immer wieder ins Zentrum gerückte Grundidee der Selbstreferenz sozialer Systeme nicht auf die Autopoiese exzentrischer Identitäten zu beschränken, die dann naturwüchsig oder in strategischer Absicht sich ins Gehege kommen müssen, sondern diese Form des Operierens komplexer Systeme auf der Grundlage globaler Inklusion zu einer Totalität der Irrelevanz von *bestimmten* Unterschieden auszubauen, also die Überwindung territorialer Grenzen dazu zu nutzen, die komplementär dazu zu höchster Intensität gesteigerte Produktion von *anderen* Unterschieden, Unterschiede von Expertise, Stil, Arbeit, Einkommen, Standing, Status oder was immer, zuzulassen, zu fördern und zu forcieren mit der strikten Maßgabe, sie ausschließlich als *private*, selbstreferentiell auf die Konstituierung der Person gerichtete Unterschiede gelten zu lassen.

Thomas Hobbes hat gezeigt, dass eine derart fundamentale Umorientierung möglich ist. Er hat gegen die Evidenz der Religionskriege die Möglichkeit eines Bürger-Friedens damit begründet, dass der Explosivstoff von Glaubensdifferenzen entschärft wird, wenn die bis dahin öffentliche und öffentlich relevante Kategorie des Glaubens als private Tugend rekonfiguriert wird, die nur noch auf dem *forum internum* eines selbstreferentiell gebauten Gewissens ihren Ort hat. Analog dazu könnte der Explosivstoff chauvinistischer Differenzen dann entschärft werden, wenn es gelänge, die bislang als öffentlich gehandelte Kategorie des Nationalen als private Vor-

331 Sloterdijk 1999, S. 124.

liebe für bestimmte Orte zu rekonfigurieren, die eine, und nur eine, von vielen Komponenten der selbstreferentiellen Konstitution komplexer psychischer und sozialer Identitäten ausmacht. Der Begriff Nation, sagt Luhmann, »erlaubt es, den *Universalismen* der Funktionsorientierung *Partikularismen* regionaler Gemeinschaften *als höherwertig* entgegenzusetzen ... Man kann daher vermuten, dass wir uns heute in einer Auslaufphase dieser Idee befinden, in der sie mehr Schaden als Nutzen stiftet und in der Soziologie eines jener obstacles épistémologiques bildet, die aufgrund vergangener Plausibilitäten die jetzt nötigen Einsichten blockieren.«[332]

Wem dies zu naiv klingt, der sollte bedenken, dass Selbstreferenz eine noch weitgehend ungenutzte Ressource darstellt. Sie kommt dann zur Entfaltung, wenn sie mit einer strategisch positionierten *Indifferenz* verknüpft wird. Selbstreferenz stößt eine Proliferation interner Differenzen an, welche die Binnenkomplexität eines Systems ins prinzipiell Unendliche und faktisch immer bis zur jeweils erreichten Grenze ihrer Verarbeitbarkeit vortreibt. Damit geht ein reduzierter Bedarf für externe Relevanzen einher, der mit einer Strategie der Indifferenz manifest gemacht werden kann. In diesem Sinne ist dann Indifferenz tatsächlich als Freiheit zu verstehen, indem sich ein System durch Indifferenz seiner »Verstrickung in und durch Fremdes zu entziehen sucht«. Wenn sich Selbstbestimmung auf Selbstreferenz stützt, die mit operativer Geschlossenheit den internen Horizont von Möglichkeiten ins Unendliche weitet, dann leitet in den Außenrelationen Indifferenz Systeme auf eine Trajektorie der Selbstbeschränkung oder Selbstbindung (Thomas Schelling), die ihnen Freiheit im Sinne einer Exklusivität ihrer Verstrickungen in die Angelegenheiten anderer Systeme verspricht.

Selbstbindung ist natürlich nicht zwingend. Die Alternative dazu ist immer in der Option der Selbststeigerung gegeben.[333] Genau vor dieser Alternative standen, so scheint es, die Zyklopen und stehen heute die Funktionssysteme. Selbststeigerung zielt auf das ultimativ Differenzlose, also auf das Göttliche. Eva hatte dies klar vor Augen, als sie zurückfragte, warum es die Differenz zwischen allen anderen Bäumen und dem in der

332 Luhmann 1997, S. 1051 u. 1055, Hervorhebungen im Original.
333 Scholz 1982, S. 15.

Mitte geben sollte. Für die Funktionssysteme meint Selbststeigerung, die Frage nach der Besonderheit der Mitte zu stellen und festzustellen, dass die Mitte nicht begründet ist. »Die Anhäufung selbstbezüglicher exzentrischer Punkte mitsamt ihrer Umwelten in mittelpunktlosen Strukturen« will Peter Sloterdijk »Schäume« nennen.[334] Nur zu. Das wird eine philosophische Schaumschlägerei geben. In Wahrheit lässt sich die Revolution der politischen Morphologie im 21. Jahrhundert mit philosophischen Mitteln nicht denken, weil der gesellschaftsgeschichtlich erzwungene Rückzug der Politik und die komplementäre Extroversion der lateralen Weltsysteme mit den Optiken der Metaphysik nicht wahrnehmbar ist. Wir nennen eine solche Anhäufung extrovertierter exzentrischer Systeme dagegen ein selbstreferentielles Chaos am Punkte seiner Bifurkation zwischen Selbststeigerung und Selbstbindung. Die bislang etablierten lateralen Weltsysteme stehen an diesem Punkt. Sie kommen aus einer Geschichte der Selbstbindung, die sie in der Retrospektive allerdings als Hypokrisie einer Gesellschaftsform erfahren müssen, die mit dem Verlust der Mitte nicht zurechtgekommen ist und die sie mit der Prätention eines notwendigen Mittelpunktes an der Nase herumgeführt hat.

Umso attraktiver muss den lateralen Weltsystemen deshalb die Option der Selbststeigerung erscheinen. Sie versammeln Expertise für Ortlosigkeit und beginnen, sich in den intransparenten Strukturen atopischer Gesellschaft zurechtzufinden. Während die nationalstaatlichen Gesellschaften in einer neu erwachten Weltangst erstarren, tragen die Weltsysteme jenes neu entdeckte Chaos noch in sich, das ihnen nach Friedrich Nietzsche ermöglicht, einen tanzenden Stern zu erschaffen. Tatsächlich vibrieren die Akteure des globalen Finanzsystems, die Experten der WTO, die Analysten der Rating-Agenturen, die Researcher der Investmentbanken, die Patrone der globalen Mafias, die Kalkulateure der großen Rückversicherungen, die Kapitäne globaler Logistikkonzerne, die großen Kommunikatoren der globalen Medienkonzerne, die Vorstände weltweiter Telekommunikationsfirmen etc. in einer grenzenlosen Steigerung ihres Selbst, in einer Selbsterhebung luziferischen Ausmaßes, die zum Himmel schreit, um ihrer Hybris die an-

334 Sloterdijk 1999, S. 138.

gemessene Resonanz zu verleihen. Für alteuropäische Beobachter muss dies den Anschein einer Hypostasierung ihrer Eigenlogik erwecken, und genau darum geht es. Diese Hypostasierung der Eigenlogik lässt sich allerdings nicht mehr als Verfehlung abqualifizieren, welche der schönen Ordnung der alten Welt Abbruch tut. Vielmehr bestehen die Weltsysteme darauf, diese Selbststeigerung als angemessenen Ausdruck ihrer Vision einer neuen Welt zu betreiben. Sie sehen sich als Lichtträger einer intendierten Zukunft, die sich den Banalitäten und Atrozitäten der Nationalgesellschaften entwindet, um auf deren Trümmern eine Weltgesellschaft zu errichten. Deren Architektur lässt den Turm von Babylon alt aussehen, weil in ihr ein *facility management* vorgesehen ist, das interne Abstimmung zum Kinderspiel und externe Kompatibilität zur Operationsgrundlage macht.

Keineswegs schlagen die Weltsysteme die Tür zu den alten Gesellschaften zu. Sie können sich den Großmut eines Übernahmeangebotes, einer Fusion oder eines Mergers, leisten. Denn von den alten Gesellschaften ist kein ernsthafter Widerstand zu erwarten. Diese selbst haben ja die wichtigsten Anstöße zur Globalisierung gegeben, sie selbst haben Entterritorialisierung auf den Weg gebracht und mit den digitalen Infrastruktursystemen die Voraussetzungen für mühelose globale Transaktionen geschaffen. Die Architektur der künftigen Weltgesellschaft in der Perspektive zyklopischer Visionen hat durchaus Raum für die bewahrenswerten Reste der alten Gesellschaften. Es gibt keinen Grund für tiefere Verstimmungen, von ein paar Irritationen über historische Täuschungsmanöver abgesehen, die aber im gegenseitigen Einvernehmen abgearbeitet werden können. Die nicht ganz triviale Frage, was an den alten Gesellschaften bewahrenswert sein könnte, wird einer Entscheidung zugeführt, sobald die Vorschläge eines *post-merger-integration-teams* vorliegen, das hochkarätig mit zuständigen Fachleuten, also Soziologen unter Ausschluss von Philosophen, besetzt ist.

Heute ist abzusehen, dass die Visionen der Weltsysteme von außen nicht mehr zu korrigieren sind. Im Gegenteil, sie entfalten bei den Nachzüglern einen unbändigen Sog der Nachahmung. Als hätte irgendein Gott wieder Regen geschickt, entfliehen alle dem festen Territorium, von dem man wissen kann, dass es untergehen wird, und versuchen sich auf eine Arche zu retten, die ein Navigieren im atopischen Raum zumindest verspricht. Ob sie dieses Versprechen halten kann, steht noch aus. Sicher ist aber, dass auch dieses Mal viele und vieles zurückbleiben und dem Untergang geweiht sein werden. Die *Missio* der alten Gesellschaften, wenn sie denn gewährt wird (ich verwende im Anschluss an Sloterdijk[335] den römischen Begriff der *missio* im Sinne der Entlassung eines Gladiators aus einem verlorenen Kampf und gebe bereitwillig zu, dass zumindest für philologische Funde Philosophen doch zu gebrauchen sind), entlässt diese in eine trostlose Welt, an der sie nicht schuldlos sind. Die Missio ließe sich nur dann in eine Mission wenden, wenn die Nationalgesellschaften sich tatsächlich dazu aufraffen könnten, einen eigenen Beitrag zur Architektur der Weltgesellschaft beizusteuern. Die Frage ist, worin dieser Beitrag liegen könnte. Und die Antwort ist: In der Erfahrung ihres Scheiterns.

In dieser spezifischen Erfahrung und in dem darin geweckten Potential selbstbezüglicher Reflexion überflügelt die alte Gesellschaft die erst im Entstehen begriffene neue, welche die Erfahrung ihres künftigen Scheiterns vor sich hat, aber nicht vor sich sieht. Ihre eingebaute Einäugigkeit hindert sie daran, ihre monomanischen Visionen an den Relativierungen einer Perspektive zu kontrollieren, die immer zugleich auch anderes sieht. Den Weltsystemen fehlt mit der Fähigkeit des intern gespiegelten Beobachtens jede Distanz zu sich selbst *und* zu ihrer Zukunft. Sie erwarten Zukunft als die lineare Extension der Gegenwart, weil sie in einer perversen Zeitlogik die Gegenwart aus errechneten Zukünften ableiten und sie nicht mehr auf Hinweise für mögliche Zukünfte absuchen. Sie verwechseln die Kontraktion der Welt in der Atopie der Transaktionen, die schon einmal, in dem metaphysisch-religiösen Denken Alteuropas, der »platzlose Augenblick, das àtopon«[336] war, mit der Welt selbst und können deshalb alternative Zukünfte nicht sehen. Es ist diese fundamentale Beschränkung des Beobachtens, die den Einäugigen verwehrt, ihre Herkunft mitzubeobachten und auf sich selbst im Modus der Reflexion zu schauen. Die alten Gesellschaften haben ihnen diese Fähigkeit zur Reflexion

335 Sloterdijk 1999, S. 326.
336 Luhmann 1997, S. 1009.

voraus. Sie haben an einigen wenigen Punkten ihrer Geschichte realisiert, dass sie sich selbst beobachten können und dies müssen, wenn sie wissen wollen, wer sie sind, oder gar, wenn sie wissen wollen, wohin sie gehen können.

Noch einmal ist die Figur des Odysseus hier aufschlussreich. Im Umweg über die Höhle des Zyklopen nimmt Odysseus den Unterschied zwischen der Suche nach einem Weg zu den anderen und der Suche nach einem Weg zu sich selbst wahr. Zwar ist er, wie Homer meint, am Ende der Ungeheuerlichkeit der Selbstbesinnung nicht gewachsen und entscheidet sich gegen die Moderation – zu der etwa Arete fähig ist und in deren Figur Homer belegt, dass Aufklärung doch möglich ist[337] – und für die Freiheit zum Zorn. Aber dies bedeutet eben auch, dass seine Heimkehr nur eine vorläufige ist und er nicht findet, was er sucht.

Diese Erfahrung haben die neuen Weltsysteme noch vor sich. Noch entziehen sie sich in ihrer Verblendung der Zumutung einer Moderation, die ihnen erlaubte, sich in ihren Differenzen auf eine virtuelle Einheit der Weltgesellschaft einzustellen. Noch lassen sie ihrem Zorn über den Betrug der alten Gesellschaft an ihnen freien Lauf und schwelgen im Genuss einer selbstgerechten Definition von Gerechtigkeit. Sie reklamieren die Positionen eines ungebundenen Neoliberalismus, weil darin genau die Freiheit steckt, die sie meinen als kostbarstes Erbe der Moderne für sich in Anspruch nehmen zu müssen. Die Weltsysteme fragen nicht danach, wer sie sind, weil ihr Erfolg diese Frage überflüssig macht, und sie fragen nicht, wohin sie gehen sollen, weil es ihnen genügt, *irgendwohin* zu gehen, in atopischer Freiheit und in der Sicherheit, dass sie *überall* ankommen. Wie Horst Ehmke im Zenit seiner Selbsttäuschung geben sie keine Anweisungen mehr an den Chauffeur, denn sie werden überall gebraucht.

4.3 Ende einer Odyssee

Die krasse Komplizierung, die in die Welt tritt, wenn es einen Beobachter gibt oder gar wenn die Welt sich selbst beobachtet, macht es unwahrscheinlich, dass irgendein System sich freiwillig darauf einlässt. Was aber könnte einen Beobachter erzwin-

337 Ruderman 1999, S. 157.

gen? Auf diese Frage gibt es keine Antwort. Niemand weiß es. Daraus ist zu schließen, dass es keinen Zwang zur und keine Notwendigkeit der Beobachtung gibt. Die Möglichkeit der Beobachtung, einschließlich der Selbstbeobachtung, folgern wir aus unserer eigenen angenommenen Fähigkeit zur Beobachtung. Sie ist eine Hypothese, deren Wert sich an der Fruchtbarkeit von Komplizierungen bemisst. Wir wissen nicht, ob Gott sich zur Beobachtung zwingt und, wenn ja, warum diese Beobachtung unbeobachtet bleiben soll. Aber wir haben eine bemerkenswerte Hypothese darüber, wie und warum sich die Welt beobachtet. Sie stammt von George Spencer Brown, der zunächst notiert, dass die Welt Beobachter, etwa in der Gestalt von Physikern, hervorbringt, die selber ein Teil dieser Welt sind, mithin die Welt so operiert, dass sie sich selbst sehen kann.

»But *in order* to do so, evidently it must first cut itself up into at least one state which sees, and at least one other state which is seen. In this severed and mutilated condition, whatever it sees is *only partially* itself. We may take it that the world undoubtedly is itself (i. e. is indistinct from itself), but, in any attempt to see itself as an object, it must, equally undoubtedly, act so as to make itself distinct from, and therefore false to, itself. In this condition it will always partially elude itself.«[338]

Jede Fähigkeit zur Selbstbeobachtung ist demnach, wenn sie denn entfaltet ist, unweigerlich an die Einschränkung gebunden, dass sie nicht das Ganze sehen kann. Damit bleibt auch der Selbstbeobachtung die letzte Einsicht versperrt. Allerdings ist Beobachtung nicht das Ende der Komplizierung, die wir beobachten können. Die Erfahrung der Möglichkeit von Beobachtung kann zu Wissen über Beobachtung führen, auch zu Wissen über die Bedingungen der Möglichkeit von Beobachtung und damit zu Wissen über blinde Flecken und den Umgang mit ihnen. Unter solchen Umständen ist eine Entwicklung immerhin nicht ausgeschlossen, in der sich »Sicht und Einsicht«[339] zu einer Dialektik verbinden, die bei aller prinzipiellen Intransparenz komplexer Systeme dennoch eine Reflexion auf das Ganz zulässt, was immer dann die Konsequenzen für den Beobachter sind.

338 Spencer Brown 1979, S. 105, Hervorhebungen im Original.
339 Foerster 1985.

Vor diesem Dilemma stehen heute die Weltfunktionssysteme. Sie gefallen sich darin, sich selbst zu genügen, aber sie können nicht negieren, dass es die Möglichkeit der Selbstbeobachtung gibt. Noch in ihrer forcierten Abgrenzung gegenüber den alten Gesellschaften schwingt ja der Vorwurf mit, diese hätten die Funktionssysteme in der Einschließung der Nationalgesellschaften zu einer Reflexion gezwungen, der sie sich mit ihrer Extroversion ins Globale erst einziehen konnten. Aber es bleibt die Erinnerung an eine Kompetenz, die schon deshalb nicht ganz obsolet geworden ist, weil die Expansion der Weltsysteme noch nicht für alle Funktionssysteme gesichert und die Nationalgesellschaften noch keineswegs nur Geschichte sind. Es gibt also noch Gründe, sich Beobachtungsmöglichkeiten offen zu halten, auch wenn unklar ist, welche Konsequenzen dies hat.

In der Genese der Weltfunktionssysteme ist die Fähigkeit zur Selbstbeobachtung eine in die Latenz abgeschobene Erinnerung an eine Selbstbegrenzung, der die verwegensten lateralen Weltsysteme nun gerade entkommen wollen. Sicherlich ist irgendwo noch die Einsicht versteckt, dass diese Selbstbindung die Bedingung der Möglichkeit einer Gesellschaft ist, die mit dem Rückzug des Staates und dem Ende des Kontrollregimes nationalgesellschaftlicher Selbststeuerung zwar sich auf das Ende ihrer Odyssee einrichtet, ohne Zweifel aber einen Weg hinter sich hat, der insgesamt, trotz vieler Schiffbrüche und Abstürze, nicht als gänzlich misslungen erscheint und zumindest in der zweiten Hälfte des alten Jahrhunderts für die OECD-Staaten sogar als Erfolgsgeschichte für Demokratie, Wirtschaftskraft und Lebensqualität gewertet werden kann. Wenn die Weltfunktionssysteme sich dennoch aus dieser Form von Gesellschaft verabschieden, dann muss es starke Gründe geben, die neue Konfigurationen erwarten lassen, neue Regimes der Selbststeuerung und Selbststeigerung, die den eigenen Motiven und Strategien der Funktionssysteme mehr Raum zu geben versprechen, als dies die Nationalgesellschaften in ihren territorialen Begrenzungen zugelassen haben.

Solche Gründe kommen tatsächlich massiver zum Vorschein, seit der widerwillige, aber unvermeidliche Rückzug des Staates eine immanente Begrenztheit des Steuerungsmediums *Macht* konfirmiert, die länger schon auch Hierarchie als machtbasierte Steuerungsform von Organisationen ankränkelt. Die Symbolsysteme der Macht lassen sich, jedenfalls unter säkularen Bedingungen, zwar zu gewaltigen Architekturen auftürmen, aber die zwingende Anbindung an die glaubhafte Androhung physischer Gewalt begrenzt den Raum der Macht auf überschaubare Verhältnisse. Sicherlich gibt es keinen Grund, die Reichweite politischer Macht zu unterschätzen, die sich auf ein technologisches Arsenal von Interkontinentalraketen, Atomwaffen und Neutronenbomben stützen kann. Dennoch kann politische Macht immer weniger verleugnen, dass sie im Außenverhältnis dazu dient, Räume zu verteidigen oder zu erobern, die als territoriale Räume inflationär an Wert verlieren oder gar zur Belastung werden. Dass Großbritannien die Falklandinseln verteidigt oder erobert hat, lässt sich heute bestenfalls als gewaltiger ökonomischer Irrtum abbuchen.

Noch deutlicher wird die Attraktivität politischer Macht für die anderen Funktionssysteme dadurch beeinträchtigt, dass Funktion und Leistung politischer Macht nicht mehr konvergieren. Das Medium Macht dient im gesellschaftlichen Innenverhältnis dazu, kollektiv verbindliche Entscheidungen herzustellen und durchzusetzen. Die Leistung der Politik für die anderen Funktionssysteme der (nationalstaatlichen) Gesellschaft besteht also darin, sie mit den verbindlichen und verlässlichen Entscheidungen zu versorgen, welche entweder ihre Verhältnisse zueinander regeln oder die elementaren Werte und Regeln ihrer Selbststeuerung festlegen. So legen Gesetze beispielsweise die Autonomiespielräume von Wissenschaft oder Erziehung gegenüber anderen Funktionssystemen wie Wirtschaft oder Familie fest und regeln durch Organisations- und Aufsichtsnormen die Grundlagen der inneren Ordnung dieser Systeme.

Diese »obrigkeitlichen« Leistungen der Politik finden in den entwickelten Ländern immer weniger Anklang, weil deren Funktionssysteme sich zu eigenen Autonomien, Kompetenzen und Koordinationsleistungen emanzipiert haben[340] und insgesamt feststellen müssen, dass die Politik mit der inzwischen generierten Eigenkomplexität der Subsysteme weitgehend überfordert ist: »Gerade weil die Funktionssysteme einander nicht ersetzen können, begünstigen und belasten sie sich

340 Willke 1997b.

wechselseitig. Gerade ihre Unersetzlichkeit zwingt zum laufenden Verschieben der Probleme von einem ins andere System. Gerade dadurch kommt es zu jener Steigerung von Independenzen und Interdependenzen, von Unabhängigkeiten und Abhängigkeiten zugleich, deren operativer und struktureller Ausgleich die einzelnen Systeme zu immenser, unkontrollierbarer Eigenkomplexität aufbläht.«[341]

Aufgrund dieser Komplexitäten und Intransparenzen reklamieren die Funktionssysteme ihre Autonomie nachdrücklicher und dehnen das vertikale, territoriale Prinzip der Subsidiarität auf die horizontale Ebene einer funktionalen Subsidiarität aus: Die Steuerungsprobleme, welche die Funktionssysteme selbst lösen können, sind dem Zugriff der Politik entzogen. Insofern ist es ziemlich widersinnig, wenn Beck fordert, die Ökonomie einem erweiterten Zugriff der Politik zu öffnen und sogar die »Organisations- und Personalpolitik, Produktpalette und Produktionsentwicklung, großtechnische Investitionen und Organisationsgestaltungen«[342] einer politischen Kontrolle zugänglich zu machen. Auch wenn diese Forderung dazu dienen soll, gesellschaftliche Risiken zu vermeiden, so verkennt sie doch völlig die Problematik der involvierten organisierten Komplexität und erwartet auf der Basis eines wenig reflektierten Begriffs von Wissen das Heil von einer Kontrolle expliziten Wissens. Demgegenüber hat Luhmann zu Recht betont, dass Wissensakkumulation »nur zu einer progressiven Reproduktion von Nichtwissen führen (kann), nicht jedoch zu einer allmählichen Umwandlung von Nichtwissen in Wissen«.[343] Wenn die Politik in dieser Weise alle erdenklichen Risiken nicht nur in der Ökonomie, sondern auch in Wissenschaft, Gesundheitssystem oder Familie durch »besseres« Wissen kontrollieren wollte, dann könnte dies nur noch als perfide Strategie der Ausschaltung der Politik durch maßlose Überforderung bezeichnet werden.

Der unvermeidliche Streit um die Frage, wie weit die Steuerungskompetenzen der Teilsysteme reichen, sieht die Teile in einer starken Position. Ihre entfaltete Eigenkomplexität und Binnendifferenzierung machen sie für die Politik

341 Luhmann 1986, S. 208.
342 Beck 1993, S. 197.
343 Luhmann 1995b, S. 177.

undurchschaubar, und der Umgang mit ihrer Eigenkomplexität fördert ihre Fähigkeiten zur Selbststeuerung. Nachdem die klassischen Infrastruktursysteme, Post, Telekommunikation, Bahn und Energie, aus der Eigenregie des Staates entlassen sind und die Ökonomie sich neue Freiräume erkämpft hat, gibt die Politik gegenwärtig überkommene Steuerungskompetenzen auch gegenüber anderen Funktionssystemen, wie Wissenschaftssystem, Gesundheitssystem oder Erziehungssystem, ab und zieht sich aus der Feinsteuerung dieser Systeme mehr und mehr zurück.

Dabei geht es, zumindest in Kontinentaleuropa, nicht um die naive/populistische Idee staatsfreier Räume oder einer generellen Ablehnung von Staatstätigkeit (»big governement«), sondern um Formen der Verschränkung von politischer Kontextsteuerung und verteilter Selbststeuerung, die der Komplexität einer hoch entwickelten Gesellschaft eher angemessen sind. Ein Beispiel für eine hoch entwickelte Form einer solchen intelligenten Verschränkung haben wir in der verteilten Steuerung des Finanzsystems kennen gelernt. Politik (Bankenaufsicht) und Finanzsystem (Investmentbanken) spielen sich in der Produktion von Risiken und Risikomanagementmodellen aufeinander ein und kombinieren Selbstkontrolle und Kontextsteuerung in der Einsicht, dass Sicherheit nicht zu erreichen und Kontrolle nicht durchführbar ist, aber beide Seiten (unterschiedliche) Interessen daran haben, Systemrisiken zu vermeiden.[344] Beide Seiten haben sich darauf eingestellt, dass politische und ökonomische Risiken – und darüber hinaus, rechtliche, wissenschaftliche, ethische etc. Risiken – nicht kommensurabel sind, also auch nicht aufeinander reduzierbar sind und deshalb nur eine informierte und reflektierte Varietät und Redundanz der Risikokriterien überhaupt weiterhilft.

Sicherlich hat die Politik längst auf diese Situation und die Erosion politischer Macht reagiert. Sie hat ihr Machtpotential ausgeweitet, indem sie die Verfügungsgewalt über einen substantiellen Teil, in der OECD zwischen einem Drittel und der Hälfte, der nationalgesellschaftlichen Wirtschaftsleistungen an sich gerissen hat. Sie hat ihr angestammtes Medium politischer Macht mit dem neuen Medium der politischen Verfügung über Geld komplementiert. Diese Strategie war über hundert Jahre

344 Strulik 1999.

lang überraschend erfolgreich, aber sie zeigt inzwischen einen merklich abnehmenden Grenznutzen, und sie kehrt sich in einigen Bereichen, insbesondere in dem politisch und ökonomisch kritischen Arbeitsmarkt, in perverse Effekte um. Zudem kommt es zu ungewollten Interferenzen zwischen den Wirkungen der beiden Medien sowohl innerhalb der Politik wie auch in anderen Funktionssystemen.

Die massive Expansion des Wohlfahrtsstaates in den Bereich der Ökonomie schafft zwar neue Machtmittel für die Politik, macht sie in einer dialektischen Volte aber zugleich von den Akteuren und Konstellationen der Wirtschaft abhängig. Es ist oft konstatiert worden, dass dies in Phasen eines wirtschaftlichen Wachstums nicht auffällt, in Phasen der Stagnation oder gar der Krise aber der Politik eine Last aufbürdet, die sie nicht meistern kann. Heute kommt hinzu, dass Art, Grad und Form der wohlfahrtsstaatlichen Verflechtung von Politik und Ökonomie eine Reihe von realen oder angenommenen Auswirkungen auf Faktoren der Standortqualität haben und somit in den Sog der Auseinandersetzung um die globale Wettbewerbsfähigkeit von territorial gedachten »Standorten« gerissen werden.

Eine Ausweitung der Staatsquote expandiert zwar den Einflussbereich der Politik und eröffnet ihr Steuerungsmöglichkeiten in unterschiedlichsten Bereichen, scheint aber zugleich der Wettbewerbsfähigkeit des »Standorts« einer territorial verstandenen Nationalökonomie zu schaden. Jedenfalls ergibt sich hieraus seit Anfang der neunziger Jahre unter ideologischer Führung der USA (trotz eines demokratischen Präsidenten) und Großbritanniens (trotz einer Labour-Regierung), des IMF und der Weltbank und bei hinhaltendem Widerstand Frankreichs und entschiedener Unentschiedenheit Deutschlands eine global wirkende Dynamik der Reduzierung der Staatsquote, des Zurückdrängens des Wohlfahrtsstaates, der Durchsetzung von »Maastricht-Kriterien«, des Abbaus der Staatsverschuldung, insgesamt: der Überprüfung der Staatsaufgaben und mithin eine Tendenz, die Aufgaben der Politik deutlich zurückzunehmen und demgegenüber die Kompetenzen der Selbststeuerung der Funktionssysteme ernster zu nehmen und auszudehnen.

Diese veränderte Konstellation zwischen der Politik und den weiteren gesellschaftlichen Subsystemen wird zusätzlich dadurch kompliziert, dass die Politik der Entgrenzung der modernen Nationalgesellschaften gar nicht oder nur sehr mühsam durch internationale Abstimmungen folgen kann, während die anderen Funktionssysteme diese Entgrenzung aktiv vorantreiben und sich dabei Expansionsgewinne und neue Spielräume versprechen. Natürlich beobachten sich beide Seiten in diesen Divergenzen und beide Seiten verfolgen wechselseitig leicht durchschaubare Doppelstrategien. Die Politik nutzt das Drohpotential möglicher Re-Regulierung und weiß dabei, dass die Subsysteme wissen, dass eine solche Re-Regulierung als Damoklesschwert (»under the shadow of the law«) stumpf geworden ist, weil direktive Regulierung angesichts der zu bändigenden Komplexität für beide Seiten destruktiv geworden ist. Zugleich droht die Politik unter dem Titel »neuer Steuerungsmodelle« und eines »New public management« den Funktionssystemen damit, sich mit neuen und angemesseneren Steuerungskompetenzen auszustatten. Aber auch hier ist beiden Seiten klar, dass unklar ist, ob diese neuen Kompetenzen tatsächlich sozietale Dimensionen erreichen und gesellschaftliche Effekte auslösen können[345] oder ob sie nicht eher die Fähigkeit der Politik zu einer adäquaten *Selbststeuerung* befördern und damit ihre Selbstbegrenzung und eine reflektierte Zurücknahme des Anspruchs auf Allzuständigkeit bewirken.[346]

Die Funktionssysteme, beispielhaft das Finanzsystem, spielen dagegen auf territoriale Trennung und Loslösung als Vorbereitung auf eine angedrohte Scheidung, beobachten aber zugleich, dass alle Beteiligten zu wissen meinen, dass eine wirkliche Scheidung nicht möglich ist, weil eine frei schwebende Existenz in atopischen Konstellationen nicht erprobt ist und eine alternative Bindung in einer globalen Gesellschaft bestenfalls in einer fernen Zukunft realisierbar scheint. Zugleich drohen die Funktionssysteme damit, überhaupt auf die Steuerungsleistung der Politik verzichten zu können, weil sie inzwischen gelernt haben, sich in den ihrer Operationsweise angepassten Netzwerken selbst zu koordinieren, selbst die erforderlichen Regulierungen zu entwickeln und zu institutionalisieren und sogar selbst noch, wie besonders deutlich das

345 Benz, Scharpf und Zintl 1992; Zürn 1998.
346 Willke 1996a.

Beispiel WTO zeigt, die nötigen Mechanismen der Konfliktregulierung bereitzustellen. Ein »global law without a state«[347] rückt damit ebenso in den Bereich des Möglichen wie Modelle von »global governance«, die ohne eine dominante Rolle der Politiksysteme auszukommen bereit sind.[348]

So haben die Politiksysteme der Moderne auf ihrer Odyssee durch die Gesellschaftsgeschichte die Kernressourcen ihrer Fortbewegung – Macht und Geld – in ihrer Reichweite und Wirksamkeit erschöpft. Dem entspricht einigermaßen präzise die Erschöpfung des wechselseitigen Steigerungsverhältnisses von Markt und Hierarchie in der Minimierung von Transaktionskosten und in der dazu komplementären Maximierung der evolutionären Potentialität der betroffenen Systeme von Transaktionen. Auch die andere Seite dieser Form, die wechselseitige Zuweisung von Marktversagen und Staatsversagen als Strategie der Begründung komparativer Vorteile der jeweiligen Alternative ist nun so oft durchexerziert worden, dass nur noch die hartnäckigsten Simplifizierer sich davon beeindrucken lassen. Der Staat findet schwerlich seine Begründung darin, dass er die Institutionen bereitstellt, welche die Transaktionskosteneffizienz eines Marktes verbessert, der wichtige Bedingungen seiner Möglichkeit nicht selber herstellen kann. Denn die dafür erforderliche institutionelle Lernfähigkeit haben die Akteure und Organisationen des Marktes inzwischen ausgebildet, etwa indem sie in Formen der *lex mercatoria* auf globaler Ebene Regelsysteme sogar dort hervorbringen, wo die modernen Politiksysteme dies nicht schaffen können, oder indem sie gerade in schwierigen und komplexen Fällen eine Schiedsgerichtsbarkeit vereinbaren, weil die staatlichen Gerichte dafür zu langsam und zu kostspielig sind.

Ebenso wenig kann der Markt seine hinreichende Begründung darin haben, dass er aufgrund wechselseitiger Beobachtung der Akteure zu einer optimalen Verteilung der relevanten Informationen und in diesem Sinne zur Optimierung der Transaktionskosten ausreicht. Im Gegenteil produzieren die unterschiedlichen Märkte inzwischen aufgrund ihrer Komplexität so viele Unsicherheiten und Risiken, dass ganz neuartige Kostenrechnungen entstehen, die weder vom Markt noch vom

347 Teubner 1997.
348 Cutler, Haufler und Porter 1999; Held und McGrew 1998.

Staat in ihren bisherigen Verfassungen gelöst werden können. Für beide Steuerungsformen, Markt und Staat, kommt hinzu, dass das ganze Modell der Transaktionskosten und seine Bedeutung zu revidieren sind, weil die qualitativ neuen globalen Kommunikationsinfrastrukturen und das Verbreitungsmedium Internet weite Bereiche von Transaktionskosten so radikal reduzieren, dass sie gegen Null tendieren und unerheblich werden. Die kurze Karriere des elektronischen Handels lässt zwar noch keine verlässlichen Schlüsse zu, ist aber jetzt schon ein starkes Indiz dafür, dass die Bedeutung von Transaktionskosten überdacht werden muss.[349]

Eine Komponente der Transaktionskosten schert allerdings aus dieser Tendenz aus. Verstehen wir mit Kuhn Transaktionen als »the transfer of something valued between systems«,[350] dann folgt, dass Transaktionen wie dann auch die Kosten von Transaktionen davon abhängen, *was* in den Austauschprozessen zwischen Systemen als wertvoll angesehen wird. Transaktionskosten im Allgemeinen sind definiert als die Kosten für die Verhandlung, Prüfung und Durchsetzung von Vereinbarungen über Transaktionen, wobei diese Transaktionen Waren und Dienstleistungen, Geld, Währungen und Optionen umfassen können. In einer knapperen Formulierung sind Transaktionskosten »the costs of measuring and enforcing agreements«.[351] Auch nach dieser Bestimmung verweisen Transaktionskosten auf die Betriebskosten der »klassischen« Steuerungsmedien Geld und Macht, indem die Kosten des Messens und der Verrechnung in Geld und die Kosten der machtbasierten Garantie von Rechtsfrieden und der Durchsetzung von Vereinbarungen bezeichnet werden. Demnach hängen die Kosten von Transaktionen wesentlich davon ab, von welcher Art die Vereinbarungen sind, die zu spezifizieren und durchzusetzen sind.

Damit kommt in den Blick, dass sich das Gefüge von Transaktionskosten – und damit die komparativen Vor- und Nachteile unterschiedlicher Steuerungsregimes – grundsätzlich verschiebt, wenn es weniger um macht- und geldbasierte Transaktionen geht, dafür aber mehr und gewichtiger um

349 Spar 1999.
350 Kuhn 1971, S. 9.
351 North 1990, S. 362.

wissensbasierte Transaktionen. Die beschriebenen Momente der Entfaltung einer Wissensgesellschaft, die Zentralität kollektiver Intelligenz in einer sich am Horizont abzeichnenden atopischen Gesellschaft und die diesen Bewegungen zugrunde liegende Relevanz ortsunabhängiger wissensbasierter »communities of practice« verweisen darauf, dass sich die organisational und gesellschaftlich brisante Dynamik auf ein Spiel verschiebt, das Spiel des Wissens, in dem weder die Ökonomie noch die Politik heimisch sind und für das beide Funktionssysteme nicht gut ausgerüstet erscheinen.

Damit zeichnet sich das Ende einer langen Irrfahrt ab, während der Politik und Ökonomie als Antagonisten einer umkämpften Modernität um die Vorrangstellung innerhalb einer nationalstaatlich verstandenen Gesellschaft gerungen haben. Sie haben diese Irrfahrt über viele Untiefen hinweggerettet, in das nächste Abenteuer hinein, indem sie sich geschickt wechselseitig die Schuld am Versagen des Steuermanns zugeschoben und das Publikum dadurch bei den Ruderbänken gehalten haben, dass sie immer dann einen Führungswechsel, eine neue Balance in der Differenz von mehr Staat / weniger Markt und weniger Staat / mehr Markt angeboten haben, wenn die Lage besonders prekär wurde. Zumindest in der weltgeschichtlichen Epoche des theoretischen und praktischen Sozialismus als Gegenform zum Kapitalismus hatte diese Strategie noch den Anschein einer Rationalität, die mit dem Phantasma des »Dritten Weges« kokettieren konnte. Das ist Geschichte. Sobald sich die Nebelwände dieses alten Kampfes lichten, könnte zum Vorschein kommen, dass die Nationalgesellschaften sich in eine Topographie manövriert haben, deren Karten nicht mehr schützende Höhlen und versteckte Schätze verzeichnen, sondern eine Topologie atopisch flottierender Inseln des Wissens.

Nun wäre es an der Zeit, vom Festen auf das Fließende umzustellen, von der Struktur fester Anhaltspunkte auf Prozesse rekursiver Selbstreferenz, von Ontologien des Wahren auf Deontologien des Richtigen, von der Hypostasierung von Ortsbeziehungen zu Hypothetisierungen von Zeitverhältnissen. Nun ginge es darum, die beengende Territorialität distinkter Orte aufzugeben und sich dem Fluss der Kontingenz zu überlassen, um andere Ziele zu erreichen. »Denn die See-Vernunft weiß, dass sie auf der Fläche navigieren muss und sich davor hüten soll, zugrunde zu gehen. Der nautische Geist braucht nicht Fundamente, sondern Umschlagplätze, Fernziele, inspirierende Hafenziele.«[352]

Tatsächlich geht es nun um Umschlagplätze für Wissensgüter, um Fernziele für vergemeinschaftete Erfahrung und daraus gewonnene kollektive Intelligenz und um inspirierende Ziele für Zwischenstationen der Entfaltung von Expertise. Es geht darum, den Terror territorial fetischisierter Macht und den gesteigerten Terror eines geldgebundenen Reichtums zurückzuweisen, zumindest zu begrenzen, um das Medium Wissen in eine die Form der Gesellschaft bestimmende Position zu bringen und ihm Entfaltungschancen einzuräumen, die bislang utopischen Phantasien vorbehalten waren.

Eine solche verwegen erscheinende Strategie wird dann zur pragmatischen Selbstverständlichkeit, wenn die Verzweiflung der Gestrandeten groß genug ist und ihr Leiden die Herzen der Götter rührt, jedenfalls das von Athene, der Tochter des Zeus. Soweit sind wir noch lange nicht. Dennoch ist auch hier das Schicksal von Odysseus aufschlussreich. Nach endlosem Herumirren strandet er schließlich auf der Insel der Nymphe Kalypso und wird dort vom Zorn Poseidons festgehalten und auf eine labile Stasis zwischen Indifferenz und Aufbegehren gebettet. Alles ist einigermaßen komfortabel und aussichtslos, in etwa die Situation der Ersten Welt am Ausgang des alten Jahrhunderts. Hier wie dort kommt der entscheidende Anstoß von einer neuen Dislozierung von Wissen und Nichtwissen. Odysseus findet nach Hause und spielt, verkleidet als Bettler, mit verheimlichten und offenbarten Identitäten, mit Wissen und Nichtwissen, bis die Situation herangereift ist, in der er den Augiasstall ausmisten kann. So einfach haben es die modernen Gesellschaften auf ihrer eigenen Odyssee nicht. Vielleicht müssen auch sie erst die forcierte Bescheidenheit eines Bettlers annehmen, bevor sie daran gehen können, sich in einer neuen Identität zu rekonfigurieren.

Diese Rekonfiguration beinhaltet im Kern eine Verschiebung in den konstituierenden Kategorien von Gesellschaft. Eine der Blaupausen dafür liefert die soziologische Systemtheorie von Niklas Luhmann. Er setzt, wie ausgeführt, auf eine

352 Sloterdijk 1999, S. 891.

radikale Entterritorialisierung und Entpersonalisierung von Gesellschaft und beschreibt Gesellschaft extrem inkludierend als das Ensemble aller füreinander erreichbaren Kommunikationen. Damit hat Luhmann zwar die entscheidenden Dimensionen der Veränderung benannt: die auslaufende Relevanz der Territorialität und die Lösung der Personen von einer Gesellschaft, die nur als distanzierte und strukturell rückgekoppelte für den Menschen erträglich erscheint. Aber Luhmann ist zu weit vorgeprescht und hat mit der Differenz zwischen Sozialem und Gesellschaft den Kontakt mit unterschiedlichen Stufen der Metamorphose der nationalstaatlichen Gesellschaft verloren.

Eine andere, allerdings äußerst skizzenhafte Blaupause kommt von Manuel Castells. Er beschreibt Etappen dieser Metamorphose im Detail und visiert als Zwischenstation eine »Netzwerkgesellschaft« an. Seine langatmige, eher konventionelle Beschreibung dieser Form wird nur an einer Stelle spannend, dort nämlich, wo er die Idee eines »space of flows« andeutet.[353] Zwar bricht er seine Überlegungen ab, bevor sie Kontur gewinnen, aber auch hier ist wichtig, dass er eine entscheidende Dimension der Rekonfiguration von Gesellschaft benennt – den Übergang von der Statik der Orte und der Territorialität zur fließenden Bewegung von (digital getragenen) sozialen Praktiken der Herstellung gemeinsamer Zeit. Er definiert Raum als kristallisierte Zeit und als das materielle Substrat solcher Praktiken (»time-sharing social practices«), und er beobachtet dann eine Verflüssigung dieser Praktiken, indem auf der Basis der neuen Infrastrukturen eine praktisch ortsunabhängige Synchronisierung sozialer Zeit gelingt: »The space of flows is the material organization of time-sharing social practices that work through flows. By flows I understand purposeful, repetitive, programmable sequences of exchange and interaction between physically disjointed positions held by social actors in the economic, political, and symbolic structures of society.«[354] Allerdings schreckt Castells davor zurück, weiter reichende Schlüsse aus dieser Umstellung zu ziehen. Dass wir irgendwie in einer vernetzten Gesellschaft leben, ist nicht mehr besonders überraschend.

353 Castells 1996, S. 376 ff.
354 Castells 1996, S. 412.

Immerhin ist hier die Grundidee eines Überganges von der Hypostasierung von Ortsbeziehungen zu neuen Formen der Hypothetisierung von Zeitverhältnissen angelegt. Die gesellschaftstheoretisch kritische Frage, die daraus folgt, richtet sich auf die Faktoren der Genese eines globalen Steuerungsregimes. Welche Form von Regime wäre in der Lage, die Ordnungsparameter eines globalen Systems zu bestimmen, welches sich nicht mehr als Ausdehnung nationalstaatlicher Territorialität begreifen lässt? Und zwar deshalb nicht mehr, weil seine zentrale Herausforderung nicht mehr in der Organisation von Ortsbeziehungen liegt, sondern darin, atopische Ströme von Ereignissen und Transaktionen in gesellschaftlich und personal viable Zeitverhältnisse zu dirigieren. Die Geschichte der Nationalgesellschaften ist in dieser Hinsicht eine Verlängerung der archaischen Odyssee. Sie setzen sich eher zufällig an bestimmten Orten fest, rauben und plündern ein wenig und opfern viel, vor allem ihre eigenen Getreuen und das Eigentum anderer. Irgendein Fluch der Götter hat sie mit einer destruktiven Unruhe ausgestattet, die es ihnen verbietet, heimisch zu werden. So ziehen sie in einer Spur von Verwüstung weiter, getrieben von der ursprünglichsten Sehnsucht, zu Hause anzukommen, obwohl sie dort unweigerlich mit der Frage konfrontiert sind, warum sie dann überhaupt erst fortgezogen waren. Unterwegs gibt es Phasen der Aufklärung, der Reflexion, des Muts, aber am Ende bleibt eher Resignation und Indifferenz und die Einsicht, dass kein einziges der fundamentalen Probleme der Gerechtigkeit wirklich gelöst ist. Schon in Homers Odyssee sind es ganz wenige, Königin Arete, der Dichter Demodokos oder der Schweinehirt Eumaios, die weiter sehen. Die Frage ist, welche Instanz in der modernen Odyssee ihre Stelle einnehmen könnte. Und mit einer Antwort sieht es nicht gut aus. Mangels Königinnen bleiben uns nur Dichter und Schweinehirten, aber deren Dienste sind nicht mehr gefragt, sieht man von den sympathischen Phantasien Richard Rortys ab.[355]

So sollten sich die Nationalgesellschaften (in diesem Kontext immer: der Ersten Welt) wohl auf das Ende ihrer Odyssee einrichten und zur Kenntnis nehmen, dass sie angekommen sind. Es kommt nicht mehr darauf an, wo. Irgendwo genügt.

355 Rorty 1989.

Dies ist die *entscheidende* Einsicht soziologischer Aufklärung. Die Orte sind irrelevant und praktisch ununterscheidbar geworden. Die territorialen Gesellschaften haben überall im Kern die gleichen Probleme und versagen dabei mit minimalen Variationen. Selbst noch in ihren relativen Auf- und Abschwüngen oszillieren sie inzwischen im globalen Gleichklang, weil die faktischen Interdependenzen und Verflechtungen die nationalen Besonderheiten zu folkloristischen Randerscheinungen degradieren. In Gedanken könnte man Frankreich auf das amerikanische Territorium legen und Neuseeland auf das deutsche. Es würde nichts ändern. Territorialität, an der sich die bisherige Geschichte der Nationalstaaten ausgerichtet hat, ist nicht mehr das Besondere. Die aufgetürmten Machtapparaturen, die dem Urinstinkt der Revierverteidigung dienen sollen, stehen etwas verloren in der Landschaft und beginnen, sich ihrer Existenz zu schämen. Auch die nationalen Differenzen des relativen Wohlstands rechtfertigen immer weniger das Imponiergehabe der Nationalgesellschaften und verschwimmen im übrigen im Wettbewerb der Steuersysteme und Regulierungsregimes. Was bleibt, sind die Unterschiede zwischen Organisationen als fokalen Akteuren der Funktionssysteme und zwischen Personen als fokalen Bezugspunkten aller Kommunikationen. Diese Unterschiede sind nur noch marginal an Unterschiede der Orte gebunden. Und sie werden dies, wie ausgeführt, umso weniger sein, je mehr ortsunabhängiges Wissen und atopische Synchronisierbarkeit von Transaktionen das bestimmen, worum es geht und was die Inhalte und die Nutzen der Transaktionen ausmacht.

Die alten Gesellschaften sind an ihrem maßlos überzogenen Anspruch gescheitert, Gerechtigkeit herstellen zu können. Dieser Anspruch steht ihnen, kann man heute wissen, nicht zu. Denn er verwandelt sich, wenn es gut geht, hinter ihrem Rücken zwangsläufig in eine territorial beschränkte Rechthaberei mit hohen Kosten und zweifelhaftem Nutzen und er treibt, wenn es schlecht geht, die historischen Katastrophen eines diktatorischen Einheitswahns hervor, dem sich alle Differenzen und Differenzierungen unterzuordnen haben. Die Utopie des reinen Marktes setzt diesen Widersinn auf der Ebene der Verteilungsgerechtigkeit fort und die zyklopischen Visionen der Funktionssysteme extrapolieren diese Logik des Absoluten ins Globale. Daraus könnte man folgern, dass es immerhin gelungen ist, die Zahl der wählbaren Katastrophen von zwei, Skylla und Charybdis, auf drei zu erhöhen: Nationalgesellschaft, neoliberale Marktordnung und laterale Weltsysteme. Vermutlich ist die Ausweitung von Optionen tatsächlich, wie Heinz von Foerster meint, die einzige viable Strategie angesichts unbeherrschbarer organisierter Komplexität. Soziologie hätte dann für ihren Ausschnitt und Horizont der Welt die Aufgabe, Formen möglicher Gesellschaft zu erträumen oder in den vorgestellten Gegenwarten zukünftiger Zukünfte zu erinnern, die so kohärent sind, dass sie Interessenten nicht zur Verzweiflung treiben und doch zumindest noch so viel Raum für Chaos lassen, dass es nicht völlig aussichtslos erscheint, darin einen tanzenden Stern zu schaffen.

Literatur

Argyris, Chris, und Donald Schön, *Organizational learning – A theory of action perspective*, Reading, Mass.: Addison-Wesley, 1978.

–, *Organizational learning II. Theory, method, and practice*, Reading, Mass.: Addison-Wesley, 1996.

Axford, Barrie, *The global system. Economics, politics and culture*, Cambridge, UK: Polity Press, 1995.

Ayres, Ian, und John Braithwaite, *Responsive regulation. Transcending the deregulation debate*, New York: Oxford UP, 1992.

Baecker, Dirk, *Information und Risiko in der Marktwirtschaft*, Frankfurt: Suhrkamp, 1988.

–, *Womit handeln Banken?*, Frankfurt: Suhrkamp, 1991.

–, *Die Form des Unternehmens*, Frankfurt: Suhrkamp, 1993.

Beck, Ulrich, *Die Erfindung des Politischen*, Frankfurt: Suhrkamp, 1993.

Bell, Daniel, *The Coming of Post-Industrial Society. A Venture in Social Forecasting.* 1. Auflg. 1973, New York: Basic Books, 1976.

Benz, Arthur, Fritz Scharpf und Reinhard Zintl, *Horizontale Politikverflechtung. Zur Theorie von Verhandlungssystemen*, Frankfurt: Campus, 1992.

Berrisch, Georg, »Ministerkonferenz der Welthandelsorganisation WTO«, *Frankfurter Allgemeine Zeitung* Nr. 264 vom 12. 11. 1999, S. 22.

Berthold, Norbert, »Der Sozialstaat auf dem Prüfstand«, *Frankfurter Allgemeine Zeitung* Nr. 256 vom 2. 11. 1996, S. 15.

Bette, Karl, *Systemtheorie und Sport*, Frankfurt: Suhrkamp, 1999.

Birg, Herwig, *Die Weltbevölkerung. Dynamik und Gefahren*, München: Beck, 1996.

Bloch, Jan, *Utopie: Ortsbestimmung im Nirgendwo. Begriff und Funktion von Gesellschaftsentwürfen*, Opladen: Leske & Budrich, 1997.

Bräuer, Norbert, »Stellungnahme zu den BIZ-Kapitalvorschlägen«, *Frankfurter Allgemeine Zeitung* Nr. 189 vom 17. 8. 1999, S. 29.

Brenner, Neil, »Beyond state-centrism? Space, territoriality, and geographical scale in globalization studies«, *Theory and Society* 28, Heft 1, 1999, S. 39-78.

Bryan, Lowell, und Diana Farrell, *Market unbound. Unleashing global capitalism*, New York u.a.: Wiley & Sons, 1996.

CAG, »Competitiveness Advisory Group: Enhancing European Competetiveness. Second Report to the President of the Commission, the Prime Ministers and Heads of State. December 1995«, Luxembourg: Office for Official Publications of the European Communities, 1995.

Calleo, David, *Beyond American Hegemony*, New York: Basic Books, 1987.

Castells, Manuel, *The Information Age. Economy, Society and Culture. Volume 1: The rise of the network society. Volume 2 1997. Volume 3 1998*, Malden, Oxford: Blackwell, 1996.

Castoriadis, Cornelius, *Gesellschaft als imaginäre Institution. Entwurf einer politischen Philosophie* (zuerst auf französisch 1975 erschienen), Frankfurt: Suhrkamp, 1990.

Cerny, Philip, »The dynamics of financial globalization: technology, market structure, and policy response«, *Policy Sciences* 27, 1994, S. 319-42.

Coase, Ronald, *The firm, the market and the law*, Chicago and London: The University of Chicago Press, 1988.

Cutler, Claire, Virginia Haufler und Tony Porter, (Hgg.), *Private authority and international affairs*, New York: State University of New York Press, 1999.

Davis, Stan, und Jim Botkin, »Das künftige Geschäft – wissensgestützt«, *Harvard Business Manager*, Heft 2, 1995, S. 25-30.

Deutsch, Karl W., *Politische Kybernetik. Modelle und Perspektiven.* Zuerst 1966, Freiburg: Rombach, 1970.

Drucker, Peter, *Post-Capitalist Society* (first publ. in 1993), New York: HarperBusiness, 1994.

Economist, »The myth of the powerless state«, *The Economist*, October 7th 1995, 1995, S. 13-43.

–, »The race for the bottom«, *The Economist*, October 7th, 1995, S. 114.

Edvinsson, Leif, und Michael Malone, *Intellectual capital. Realizing your company's true value by finding its hidden brainpower*, New York: Harper, 1997.

Eichengreen, Barry, *Toward a new international financial architecture. A practical post-asia agenda*, Washington D.C.: Institute for International Economics, 1999.

Eigen, Manfred, und Peter Schuster, *The hypercycle: A principle of natural self-organization*, Berlin u.a.: Springer, 1979.

Etzioni, Amitai, *The Active Society.* Erstausgabe 1968, New York: Free Press, 1971.

–, *Die Verantwortungsgesellschaft. Individualismus und Moral in der heutigen Demokratie*, Frankfurt/New York: Campus, 1997.

Evans, Peter, »The eclipse of the state? Reflections on stateness in an era of globalization«, *World politics* 50, Heft 1, 1997, S. 62-87.

Everling, Oliver, »Mehr als nur zwei Ratings«, *Die Bank*, Heft 4/99, 1999, S. 252-57.
Foerster, Heinz v., *Sicht und Einsicht*, Braunschweig/Wiesbaden: Fr. Vieweg & Sohn, 1985.
Fukuyama, Francis, *The End of History and the Last Man*, New York: Avon, 1992.

Genschel, Philipp, und Thomas Plümper, »Regulatory competition and international cooperation«, *MPIfG Working Paper 97/4, April 1997* MPI für Gesellschaftsforschung, Cologne, 1997, www.mpifg-.n/working_papers/wp97-4_e/html
Ghoshal, Sumantra, und Peter Moran, »Bad for practice: a critique of the transaction cost theory«, *Academy of Management Review* 21, Heft 1, 1996, S. 13-47.
Gibbons, Michael, Camille Limoges, Helga Nowotny, Simon Schwartzman, Peter Scott und Martin Trow, *The new production of knowledge. The Dynamics of Science and Research in Contemporary Society*, London u. a.: Sage, 1997.
Giddens, Anthony, *The consequences of modernity*, Cambridge, UK: Polity Press, 1990.
Granovetter, Mark, »Economic action and social structure: the problem of embeddedness«, in: *Decision Making. Alternatives to rational choice models*, herausgegeben von Mary Zey, Newbury Park u.a.: Sage, 1992, S. 304-33.
Greider, William, *One world, ready or not. The manic logic of global capitalism*, New York: Simon & Schuster, 1997.
Grimm, Dieter, (Hg.), *Staatsaufgaben*, Frankfurt: Suhrkamp, 1996.
Guéhenno, Jean-Marie, *The end of the nation-state*, Minneapolis, London: University of Minnesota Press, 1995.
Gündling, Heike, und Oliver Everling, »Rating als Methode der Finanzanalyse«, *Die Bank*, Heft 12, 1994, S. 727-31.
Günther, Gotthard, »Cybernetic Ontology and Transjunctional Operations«, in: ders., *Beiträge zur Grundlegung einer operationsfähigen Dialektik, Vol. 1*, S. 249-328, Hamburg: Meiner, 1976.

Haas, Ernst. »Words can hurt you; or, who said what to whom about regimes«, in: *International Regimes*, herausgegeben von Stephen Krasner, Ithaca and London: Cornell University Press, 1983, S. 23-59.
Habermas, Jürgen, *Theorie des kommunikativen Handelns,* 2 Bde., Frankfurt: Suhrkamp, 1981.
–, *Die neue Unübersichtlichkeit*, Frankfurt: Suhrkamp, 1985.
–, *Die postnationale Konstellation. Politische Essays*, Frankfurt: Suhrkamp, 1998.

Hamel, Gary, und C. K. Prahalad, *Competing for the future*, Boston: Harvard Business School Press, 1994.
Hand, John, Robert Holthausen und Richard Leftwich, »The effect of bond rating agency announcements on bond and stock prices«, *The Journal of Finance* XLVII, Heft 2, 1992, S. 733-52.
Hanke, Thomas, »Flucht in die Oasen«, *Die Zeit* Nr. 14 v. 28. 3. 1997, S. 25.
Hayek, Friedrich v., *Die Theorie komplexer Phänomene*, Tübingen: Mohr, 1972.
Hegel, Georg W. F., *Grundlinien der Philosophie des Rechts (zuerst 1821). Werke in zwanzig Bänden. Theorie Werkausgabe*, Frankfurt: Suhrkamp, 1970.
Held, David, »Democracy and globalization«, *MPIfG Working Papers 97/5, May 1997* MPI für Gesellschaftsforschung, Cologne, 1997, www.mpi-fg-./n/working_papers/wp97-5_e/wp97_e.html
Held, David, und Anthony McGrew, »The end of the old order? Globalization and the prospects for world order«, *Review of international studies* 24, 1998, S. 219-43.
–, »Globalization and the liberal democratic state«, *Government and Opposition* 28, Heft 2, 1993, S. 261-81.
Hellwig, Martin, »Systemische Risiken im Finanzsektor«, in: *Finanzmärkte im Spannungsfeld von Globalisierung, Regulierung und Geldpolitik. Schriften des Vereins für Socialpolitik. Neue Folge Band 261*, herausgegeben von Dieter Duwendag, Berlin: Duncker & Humblot, 1998, S. 123-51.
Hentschel, Ludger, und Clifford Smith, »Risk and regulation in derivatives markets«, *Bank of America Journal of applied corporate finance* 7, Heft 3, 1994, S. 8-21.
Hilferding, Rudolf, *Das Finanzkapital (1910)*, 2 Bände, 2. Auflg., Frankfurt: Suhrkamp, 1973.
Hirst, Paul, und Grahame Thompson, *Globalization in question. The international economy and the possibilities of governance*, Cambridge, UK: Polity Press, 1996.
Hoffmann, Peter, *Bonitätsbeurteilung durch Credit Rating*, Berlin: E. Schmidt Verlag, 1991.
Hopt, Klaus, Bernd Rudolph und Harald Baum, *Börsenreform. Eine ökonomische, rechtsvergleichende und rechtspolitische Untersuchung*, Stuttgart: Schäffer-Poeschel, 1997.
Hutter, Michael, »Über den Unterschied, den Gesellschaftstheorie für eine Wirtschaftstheorie machen kann«, *Rechtshistorisches Journal* 17, 1998, S. 547-57.
–, »Wirtschaft und Bewußtsein. Zur Karriere von Bedürfnis und Erwartung«, in: *Emergenz: Die Entstehung von Ordnung, Organisation und Bedeutung*, herausgegeben von Wolfgang Krohn

und Günter Küppers, Frankfurt: Suhrkamp, 1992, S. 334-62.
Hutter, Michael, und Gunther Teubner, »Der Gesellschaft fette Beute. Homo Oeconomicus und Homo Juridicus als kommunikationserhaltende Fiktionen«, in: *Der Mensch – das Medium der Gesellschaft?*, herausgegeben von Peter Fuchs und Alex Goebel, Frankfurt: Suhrkamp, 1994, S. 110-45.

Jasanoff, Sheila, »American Exceptionalism and the Political Acknowledgment of Risk«, *Daedalus. Proceedings of the American Academy of Arts and Sciences. Vol. 119, Fall 1990*, S. 61-82.
Jordan, Jerry, »The future of banking supervision«, *http://www.clev.frb.org/research/com/040196.htm*, 1996.

Kamper, Dietmar, »Der Sturz der Engel«, in: *Engel. Legenden der Gegenwart*, herausgegeben von Cathrin Pichler, Wien / New York: Springer, 1997, S. 51-56.
Kane, Edward, »Impact of regulation on economic behaviour. Accelerating inflation, technological innovation, and the decreasing effectivenss of banking regulation«, *The Journal of Finance* 36, Heft 2, 1981, S. 355-67.
Kanter, Rosabeth Moss, *Weltklasse. Im globalen Wettbewerb lokal triumphieren*, Wien: Ueberreuter, 1996.
Kearney-Report, »1998 outlook on global business, environment and industry trends. Report by Diane Summers«, *Financial Times*, December 1, 1997, S. 12.
Kelly, Kevin, »New rules for the new economy«, *http://www.wired.com/wired/5.09/newrules.html*, 1997.
Keohane, Robert, *After Hegemony. Cooperation and Discord in the World Political Economy*, Princeton N. J.: Princeton Univ. Press, 1984.
–, »The demand for international regimes«, in: *International Regimes*, herausgegeben von Stephen Krasner, Ithaca and London: Cornell University Press, 1983, S. 141-71.
–, »Hobbes's Dilemma and institutional change in world politics: Sovereignty in international society«, in: *Whose world order? Uneven globalization and the end of the cold war*, herausgegeben von Hens-Henrik Holm und Georg Soerensen, Boulder u.a.: Westview Press, 1995, S. 165-86.
Kirby, Andrew, »Wider die Ortlosigkeit«, in: *Perspektiven der Weltgesellschaft*, herausgegeben von Ulrich Beck, Frankfurt: Suhrkamp, 1998, S. 168-75.
Klotz, Ulrich, »Neue Arbeitsplätze entstehen nicht durch mehr Verteilung«, *Frankfurter Allgemeine Zeitung* Nr. 170 v. 26. 7. 1999, S. 25.

Knight, Frank, *Risk, uncertainty, and profit. Reprint* (1921), New York: Harper & Row, 1965.

Krämer, Sibylle, »Form als Vollzug oder: Was gewinnen wir mit Niklas Luhmanns Unterscheidung von Medium und Form?«, *Rechtshistorisches Journal* 17, 1998, S. 558-73.

Kuhn, Alfred, *The logic of social systems: a unified, deductive, system-based approach to social science*, San Francisco u. a., 1971.

Kurtzman, Joel, *The death of money. How the electronic economy has destabilized the world's markets and created financial chaos*, New York u. a.: Simon & Schuster, 1993.

LaPorte, Todd, und Paula Consolini, »Working in practice but not in theory: theoretical challenges of ›High-Reliability Organizations‹«, *Journal of Public Administration Research and Theory* 1, Heft 1, 1991, S. 19-47.

Levy, Marc, Oran Young und Michael Zürn, »The study of international regimes«, *European Journal of International Relations* 1, Heft 3, 1995, S. 267-330.

Lévy, Pierre, *Die kollektive Intelligenz. Für eine Anthropologie des Cyberspace*, Mannheim: Bollmann, 1997.

Lichtblau, Karl, »Globalisierung und Strukturwandel«, in: *Jahrbuch für Arbeit und Technik 1997*, herausgegeben von Werner Fricke, Bonn: Dietz, 1997, S. 43-57.

Lindblom, Charles, *The Intelligence of Democracy. Decision making through mutual adjustment*, New York: Free Press, 1965.

Luhmann, Niklas, *Legitimation durch Verfahren*, Neuwied/Berlin: Luchterhand, 1969.

–, »Selbst-Thematisierung des Gesellschaftssystems«, in: *Soziologische Aufklärung 2. Aufsätze zur Theorie der Gesellschaft*, herausgegeben von Niklas Luhmann, Opladen: Westdeutscher Verlag, 1975, S. 72-102.

–, »The future cannot begin. Temporal structures in modern society«, *Social Research* 43, 1976, S. 130-52.

–, *Liebe als Passion. Zur Codierung von Intimität*, Frankfurt: Suhrkamp, 1982.

–, *Funktion der Religion*, Frankfurt: Suhrkamp, 1982.

–, *Soziale Systeme. Grundriß einer allgemeinen Theorie*, Frankfurt: Suhrkamp, 1984.

–, *Ökologische Kommunikation*, Opladen: Westdeutscher Verlag, 1986

–, *Die Wirtschaft der Gesellschaft*, Frankfurt: Suhrkamp, 1988.

–, *Die Wissenschaft der Gesellschaft*, Frankfurt: Suhrkamp, 1990.

–, *»Was ist der Fall?« und »Was steckt dahinter?« Die zwei Soziologien und die Gesellschaftstheorie*, Bielefeld: Bielefelder Universitätsgespräche und Vorträge 3: Universität Bielefeld, 1993.

–, *Gesellschaftsstruktur und Semantik. Band 4. Studien zur Wissenssoziologie der modernen Gesellschaft*, Frankfurt: Suhrkamp, 1995.
–, *Die Realität der Massenmedien.* 2. erw. Aufl., Opladen: Westdeutscher Verlag, 1995.
–, *Die Gesellschaft der Gesellschaft, 2 Bände*, Frankfurt: Suhrkamp, 1997.
Luhmann, Niklas, und Karl Schorr (Hgg.), *Zwischen Anfang und Ende. Fragen an die Pädagogik*, Frankfurt: Suhrkamp, 1990.
Lütz, Susanne, »Die Rückkehr des Nationalstaates? Kapitalmarktregulierung im Zeichen der Internationalisierung von Finanzmärkten«, *Politische Vierteljahresschrift* 38, Heft 3, 1997, S. 475-97.

Malkin, Jesse, und Aaron Wildavsky, »Why the traditional distinction between public and private goods should be abandoned«, *Journal of theoretical politics* 3, Heft 4, 1991, S. 355-78.
Marc, Edmond, und Dominique Picard, *Bateson, Watzlawick und die Schule von Palo Alto*, o. O.: Anton Hain, o. J.
Marvin, Simon, und Simon Guy, »Infrastructure provision, development processes and the co-production of environmental value«, *Urban Studies* 34, Heft 12, 1997, S. 2023-36.
Merton, Robert C., »A functional perspective of financial intermediation«, *Financial Management* 24, Heft 2, 1995, S. 23-41.
Meyrowitz, Joshua, »Das generalisierte Anderswo«, in: *Perspektiven der Weltgesellschaft*, herausgegeben von Ulrich Beck, Frankfurt: Suhrkamp, 1998, S. 176-91.
Mingers, Susanne, *Systemische Organisationsberatung. Eine Konfrontation von Theorie und Praxis*, Frankfurt: Campus, 1995.
Minsky, Marvin, *The Society of Mind.* Zuerst 1985, New York: Touchstone, 1988.
Montgomery, John, »Fiber in the sky. The orbiting internet«, *Byte*, Heft November 1997, 1997, S. 58-72.
Myles, John, und Paul Pierson, »Friedman's revenge: The reform of ›liberal‹ welfare states in Canada and the United States«, *Politics and society* 25, Heft 6, 1997, S. 443-72.

Nadin, Mihai, »Jenseits der Schriftkultur«, *dgi impuls* 16, Heft 2/98, 1998, S. 3-15.
Nonaka, Ikujiro, und Hirotaka Takeuchi, *The knowledge-creating company. How Janpanese companies create the dynamics of innovation*, New York/Oxford: Oxford UP, 1995.
North, Douglass, »A transaction cost theory of politics«, *Journal of Theoretical Politics* 2, Heft 4, 1990, S. 355-67.
Nye, David, »Shaping communication networks: telegraph, telephone, computer«, *Social Research*, Heft Fall 1997, 1997, S. 62-63.

O. A., »High-Tech am laufenden Band«, *Hightech Report 98. Technikbericht der Daimler-Benz AG*, 1998, S. 62-63.
O'Brien, Richard, *Global financial integration: The End of Geography*, London: Pinter, 1992.
Ohmae, Kenichi, *The end of the nation state: the rise of regional economies*, New York: Free Press, 1995.
Osborne, David, und Ted Gaebler, *Reinventing Government. How the entrepreneural spirit is transforming the public sector*, New York: Plume, 1993.

Paul, Jean, »Menschen sind Maschinen der Engel«, in: *Engel. Legenden der Gegenwart*, herausgegeben von Cathrin Pichler, Wien/New York: Springer, 1997, S. 151-53.
Perrow, Charles, *Normale Katastrophen: die unvermeidbaren Risiken der Großtechnik.* (Zuerst 1984 in englisch erschienen), Frankfurt: Suhrkamp, 1988.
Pirolli, Peter, und Mark Wilson, »A theory of the measurement of knowledge content, access, and learning«, *Psychological Review* 105, Heft January 1998, 1998, S. 58-82.
Plesu, Andrei, »Engel: Elemente für eine Theorie der Nähe«, in: *Engel. Legenden der Gegenwart*, herausgegeben von Cathrin Pichler, Wien/New York: Springer, 1997, S. 15-31.
Polanyi, Karl, *The Great Transformation. Politische und ökonomische Ursprünge von Gesellschaften und Wirtschaftssystemen*, Frankfurt: Suhrkamp, 1978.
Prigogine, Ilya, »Order Through Fluctuation: Self-Organization and Social System«, in: E. Jantsch und C. Waddington (Hgg.), *Evolution and Consciousness. Human Systems in Transition*, London u.a.: Addison-Wesley, 1976, S. 93-133.

Quinn, James, *Intelligent enterprise. A knowledge and service based paradigm for industry. Foreword by Tom Peters*, New York: Free Press, 1992.
Quinn, James, Philip Anderson und Sydney Finkelstein, »Das Potential in den Köpfen gewinnbringender nutzen«, *Harvard Business manager 3/1996*, 1996, S. 95-104.

Rawls, John, *A Theory of Justice.* 11. Auflg. (Erstausgabe 1971), Cambridge, Mass: Harvard UP, 1981.
Reich, Robert, *The Work of Nations. Preparing ourselves for 21st Century Capitalism*, New York: Knopf, 1991.
Reinicke, Wolfgang, *Global public policy. Governing without government?*, Washington D. C.: Brookings Institution Press, 1998.
Rettberg, Udo, »Tokio, London und New York – die Geld-

Drehscheiben der Welt«, *Das Parlament* Nr. 36-37 vom 29. 8./5. 9. 1997, 1997, S. 3.
Rhodes, R. A. W., »The new governance: Governing without government«, *Political Studies* XLIV, Heft 4, 1996, S. 652-67.
Robertson, Roland, »Glokalisierung: Homogenität und Heterogenität in Raum und Zeit«, in: *Perspektiven der Weltgesellschaft*, herausgegeben von Ulrich Beck, Frankfurt: Suhrkamp, 1998, S. 192-220.
Rogers, Mary, »Instrumental and infra-resources: the bases of power«, *American Journal of Sociology* 79, Heft 6, 1974, S. 1418-33.
Romer, Paul, »Ideas and things«, *The Economist* vom 11. 9. 1993.
Rorty, Richard, *Contingency, Irony, and Solidarity*, Cambridge: Cambridge UP, 1989.
Rosenau, James, »The future of politics«, *Futures* 31, 1999, S. 1005-16.
Ruderman, Richard, »Odysseus and the possibility of enlightenment«, *American Journal of Political Science* 43, Heft 1, 1999, S. 138-61.
Rudolph, Bernd, »Finanzderivate. Spielwiese für Spekulanten oder sinnvolle Risikominderung?«, in: *Die Globalisierung der Finanzmärkte. Auswirkungen auf den Standort Deutschland*, herausgegeben von H. Büttner und P. Hampe, Mainz/München: Hase & Koehler, 1997, S. 111-47.
Ruggie, Gerard, »Globalisierung und der gesellschaftliche Kompromiß des sozial regulierten Liberalismus: Das Ende einer Ära?«, in: *Jahrbuch für Arbeit und Technik 1997*, herausgegeben von Karl Fricke, Bonn: Dietz, 1997, S. 369-82.
Ruggie, John, »Territoriality and beyond: problematizing modernity in international relations«, *International organization* 47, Heft 1, 1993, S. 139-74.
Ruggiero, Renato, »Managing the global economy: the role of the WTO«, *The international spectator* XXXIV, Heft 2, 1999, S. 17-20.

Sassen, Saskia, *Cities in a world economy*, Thousand Oaks, London/ New Delhi: Pine Forge Press, 1994.
–, »Zur Einbettung des Globalisierungsprozesses: Der Nationalstaat vor neuen Aufgaben«, *Berliner Journal für Soziologie* 8, 1998, S. 34-357.
Saul, John, *Der Markt frißt seine Kinder. Wider die Ökonomisierung der Gesellschaft* (engl.: *The unconscious civilization* (1995)), Frankfurt: Campus, 1997.
Schackmann-Fallis, Karl-Peter, »Ein Land erschließt sich neue Investorengruppen«, *Börsenzeitung* vom 15. 4. 1999.
Scharpf, Fritz, »Coordination in hierarchies and networks«, in: *Games in Hierarchies and Networks*, herausgegeben von Fritz Scharpf, Frankfurt: Campus, 1993, S. 125-66.

–, »Positive und negative Koordination in Verhandlungssystemen«, *PVS-Sonderheft 24/1993: Policy-Analyse. Kritik und Neuorientierung*, hg. von Adrienne Héritier, 1993, S. 57-83.
–, »Konsequenzen der Globalisierung für die nationale Politik«, *Internationale Politik und Gesellschaft. Zeitschrift der Friedrich-Ebert-Stiftung*, Heft 2, 1997, S. 184-92.
Schnabel, Ulrich, »Das Industriegebiet als Ökosystem«, *Die Zeit* Nr. 14 v. 28. 3. 1997, S. 37.
Scholz, Frithard, *Freiheit als Indifferenz. Alteuropäische Probleme mit der Systemtheorie Niklas Luhmanns*, Frankfurt: Suhrkamp, 1982.
Schwanitz, Dietrich, »Dichte Beschreibung«, in: *Systemtheorie der Literatur*, herausgegeben von J. Fohrmann und H. Müller, München, 1996, S. 276-92.
–, *Systemtheorie und Literatur. Ein neues Paradigma*, Opladen: Westdeutscher Verlag, 1990.
Schwark, Eberhard, »Börsen und Wertpapierhandelsmärkte in der EG«, *Wertpapier-Mitteilungen. Zeitschrift für Wirtschafts- und Bankenrecht*, Heft 7 vom 15. Februar 1997, S. 291-307.
Scott, Richard, »Conceptualizing organizational fields. Linking organizations and societal systems«, in: *Systemrationalität und Partialinteressse. Festschrift für Renate Mayntz*, herausgegeben von Ulrich Derlien, Baden-Baden: Nomos, 1994, S. 395-402.
Senge, Peter, *The Fifth Discipline*, New York: Doubleday, 1990.
Senge, Peter, u. a., *The dance of change. The challenge of sustaining momentum in learning organizations*, London: Nicholas Brealey, 1999.
Serres, Michel, *Die Legende der Engel*, Leipzig: Insel, 1995.
Shannon, Claude, und Warren Wever, *Mathematische Grundlagen der Informationstheorie*, Wien/Oldenburg: Scientia Nova, 1976.
Simon, Fritz, *Meine Psychose, mein Fahrrad und ich*, Heidelberg: Auer, 1993.
Sinclair, Timothy, »Between state and market: Hegemony and institutions of collective action under conditions of international capital mobility«, *Policy Sciences* 27, 1994, S. 447-66.
Sloterdijk, Peter, »Immunschwäche im Weltall«, *Neue Zürcher Zeitung* Donnerstag, 24. 12. 1998, Nr. 299, S. 53-54.
–, *Sphären II. Globen*, Frankfurt: Suhrkamp, 1999.
Smalhout, James, »Can bankers be their own cops?«, *Euromoney*, September 1997, S. 125-28.
Smith, Adam, *Der Wohlstand der Nationen.* Übertragen und herausgegeben von Horst Recktenwald. 5. Auflg. (Zuerst 1789), München: dtv, 1990.
Spar, Debora, »Lost in (Cyber)space: The private rules of online com-

merce«, in: *Private authority and international affairs*, herausgegeben von Claire et al., Cutler, New York: SU New York Press, 1999, S. 31-52.
Spencer Brown, George, *Laws of Form*, New York: Dutton, 1979.
Steiner, Manfred, »Risikobeurteilung von Emittenten durch Rating-Agenturen«, *WiSt*, Heft 10, 1992, S. 509-15.
Steward, Thomas, *Intellectual capital. The new wealth of organizations*, New York u. a.: Doubleday, 1997.
Stichweh, Rudolf, »Zur Theorie der Weltgesellschaft«, *Soziale Systeme* 1, 1995, S. 29-45.
Stiles, Kendall, »The new WTO regime: the victory of pragmatism«, *Journal of International Law and Practice* 4, Heft 1, 1995, S. 3-41.
Strange, Susan, »The limits of politics«, *Government and opposition* 30, 1995, S. 291-311.
–, *The retreat of the state. The diffusion of power in the world economy*, Cambridge: Cambridge University Press, 1996.
–, *States and markets: An introduction to international political economy*, New York: Blackwell, 1988.
Strulik, Torsten, *Risikosteuerung globalisierter Finanzmärkte*, Bielefeld: Unveröffentliche Dissertation Universität Bielefeld, 2000.
Sveiby, Karl, *The new organizational wealth. Managing and measuring knowledge-based assets*, San Francisco: Berrett-Koehler, 1997.

Teubner, Gunther, *Recht als autopoietisches System*, Frankfurt: Suhrkamp, 1989.
–, (Hg.) *Global law without a state*. Aldershot u. a.: Artmouth, 1997.
Thieke, Stephen, »Risk management and the search for increased bank revenue«, *http:///www.jpmorgan.com/CorpInfo/Perspectives/speeches/thieke.html*, 1997.
Group of Thirty, *Global institutions, national supervision and systemic risk. A study group report*, Washington D. C.: Group of Thirty, 1997.
Thompson, Grahame, »Globalization and the possibilities for domestic economic policy«, *Internationale Politik und Gesellschaft. Zeitschrift der Friedrich-Ebert-Stiftung*, Heft 2, 1997, S. 161-71.
Thompson, John, »Die Globalisierung der Kommunikation«, *Deutsche Zeitschrift für Philosophie* 45, Heft 6, 1997, S. 881-94.
Tolchin, Susan, »The globalist from nowhere: Making governance competitive in the international environment«, *Public Administration Review* 56, Heft 1, 1996, S. 1-8.
Tomkins, Richard, »New York gives tax break to Merrill Lynch«, *Financial Times*, June 11, 1997, 1997, S. 1.
Toulmin, Stephen, »Netzwerke und die Zukunft globaler Politik oder: Nach der Ära des Westfälischen Friedens«, in: *Jahrbuch für*

Arbeit und Technik 1997, herausgegeben von Werner Fricke, 15-27. Bonn: Dietz, 1997.

Tsoukas, Haridimos, »The tyranny of light. The temptations and the paradoxes of the information society«, *Futures* 29, Heft 9, November 1997, 1997, S. 827-44.

Tyrell, Hartmann, »Max Webers Soziologie – eine Soziologie ohne Gesellschaft«, in: *Max Webers Wissenschaftslehre. Interpretation und Kritik*, herausgegeben von Gerhard Wagner und Heinz Zipprian, Frankfurt: Suhrkamp, 1994, S. 390-414.

Valéry, Paul, *Herr Teste*, Frankfurt: Suhrkamp, 1974.

Vekens, Stefaan van der, *A political economy of information infrastructure development in Europe: The role of standard bodies and industry fora & consortia*, Dissertation Universität Bielefeld, Fakultät für Soziologie, Bielefeld, 1997.

Vollmer, Karl-Heinz, »Risikomanagement in Banken«, *Zeitschrift für das gesamte Kreditwesen*, 1996, S. 723-32.

Waldrop, Mitchell, *Complexity. The emerging science at the edge of order and chaos*, London: Penguin, 1994.

Waltz, Kenneth, »Globalization and governance. 1999 James Madison Lecture«, *PS-Online. Apsanet. Document www.apsanet.org/PS/dec99/waltz.cfm*, 1999.

Walzer, Michael, »Was heißt zivile Gesellschaft?«, in: *Bürgergesellschaft, Recht und Demokratie*, herausgegeben von Bert von den Brink und Willem van Reijen, Frankfurt: Suhrkamp, 1995, S. 44-70.

Waters, Malcolm, *Globalization*, London/New York: Routledge, 1995.

Weber, Max, *Die protestantische Ethik I. Eine Aufsatzsammlung*, hrsg. von Johannes Winckelmann, Hamburg: Siebenstern, 1973.

Weick, Karl, *Sensemaking in Organizations*, Thousand Oaks / London: Sage, 1995.

Weick, Karl, und Karlene Roberts, »Collective mind in organizations: Heedful interrelating on flight decks«, *Administrative Quarterly* 38, 1993, S. 357-81.

Weiss, Linda, »Globalization and the myth of the powerless state«, *New Left Review* 225, September/October 1997, S. 3-27.

–, *The myth of the powerless state*, Ithaca/New York: Cornell UP, 1998.

Weizsäcker, Carl Christian von, »Der Freihandel als Friedensstifter«, *Frankfurter Allgemeine Zeitung* vom 15. 11. 1997, S. 15.

White, Harrison, »Where do markets come from?«, *American Journal of Sociology* 87, 1981, S. 514-47.

Wiener, Norbert, *Kybernetik. Regelung der Nachrichtenübertragung*

im Lebewesen und in der Maschine, Düsseldorf und Wien: Econ, 1963.
Williamson, Oliver, *The economic institutions of capitalism. Firms, Markets, Relational Contracting*, New York/London: Free Press, 1985.
Williamson, Oliver, und Sidney Winter, (Hgg.), *The nature of the firm: Origins, Evolution, and Development*, New York: Oxford Univ. Press, 1991.
Willke, Helmut, »Zum Problem der Integration komplexer Sozialsysteme: Ein theoretisches Konzept«, KZfSS 30, 1978, S. 228-252.
–, *Entzauberung des Staates. Überlegungen zu einer gesellschaftlichen Steuerungstheorie*, Königstein/Ts.: Athenäum, 1983.
–, »Abwicklung der Politik«, in: *Politik ohne Projekt? Nachdenken über Deutschland*, herausgegeben von Siegfried Unseld, Frankfurt: Suhrkamp, 1993, S. 54-84.
–, *Systemtheorie entwickelter Gesellschaften. Dynamik und Riskanz moderner gesellschaftlicher Selbstorganisation*, Weinheim/München: Juventa, 1993.
–, »Das intelligente Unternehmen«, in: *Intelligente Unternehmen – Herausforderung Wissensmanagement. Wissen strategisch nutzen*, herausgegeben von Beratergruppe Neuwaldegg, Wien: Service-Fachverlag, 1995, S. 67-87.
–, *Ironie des Staates. Grundlinien einer Theorie des Staates polyzentrischer Gesellschaft* (Neuausgabe als stw-Band 1221), Frankfurt: Suhrkamp, 1996.
–, »Dumme Universitäten, intelligente Parlamente«, in: *Wie wird Wissen wirksam?* iff texte Band 1, herausgegeben von Ralph Grossmann, Wien/New York: Springer, 1997, S. 107-10.
–, »Wissensarbeit«, *Organisationsentwicklung* 16, Heft 3/97, 1997, S. 4-19.
–, *Supervision des Staates*, Frankfurt: Suhrkamp, 1997.
–, »Organisierte Wissensarbeit«, *Zeitschrift für Soziologie* 27, Heft 3, 1998, S. 161-77.
–, *Systemisches Wissensmanagement*, Stuttgart: Lucius & Lucius (UTB), 1998.
–, *Systemtheorie III: Steuerungstheorie.* 2. Auflg., Stuttgart: Fischer (UTB), 1998.
–, *Systemtheorie II: Interventionstheorie.* 3. Aufl., Stuttgart: Lucius & Lucius (UTB), 1999.
Willke, Helmut, Carsten Krück und Chris Thorn, *Benevolent Conspiracies. The role of enabling technologies in the welfare of nations*, Berlin/New York: de Gruyter, 1995.
Wilson, Ernest, »Inventing the global information future«, *Futures* 30, Heft 1, Februar 98, 1998, S. 23-42.

Wimmer, Rudolf, »Organisationsentwicklung revisited: Ein Plädoyer für die Wiederbelebung angewandter Sozialwissenschaften«, *Österreichische Zeitschrift für Politikwissenschaft* 27, Heft 5, 1998, S. 325-40.
Wright, Robert, »Modem-borne liberty could take time to bear fruit«, *International Herald Tribune*, Jan. 29-30, 2000, S. 6.

Zacher, Mark, und Brent Sutton, *Governing global networks*, Cambridge: Cambridge UP, 1994.
Zahlungsausgleich, Bank für Internationalen, *67. Jahresbericht*, Basel, 1997.
Zeitler, Franz-Christoph, »Auch das Rating gehört zum Bankenwettbewerb«, *Frankfurter Allgemeine Zeitung* Nr. 184 vom 11. 8. 1999, S. 14.
Zoller, Erich, »Monopolstellung der Ratingsagenturen steht in der Kritik«, *Neue Zürcher Zeitung* Nr. 77 v. 2. 10. 1996, S. 15.
Zonnekeyn, Geert, »Stretching the limits of the WTO Dispute Settlement Mechanism«, *International trade law and regulation* 5, Heft 2, 1999, S. 31-32.
Zürn, Michael, *Regieren jenseits des Nationalstaates*, Frankfurt: Suhrkamp, 1998.

Stichwortverzeichnis

Soziologie und Systemtheorie im Suhrkamp Verlag Eine Auswahl

Dirk Baecker
- Die Form des Unternehmens. stw 1453. 288 Seiten
- Information und Risiko in der Marktwirtschaft. 382 Seiten. Gebunden
- Organisation als System. stw 1434. 384 Seiten
- Womit handeln Banken? Eine Untersuchung zur Risikoverarbeitung in der Wirtschaft. stw 946. 207 Seiten

Claudio Baraldi/Giancarlo Corsi/Elena Esposito. GLU. Glossar zu Niklas Luhmanns Theorie sozialer Systeme. stw 1226. 248 Seiten

Karl-Heinrich Bette. Systemtheorie und Sport. stw 1399. 307 Seiten

Peter Fuchs
- Die Erreichbarkeit der Gesellschaft. Zur Konstruktion und Imagination gesellschaftlicher Einheit. 291 Seiten. Gebunden
- Intervention und Erfahrung. stw 1427. 160 Seiten
- Moderne Kommunikation. Zur Theorie des operativen Displacements. 248 Seiten. Gebunden
- Die Umschrift. Zwei kommunikationstheoretische Studien: »japanische Kommunikation« und »Autismus«. stw 1216. 198 Seiten
- Das Unbewußte in Psychoanalyse und Systemtheorie. Die Herrschaft der Verlautbarung und die Erreichbarkeit des Bewußtseins. stw 1373. 240 Seiten

Peter Fuchs/Andreas Göbel (Hg.). Der Mensch – das Medium der Gesellschaft? stw 1177. 368 Seiten

NF 125/1/9.00

Grundmann, Matthias (Hg.). Konstruktivistische Sozialisationsforschung. Lebensweltliche Erfahrungskontexte, individuelle Handlungskompetenzen und die Konstruktion sozialer Strukturen. Beiträge zur Soziogenese der Handlungsfähigkeit. stw 1429. 352 Seiten

André Kieserling. Kommunikation unter Anwesenden. Studien über Interaktionssysteme. 520 Seiten. Gebunden

Werner Krawietz/Michael Welker (Hg.). Kritik der Theorie sozialer Systeme. stw 996. 386 Seiten

Niklas Luhmann
- Ausdifferenzierung des Rechts. Beiträge zur Rechtssoziologie und Rechtstheorie. stw 1418. 459 Seiten
- Die Gesellschaft der Gesellschaft. stw 1360. 1164 Seiten
- Die Kunst der Gesellschaft. stw 1303. 517 Seiten
- Die Politik der Gesellschaft. 448 Seiten. Leinen
- Das Recht der Gesellschaft. stw 1183. 598 Seiten
- Die Religion der Gesellschaft. 368 Seiten. Leinen
- Die Wissenschaft der Gesellschaft. stw 1001. 732 Seiten
- Die Wirtschaft der Gesellschaft. stw 1152. 356 Seiten
- Gesellschaftsstruktur und Semantik. Studien zur Wissenssoziologie der modernen Gesellschaft.
  Band 1. stw 1091. 319 Seiten
  Band 2. stw 1092. 294 Seiten
  Band 3. stw 1093. 458 Seiten
  Band 4. stw 1438. 185 Seiten
- Funktion der Religion. stw 407. 324 Seiten
- Legitimation durch Verfahren. stw 443. 261 Seiten
- Liebe als Passion. Zur Codierung von Intimität. stw 1124. 231 Seiten
- Protest. Systemtheorie und soziale Bewegungen. Herausgegeben und eingeleitet von Kai-Uwe Hellmann. stw 1256. 216 Seiten

NF 125/2/9.00

- Soziale Systeme. Grundriß einer allgemeinen Theorie. stw 666. 675 Seiten
- Zweckbegriff und Systemrationalität. Über die Funktion von Zwecken in sozialen Systemen. stw 12. 390 Seiten

Niklas Luhmann/Peter Fuchs. Reden und Schweigen. stw 848. 227 Seiten

Niklas Luhmann/Robert Spaemann. Paradigm lost: Über die ethische Reflexion der Moral. Rede von Niklas Luhmann anläßlich der Verleihung des Hegel-Preises 1989. Laudatio von Robert Spaemann: Niklas Luhmanns Herausforderung der Philosophie. stw 797. 73 Seiten

Niklas Luhmann/Karl Eberhard Schorr. Reflexionsprobleme im Erziehungssystem. stw 740. 390 Seiten

Niklas Luhmann/Karl Eberhard Schorr (Hg.)
- Zwischen Absicht und Person. Fragen an die Pädagogik. stw 1036. 217 Seiten
- Zwischen Anfang und Ende. Fragen an die Pädagogik. stw 898. 227 Seiten
- Zwischen Intransparenz und Verstehen. Fragen an die Pädagogik. stw 572. 325 Seiten
- Zwischen System und Umwelt. Fragen an die Pädagogik. stw 1239. 294 Seiten
- Zwischen Technologie und Selbstreferenz. Fragen an die Pädagogik. stw 391. 261 Seiten

Niklas Luhmann/Stephan H. Pfürtner (Hg.). Theorietechnik und Moral. stw 206. 267 Seiten

Rudolf Maresch/Niels Werber (Hg.). Kommunikation – Medien – Macht. stw 1408. 450 Seiten

NF 125/3/9.00

Frithard Scholz. Freiheit als Indifferenz. Alteuropäische Probleme mit der Systemtheorie Niklas Luhmanns.
287 Seiten. Kartoniert

Rudolf Stichweh
- Der frühmoderne Staat und die europäische Universität. Zur Interaktion von Politik und Erziehungssystem im Prozeß ihrer Ausdifferenzierung im 16.-18. Jahrhundert. 427 Seiten. Gebunden
- Wissenschaft, Universität, Profession. Soziologische Analysen. stw 1146. 402 Seiten

Helmut Willke
- Ironie des Staates. Grundlinien einer Staatstheorie polyzentrischer Gesellschaft. stw 1221. 399 Seiten
- Supervision des Staates. 380 Seiten. Gebunden

NF 125/4/9.00

DELFIN
»Zeitschrift für Konstruktion, Analyse und Kritik« im Suhrkamp Verlag

Der DELFIN versucht Disziplinen, Diskurse und Gattungen ins Gespräch zu bringen, kreative Prozesse in Gang zu setzen, Alternativen zu eröffnen.

Konstruktivismus und Sozialtheorie. DELFIN 1993. Herausgegeben von Gebhard Rusch und Siegfried J. Schmidt. stw 1099. 360 Seiten

Piaget und der Radikale Konstruktivismus. DELFIN 1994. Herausgegeben von Gebhard Rusch und Siegfried J. Schmidt. stw 1156. 286 Seiten

Konstruktivismus und Ethik. DELFIN 1995. Herausgegeben von Gebhard Rusch und Siegfried J. Schmidt. stw 1217. 396 Seiten

Interne Repräsentation. DELFIN 1996. Neue Konzepte der Hirnforschung. Zum Dialog von Konstruktivismus und Neurowissenschaften. Herausgegeben von Gebhard Rusch, Siegfried J. Schmidt und Olaf Breidbach. stw 1277. 230 Seiten

Konstruktivismus in der Medien- und Kommunikationswissenschaft. DELFIN 1997. Herausgegeben von Gebhard Rusch, Siegfried J. Schmidt und Olaf Breidbach. stw 1340. 344 Seiten

Konstruktivismus in Psychiatrie und Psychologie. DELFIN 1998/99. Herausgegeben von Gebhard Rusch und Siegfried J. Schmidt. stw 1503. 240 Seiten

NF 127/1/9.00